大学教育基金会投资行为的规制研究

棠树文丛

张敏 著

法律出版社
LAW PRESS·CHINA

促进法学研究　追求学理本义

——棠树文丛和理因文丛总序

科学研究是高校非常重要的一项功能，也是一所大学综合实力、核心竞争力的主要指标。开展学术活动、产出学术成果、培养学术人才是高校完成人才培养、科学研究、社会服务等使命的主要手段。大学之所以成为大学，学术的兴盛正是主要的标志之一，只有学术水平提高了，才能更好地完成培养人才和服务社会的目标。

党的十八大以来，以习近平同志为核心的党中央高度重视哲学社会科学工作，从改革发展稳定、治党治国治军的高度，肯定了哲学社会科学的重要意义。习近平总书记在 2016 年 5 月 17 日召开的“哲学社会科学工作座谈会”上指出，“要加大科研投入，提高经费使用效率。要建立科学权威、公开透明的哲学社会科学成果评价体系，建立优秀成果推介制度，把优秀研究成果真正评出来、推广开”，为新时期哲学社会科学的发展指明了方向。学术专著是广大教师平时研究成果呕心沥血的精心积累，它的出版则是优秀研究成果推广的重要手段和高端平台。做好学术著作的组织出版能够提高教师科研活动的积极性，弘扬优秀学术，开拓创新，也能为学校的科研事业作出应有的贡献。

华东政法大学全面贯彻党的教育方针，落实立德树人根本任务，围绕上海教育中长期规划纲要的总体目标，按照建设“双一流”高水平教学研究型、多科型特色大学的战略要求，遵循科研发展规律，加强管理，精益求精，在科研方面取得了不俗的成绩。一直以来，学校的优秀学术成果持续增长，学术影响力有所提升，学校科研工作日攀新高。

法学是华东政法大学的主要学科，是学校的知名品牌。推介法学研究成果是科研管理部门的服务项目和重要职责。这次推出的“棠树文丛”就是华东政法大学法学教师的优秀成果。之所以将法学文丛取名“棠树文丛”，其出处来自《诗经》。《诗经·甘棠》云：“蔽芾甘棠，勿翦勿伐”，这是说周初召公巡行理政，在甘棠树下听讼决狱，断案公正无私，其事流芳后世，歌诗以载。法平如水，民心所向，古今无异，故以“棠树”为法学丛书命名。这次组织出版“棠树文丛”，可以促进华政的法学研究水平，提升法学学科的影响力，为实现依法治国的宏伟目标和弘扬法律的公平正义添砖加瓦。

其他学科在华东政法大学也在迅速发展。多科性交叉融合发展也是学校的一个显著特色。华政的政治学、外语、社会学、新闻传播等众多学科在全国大学和科研机构等体系中已产生了广泛的影响力，并占据了重要的学术地位。这次推出的“理因文丛”，则是华东政法大学其他学科教师的优秀成果。之所以将其取名“理因文丛”，其出处来自华政松江新校区的一位古人。约一千七百年前，松江人陆机在其名作《文赋》中写道：“伊兹文之为用，固众理之所因”，文以传理、文以载道，是对学术著述的最高期许。以“理因”二字命名丛书，正是希望这套著作能考众理之妙，释学术之道，追求学术本义，成为展示华东政法大学科研水准与成就的窗口。恩格斯曾经说过：“一个民族要想站在科学的最高峰，就一刻也不能没有理论思维。”理论研究就是要找出事物的发展规律，探寻世界的奥秘，开启人类的智慧。“理因文丛”的出版契合了探究事理本源之意。

高层次优秀科研成果的出版是教师和科研管理部门共同追求的目标，也是我们贯彻落实《华东政法大学学术专著出版资助管理办法》的举措。我们希望通过这次学术专著推进活动，规范学校图书出版工作，进一步激发我校教师的科研积极性，多出成果，出优秀成果，展现华政学术丰采。

华东政法大学科研处

2020年5月20日

目录

第一章　大学教育基金会投资行为的规制语境

第一节　大学教育基金会的定义与宗旨

一、大学教育基金会的定义

基金会是利用自然人、法人或者社会组织捐赠的财产，以公益事业为目的，按照相关法律法规的规定成立的非营利性法人。[1]《基金会管理条例》中规定，基金会必须在民政部门进行登记，按照规定，大学教育基金会从性质上说也应该是一种民间非营利组织。它是由高校发起设立的，以服务高校为目的，面向海内外的非营利性的筹款与捐赠管理机构，主要为大学各项教育活动和开展教育资助筹集资金。作为基金会的一种，大学教育基金会是在基金会发展相对稳定时期出现的又一新事物。它的出现，本着提高教育质量和学术水平，加强学校与社会的联系，争取国内外团体和个人的支持与捐助的目的，使我国高等教育事业的发展如虎添翼。大学教育基金会本质上为非公募基金会，非公募基金会不是面向社会普通民众开展募捐活动，而是面对特定的对象，即基金来源于特定个人或组织捐赠，不得向公众募集资金。一般情况下，大学教育基金会不对高等教

---

〔1〕 参见尤玉军：《中国高校基金会治理结构：理论与实践》，人民出版社 2018 年版，第 115 页。

育以外的其他公益事业进行捐赠，只是单纯地从学校内外接受慈善捐赠的基金会。大学教育基金会在实际工作中，并不直接参与高校的管理和科研，而是把资金分配给院系和个人的各类项目，相应地提出指导意见和监督。由于各种原因，对于大学教育基金会的研究还不是很深入。从1994年1月清华大学教育基金会注册成立及1995年7月北京大学教育基金会注册成立以来，大学教育基金会的发展如雨后春笋般在国内各大学兴盛起来，如复旦大学教育发展基金会、武汉大学教育发展基金会等。

大学教育基金会萌芽于英国，但是真正能够蓬勃发展起来却是在美国，尤其是以哈佛大学教育基金会为代表的大学教育基金会，以其丰富而又辉煌的投资管理历史成为全世界大学教育基金会投资管理学习的典范。目前欧美的大学教育基金会已经形成了完善的融资模式、运作模式、投资管理模式等，对应的研究成果也极为丰富。

我国目前也正处于大学教育基金会蓬勃发展时机。据不完全统计，目前全国各类大学教育基金会已经有500多家。一些知名大学如北京大学、清华大学、浙江大学、复旦大学、南开大学、上海交通大学等均已在国内和海外成立了基金会。中国基金会中心网显示，截至2019年12月31日，全国已有近600所高校成立基金会，全国高校基金会捐赠总收入超过了810亿元，全国高校基金会净资产总量已超过300亿元，清华大学、北京大学、浙江大学三所大学成立的基金会净资产规模名列国内高校基金会前三位。基金会正成为中国高校有效动员社会资源的重要组织形式，而基金会资产的稳健投资收入可为学校发展提供坚实的资金支持与保障。这些基金会为学校发展提供各项服务和活动资助，如举办学术会议论坛、开展国际交流、设立奖学（教）金、实施建筑修缮、资助创造发明与成果转化，以及在图书资料、著书立说、师资培养、精神文明、校友活动和文体发展等各方面都发挥着重要的影响和作用。

二、大学教育基金会的设立宗旨

所谓宗旨就是指组织成员做事时依据的准则。尽管各个大学教育基金会的宗旨陈述千差万别，但基本都要回答两个基本问题：本教育基金会是干什么的和按什么原则行事的？我们应该树立什么样的社会形象以区别于同类？由此可以得出，大学教育基金会宗旨陈述应该包括以下基本内容：(1)大学教育基金会形成和存在的基本目的；(2)为实现根本目的应从事的经营活动的范围；(3)在活动中的基本行为规则和原则。目前，各高校的教育基金会在章程中都阐明了所在基金会的宗旨，主要核心内容就是推动高校的教育、学术、研究的发展。例如，北京大学教育基金会的宗旨是：本基金会遵守中华人民共和国宪法、法律、法规和国家政策，遵守社会道德规范，致力于加强北京大学与国内外各界的联系和合作，促进北京大学教学、科学研究和高新技术开发事业的发展。清华大学教育基金会的宗旨是：本基金会遵守宪法、法律、法规和国家政策，践行社会主义核心价值观，遵守社会道德风尚，为推动我国教育事业的发展，提高教育质量和学术水平，弘扬清华大学的文化和理念，争取国内外组织和个人的支持和捐助。浙江大学教育基金会的宗旨是：汇八方涓流、襄教育伟业，全面支持和推动浙江大学的建设和发展。

第二节　大学教育基金会的资金来源与投资行为

大学教育基金会属于基金会的一种，但又不同于社会上的其他基金会，其主要有以下几个特征。

一、大学教育基金会的资金来源广泛

(一)大学教育基金会投资管理资金的类型

大学教育基金会属于非公募基金会。所谓非公募基金会，是相对于公募基金会而言的。非公募基金会不是面向社会普通民众开展募捐活动，而是面向特定的对象，即基金来源于特定个人或组织的捐赠，不得向公众募集资金。因此可以说，大学教育基金会运行机制比公募基金会更

加灵活。大学教育基金会的资金来源主要为教育捐赠。所谓捐赠，是指一个主体将现金或其他资产无条件地转移给另一个主体，或是在一项非互惠的自愿转移中清偿或免除另一主体的债务，而该主体不作为对方的所有者。“捐赠”顾名思义就是赠送，民间非营利组织因接受赠送而带来的资金流入为捐赠收入。捐赠收入是民间非营利组织收入的主体，也是民间非营利组织从事业务活动的主要资金来源和物质基础。

捐赠同交换、代理等其他交易的区别主要表现在以下四个方面：(1)无条件的，不存在需要在未来返还资产或重新承担债务；(2)经济上非互惠，取得捐赠不需要支付对价；(3)自愿的；(4)非所有权投资（捐赠方不作为所有者）。教育捐赠即是面向教育系统的捐赠。

一般而言，捐赠收入可做如下分类。

按对捐赠财产是否附加限制分类，可以分为：(1)非限定性捐赠收入。资产捐赠者未对资产的使用设置时间限制或者（和）用途限制，则所确认的相关捐赠收入为非限定性捐赠收入。(2)限定性捐赠收入。资产捐赠者对资产的使用设置了时间限制或者（和）用途限制，则所确认的相关捐赠收入为限定性捐赠收入。

按捐赠内容分类，可以分为：货币资金、实物资产和无形资产。

（二）大学教育基金会的捐赠主体

大学教育基金会获得的社会捐赠按照不同的捐助者，可以分为校友捐赠、个人捐赠、企业捐赠及私人基金会捐赠四类。

1. 校友捐赠

校友向母校捐赠的主要动因就在于校友对母校的感恩、关切、认同等方面。影响校友捐赠的因素主要有四个方面：一是校友的个体特征。这主要包括毕业生个人及家庭的收入、性别、年龄、家庭、职业等。二是校友的在校经历。在校友的在校经历当中，其在校期间是否受到过校方的帮助比较重要。这其中既包括资助也包括一些其他方面的帮助。三是大学的人才培养质量。大学人才培养的质量关系到学生将来事业的成功水平，对社会贡献的程度。这既影响校友回报母校的捐赠经济能力，又影响其对母校的感情认同程度。四是基金会的筹资努力。这包括与校友的联系程度、募捐方式方法的选择等内容。例如，上海交通大学发行《上海交大报》（校友月末版）配合年度捐赠的宣传一同发放给校友，作为校友捐赠的回报和纪念。刊物内容聚焦于本校发展的热点话题，将学校工作的重心、学校取得的成就，以及现阶段的迫切需求通过校友刊物及时传递给校友，这样一种沟通形式缩短了校友与母校之间的距离，让校友更清晰地了解母校的发展需要，在募捐活动中取得了良好的效果。

2. 个人捐赠

这里所说的个人捐赠，指的是非校友个人捐赠。社会心理学认为，人应该帮助那些帮助过自己的人。利他是一种社会交换，其收益是自我价值的提高和焦虑的减小。对于大学捐赠来说，如果对捐赠资金正确地使用并取得良好的效果，反而会促使捐赠者更多地捐赠或者吸引来更多的捐赠者。所以笔者认为，作为非校友的个人，其捐赠动机主要是追求自我价值的实现，以满足其精神的需要。而这些都源自捐赠者对非营利价值的追求。大学教育基金会的募捐工作则成为为满足捐赠人精神需要，提供非营利价值的具体行动。

影响个人捐赠者进行捐赠的因素主要有三个方面：一是捐赠者的个体特征。捐赠者的个体特征主要包括捐赠者的收入情况、受教育程度及个人经历三个方面。二是大学的社会声誉。大学的社会声誉反映着社会公众对大学的整体认可程度。大学的社会声誉越高，受到的捐助越多。三是基金会募捐方式方法能否充分满足捐赠者的需求。

3. 企业捐赠

企业捐赠，是指企业出于各种动机对高校教育基金会进行捐赠。从现代社会经济理论来看，企业的捐赠动机是多方面的，具有“双重性”。企业的捐赠动机既有自利的经济动机又有公益的道德动机。就某一具体的捐赠行为而言，它既可能出自自利的经济动机，又可能出自公益的道德动机,也可能两者兼备。[1]

企业的自利经济动机主要表现在两个方面:首先,对大学捐赠有利于企业声誉的提高,而企业的社会声誉本身又构成了企业竞争力的重要组成部分;其次,部分企业存在与学校的合作关系,通过捐赠可以获得部分经双方协定的合法权益。北京大学教育基金会的《捐赠鸣谢办法》第4条规定:对提供捐赠的海内外企业、事业单位机关、团体及个人,在国家法律、法规和学校规章制度准许的范围内,可优先享用学校的教学科研等优质资源,优先享有开展合作、共建等权利。影响企业捐赠的因素主要包括三个方面:一是企业的自身因素,这主要包括企业的经济能力与企业决策者的捐赠意识。二是来自大学的因素,这主要包括大学的影响力、大学的人才培养质量和科研能力。具体分析来看,如果企业为追求声誉而进行捐赠,必定会选取社会声誉好与影响力较强的高校,以求其"捐赠效益"的最大化,最大限度追求其声誉的提高(例如,近年来国内企业争相向北大、清华两校大学教育基金会进行捐赠,借以提升企业社会形象)。因与高校合作而进行的捐赠,也必定注重合作带来的实际效用。合作研发、人才输送、员工培训,技术转让、基地共建等合作最终成功与否很大程度上取决于高校在科学研究与人才培养中的实力。如果员工培训或订单式培养效果不佳,或是从高校获得的技术无法很好地在企业中应用,企业自然不会继续合作。三是基金会募捐方式的选择对企业捐赠也有影响。

4. 私人基金会捐赠

在国外,私人基金会是作为个人或者企业捐赠的一种高级形式而存在。美国知名私人基金会有福特基金会、皮博迪教育基金会、礼来基金会等。在我国大陆这种私人基金会的数量越来越多,主要存在于京、沪、深等地。我国大学教育基金会很早就有接受私人基金会捐赠的历史,如国内很多高校都接受过邵逸夫基金会捐赠。在我国知名大学的基金会中也

---

[1] 参见赵骅、张军、何荣山:《高等学校建立社会捐赠筹措机制的研究与实践》,第十次中国高校基金会工作研讨会资料汇编,珠海,2008年,第90页。

存在一些接收国外私人基金会捐赠的记录。例如,北京大学教育基金会在2000年时,接受了德国戴姆勒奔驰基金会、美国戴维与露西亚·帕卡德基金会、美国洛克菲勒基金会等多家国外私人基金会的捐赠。私人基金会大多设有专门的资助项目,例如李嘉诚基金会主要捐助项目分为教育、医疗、文化、公益四个方面,有严格的申请标准与程序,并且设有专门的基金会董事会专门负责审批。[1] 由于私人基金会是一种个人或者企业捐赠的高级形式,因此影响私人基金会对大学教育基金会捐赠的因素,大部分与影响个人捐赠与企业捐赠的因素相同。其差别的部分主要在于:(1)募捐者是否了解私人基金会的资助项目、资助过程,以及本校需要资金项目具体情况的程度;(2)募捐者在申请过程中,能否充分利用各方面的有利因素,积极翔实地表达高校的募捐意愿,争取通过其董事会的审核。

另外,我国国内有不少公募基金会每年能获得政府补助收入,但大学教育基金会很少出现在政府补助收入榜单中。[2]

二、大学教育基金会投资行为的特质

从本质上来说,高校教育基金会投资是一种经济行为,其宗旨在于在资源有限的背景下实现经济利益最大化,将教育基金会所筹资金从沉睡状态唤醒,既可保证基金增值,又能通过投资行为创造社会财富。高校教育基金会的投资行为兼具投资活动的一般性与特殊性两大特征,对其投资行为特征的准确把握是制度需求分析的前提。

(一)大学教育基金会投资行为的一般性特征

首先,大学教育基金会属于基金会的一种,大学教育基金会的性质归

---

〔1〕 参见刘树堂:《影响中国大学教育基金会发展的若干因素研究》,山东大学2009年硕士学位论文,第29页。

〔2〕 参见基金会中心网编:《中国基金会发展独立研究报告》(2011),社会科学文献出版社2011年版,第194~197页;基金会中心网编:《中国基金会发展独立研究报告》(2014),社会科学文献出版社2014年版,第309页。

属直接决定了其运作和管理的特征和要求。大学教育基金投资管理的目的是增值保值,投资管理收益的使用等同于捐赠资金的使用,都是为学校的发展提供资金支持,既要为学校当前的开支提供现金流,又要为学校长远的发展保留资本金。

其次,高校教育基金会投资行为要遵循市场经济的一般规则,与其他投资主体共同竞争达到营利的目的。因此,其投资行为的一般性特征包括不确定性、风险性、逐利性等。所谓不确定性,主要指投资行为结果的不可预测性,因市场形势瞬息万变,导致投资的收益率难以确定,进而使投资行为具有风险性的基本特征;所谓风险性就是指投资活动既有盈利的可能性,也有亏损的可能性;任何投资活动都具有逐利性的基本特征,即通过参与市场竞争获得资本保值增值,实现既定经济目的。

(二)大学教育基金会投资行为的差别性特征

高校教育基金会的基本目标在于推动教育事业的发展,在其资金使用上主要包括奖助学生、科研资助和校园建设等公益性事业。这决定了高校教育基金会投资行为的特殊性,即不以谋求个人利益为基本前提。因此,相对于其他基金会投资行为,高校教育基金会的投资行为更多具有公益性特征,通过教育基金会的投资能在更高层面上实现社会的发展进步,诸如能提高人才培养的资源供给能力,能加强学校软件设施建设等。耶鲁基金的首席执行官大卫·F. 史文森(David F. Swensen)认为,捐赠基金可以用于三种目的:(1)捐赠基金能够增强教育机构的自主性和独立性。高等学校维持一定规模的捐赠基金,作为独立的收入来源,能够增强其自主性,降低对于政府拨款、学费收入等的依赖。高校如果可以从捐赠基金中获取长期稳定的收入,将为大学提供预算支持,保持较高的独立性、学术研究自由度和管理独立性。(2)捐赠基金可以增强高校收入的稳定性。捐赠基金的可持续支出规模越大,高校收入的稳定性就越强,可以为高校提供稳定可靠的现金流,降低收入的波动,便于高校实施长期规划,增强其长期发展的能力。(3)捐赠基金有助于创造优越的教学与科研环境。由于高等学校的学费水平基本相同,高校捐赠的规模越大,收入就越多,越有利于吸引优秀人才和提供优良的设施,可以支持创新性研究,为营造良好的教育环境提供有利条件。[1] 大学教育基金会作为基金会的一部分,它也具备着非营利性组织的一些特性,同时也存在与我国高等教育体制有关的一些特点与问题。

为此,大学教育基金会的投资活动既要遵循市场投资行为的一般规则,又要最大限度地避免风险、获得收益;同时还具有特殊性特征,其公益性的投资目标需要得到政府与市场更多的鼓励与保护。

第三节　我国大学教育基金会应进行投资管理的事由

一、我国大学教育基金会重保值轻增值

(一)我国大学教育基金会资金来源相对单一

上文分析了一般情况下大学教育基金会的资金来源。但就我国而言,随着我国基金会的发展,基金会对其独立性及可持续发展的要求也越来越高,尤其是非公募基金会,其捐赠收入来源单一,有的非公募基金会的捐赠只源于一家企业,基金会对捐赠方的依赖性强,生存风险较高。那么资产的保值增值就成为基金会的发展需要。通过投资活动,基金会增加收入,拓展收入来源,加强自身造血功能,提高独立性,支持基金会的持续发展。就捐赠者的意愿而言,随着我国资本市场的发展,越来越多的个人与企业参与投资活动,有的捐赠者也会愿意基金会用自己的捐款进行投资,以产生更多的收益用于慈善事业,同时使自己支持的慈善项目可以维持较长时间,不会在短时间内捐款用完后就结束。就基金会内部而言,无论是公募基金会还是非公募基金会,经过几年的发展,都会有较多的资金沉淀下来,如果只放在银行,客观上造成资源的浪费。

---

〔1〕 参见[美]大卫·F.史文森:《机构投资的创新之路》,张磊等译,中国人民大学出版社2010年版,第57页。

目前,我国大学捐赠基金主要依赖于筹资捐赠,对投资运作重视不足。调查显示,我国开展投资的大学教育基金会比例不足1/3。投资金额分布从几千万元到上亿元不等,在通货膨胀和管理成本的压力下,保值增值的目标面临较大挑战。国外一流大学通常有完备的校友捐赠基金管理制度。校友所捐款项大多以留本基金的形式流入“基金池”,学校聘请专业的金融家负责资本运营。学校通常将基金红利用于学生奖学金资助、优质师资招聘、硬件设施改造等方面,很少动用本金,这就确保了校友捐赠基金的可持续增长。实际上大学捐赠基金开展投资运作不仅是基金会的责任更是其义务,只有通过投资才能使基金保值,而消极管理只能导致基金随时间贬值,影响基金代际公平的长远目标。也只有通过投资,才能使基金增值,为大学发展及代际公平做出应有的贡献。

(二)我国大学教育基金会保值增值的制度条件

目前,基金会资产的保值增值已成为业界通识,相关法律规制文件正在完善过程中。我国对基金会投资方面的立法规范,经历了由原则禁止主义到相对自由的路径。[1] 根据1988年我国《基金会管理办法》(已失效)的规定,基金会的成立要经中国人民银行批准,基金会进行投资活动受到许多限制:基金会不得经营管理企业;基金会可以将资金存入金融机构收取利息,也可以购买债券、股票等有价证券,但购买某个企业的股票额不得超过该企业股票总额的20%。

2004年6月1日,《基金会管理条例》正式实施,其第28条规定:“基金会应当按照合法、安全、有效的原则实现基金的保值、增值。”与1988年的《基金会管理办法》相比,基金会的资金运作活动被赋予了更大的自由空间,但是也有很多基金会因为没有细化的规则而不敢贸然进行投资,甚至觉得无所适从。

2012年7月,民政部《关于规范基金会行为的若干规定(试行)》延续“合法、安全、有效”的原则。同时其进行了初步细化:一是将可投资资产

〔1〕 参见金锦萍:《非营利法人治理结构研究》,北京大学出版社2005年版,第25页。

进行了限定,即基金会可用于保值增值的资产限于非限定性资产、在保值增值期间暂不需要拨付的限定性资产;二是对委托投资进行了限定,即基金会进行委托投资,应当委托银行或者其他金融机构进行。

2014 年 9 月,教育部、财政部和民政部联合发布《关于加强中央部门所属高校教育基金会财务管理的若干意见》(教财〔2014〕3 号),首次从政府管理者视角明确了高校教育基金会投资行为的必要性和合法性,并对教育基金会投资禁止项目做出明确规定。高校基金会捐赠基金及其收益可以为学校提供比较稳定的经费支持。这是当时对于基金会财产保值增值规定最为详细的制度,制定了专门的章节来规定中央部门所属高校教育基金会资产的保值增值,基本要求为"规范投资行为,防范和控制财务风险",对于可投资资产范围、决策程序、委托投资、禁止投资的范围均进行了初步的规定。尤其是其对投资对象进行了较为宽泛的规定,不得投向期货、期权等衍生金融工具,这一规定实际上给中央部门所属高校教育基金会投资解绑,避免了原有因无规定而不进行投资的消极处理。

2016 年,《慈善法》延续了"合法、安全、有效"的原则,同时对投资进行了初步细化:一是规定了投资收益的使用,投资取得的收益应当全部用于慈善目的;二是规定了初步的决策程序,慈善组织的重大投资方案应当经决策机构组成人员 2/3 以上同意;三是规定了不得用于投资的财产,即政府资助的财产和捐赠协议约定不得投资的财产,不得用于投资。

2017 年 7 月,原银监会、民政部出台《慈善信托管理办法》,规定慈善信托财产运用应当遵循合法、安全、有效的原则,可以运用于银行存款、政府债券、中央银行票据、金融债券和货币市场基金等低风险资产,但委托人和信托公司另有约定的除外。其对投资范围进行了初步限定。

2018 年,民政部落实《中华人民共和国慈善法》的要求,出台了《慈善组织保值增值投资活动管理暂行办法》,其中对于基本原则、投资范围、模式及条件、投资决策运行、投资风险控制、监督管理等进行了规范,其中重点明确了"投资活动的自律与他律"等三个问题。此规定目前成为慈善组织保值增值领域的核心规制文件,对大学教育基金会的保值增值活动起到具体的指导作用。

二、我国大学教育基金会的投资管理亟待规范

基金投资运作的一个重要规律是“高风险,高收益;低风险,低回报”,而大学教育基金均来之不易,不可能通过高风险投资以获取高收益的方式运作。2006 年,我国某大学将资金投入高风险的股市当中,造成了相当数额的经济损失,给学校的发展和声誉造成了较大的负面影响。因此,大学教育基金会的投资首先应该是保证本金的安全,在此基础上选择合适的风险投资。大学教育基金会的防御性投资主要是通过将部分基金存入银行或购买债券,从而实现基金的增值。这种方式投资风险小,易于操作。目前我国大学教育基金会大多采用这种方式,但收益率较低,基金增值乏力。以中国某大学教育基金会为例,2017 年除捐赠收入外有约 5 万元的其他收入,主要是银行利息的收入。由此可见,如何在低风险的条件下尽可能获得较高回报率是我国大学教育基金会需要探讨的课题。同时,近几年频发的中国财富外流美国大学事件也说明,供需不平衡现象并不是因为我国公益慈善氛围不足,而是因为大学教育基金会供给机制不健全,专业性有待提升。[1]

(一)投资决策机制的问题

1. 缺乏资金运作长期目标

大学教育基金会投资管理中有两个极端现象应引起注意:一是根本不参与运作;二是运作的范围过大,已经进入了风险领域而不知觉。当然,也有学校在以前的资金运作中犯下过失转而就地卧倒,不再运作资金。究其原因是高校办学经费一直紧张,容不得宝贵的资金有所损失。而且资金运作过程中如果违反法律法规,对一个人或一个班子乃至一个学校造成的损失是无法估量的。所以许多高校把保有资金作为第一任

---

〔1〕 参见《中国大学教育基金会发展报告》编写组编:《中国大学教育基金会发展报告》(2018),社会科学文献出版社 2018 年版,第 234 页。

务,不去考虑资金增值的功效。其实,不只大学教育基金会投资管理中会出现这两种现象,许多机构在开始介入资金运作时也容易出现这两种情况。首先,我们要承认害怕资金出现损失和获得最高收益都是好的出发点;其次,我们要冷静考虑资金运作本身而不只是“可能出现的结果”。任何资金在运作前制定长期目标是必需的,制定资金运作长期目标包括资金运作的时间长度、收益/亏损程度、动用资金额度。我们发现,高校资金实践中经常一事一议,应该说每次运作时是有目标的,但不够长远,也不能短时间内积累出可复制的经验。几年之后,就被运作的资金量来说收益还可以,但实际收益对学校来说也只是毛毛雨,更可惜的是机构没有积累出运作更大资金的经验和制度。

2. 缺乏比较基准

有的高校长期进行资金运作,但还不能就投资收益作长期预计,原因在于其运作目标容忍度太宽。大多数高校在运作资金时以“不赔钱”为底线,即好像投资目标是“每年度收益绝对为正值”,但真发生某年度亏损时又会拿以前年度盈利来冲抵,这样目标似乎又变成了“几年的收益绝对为正值”,如果结合大学教育基金会投资管理时间也只有几年,则运作目标可以定义为“允许投资的期限内收益绝对为正,且不考虑物价因素”。如果负责资金运作的人员有上述不断变化的“目标”,则容易产生不敢投资和大胆投资的两种极端。这是因为在没有利润时一味地害怕亏损出现,而在有利润时又以利润更多为目标。有的高校已涉入高风险区域(如三方委托理财)而不自知,可能与其有了一定的盈利垫底就放松警惕有关。大学教育基金会投资运作收益也要明确比较基准,当然不能照搬常见的开放式基金的基准,但可以参考其制定比较基准的方法。

3. 决策机构不健全

《基金会管理条例》第 21 条规定:“基金会章程中定义的重大投资活动要经过 2/3 以上理事出席并有过半数出席理事通过方可进行。”该条例第 28 条规定:“基金会应当按照合法、安全、有效的原则实现基金的保值、增值。”大学基金会投资管理中普遍缺乏明确可行的法律规定,一些学校把资金运作混同一般业务轻易拍板，出现亏损后所受的最多指责是“越权”“擅自做主”。而大部分学校均无分工明确的风险控制、投资、财务顾问等岗位，无法把调研、风险控制、顾问、决策等任务分工到个人。集体决策可能是校领导齐聚一堂开会，既可能提到项目风险也可以说到收益等，完不成投资所需的几个步骤。[1] 有人调查，不少高校都认为应该设立专门的捐赠资金投资保值运作机构，无论是基金会内部的投资部门，还是委托管理型或公司管理投资方式，高校在选择适合本校的基金会运作类型时，须参考不同运作方式的优缺点，根据基金会的人员素质和基金数额选择适当的运作类型，以确保基金的安全。[2] 大学教育基金会起着人事决策、授权、监督作用，可以克服分散管理的弊端，增加对捐赠资金管理、使用的透明度，从而大大提高基金的管理效率。

4. 决策制度易导致不作为

有部分高校进行多年投资并取得不菲收益后，在面对新行情下的审批变得“无厘头”，风险成为压倒一切的情绪和理由，投资陷入“不可知论”。具体操作人根据市场判断不断提出投资建议，主管领导因不能把握可能出现的损失而一再观望。这样的结果是因为有“制度”，但这些“制度”往往鼓励不作为。因此，大学应该挑选熟悉经济金融市场、善于控制风险、肯挑担子的领导担任大学教育基金会投资运作的最高决策者。[3]

5. 投资品种单一，收益水平低

与哈佛大学教育基金会广泛地对国内外资本市场上丰富的投资工具进行选择相比，我国多数大学教育基金会目前投资于存款、股票、债券及基金这些传统的金融工具，这一现象一方面与我国金融市场实际的发展情况有关，另一方面与投资管理者被动管理的策略有关。从投资收益对

---

〔1〕 参见刘自敏、李冰、黄建华：《大学基金会投资运作决策程序修正建议》，第十次中国高校基金会工作研讨会资料汇编，珠海，2008 年，第 31 页。

〔2〕 参见戴志敏、石毅铭、蒋邵忠等：《大学教育基金会管理研究》，浙江大学出版社 2010 年版，第 175 页。

〔3〕 参见戴志敏、石毅铭、蒋邵忠等：《大学教育基金会管理研究》，浙江大学出版社 2010 年版，第 176 页。

总支出贡献的角度来看，我国大学教育基金会年度投资收入只能满足年度总支出的6%，而哈佛大学教育基金会通过资金运作可满足哈佛大学35%的总支出需要。[1]

（二）投资环境构成制约

1. 法律法规不健全

有效的政策激励和完善的法制是高校基金会健康快速发展的重要保障。在我国，国家对基金会的投资增值有相应的规定。《中华人民共和国公益事业捐赠法》第17条第2款规定："公益性社会团体应当严格遵守国家的有关规定，按照合法、安全、有效的原则，积极实现捐赠财产的保值增值。"《基金会管理条例》也取消了以往对基金会开展投资和经营活动的诸多限制，今后基金会可自主进行投资；登记管理机关对基金会是否进入证券市场，既不鼓励也不遏制。换言之，按照规定，只要不违反章程并经过内部程序决策，公益机构可以进行自认为适宜的任何形式的经营和投资活动，比如买卖股票、房地产投资等。[2] 这里涉及大学教育基金会投资运作的性质问题。一些人往往认为基金会投资运作有悖于非营利性。《基金会管理条例》规定，基金会基本特征是非营利性法人。非营利性法人是否可以开展营利活动，是基金运作必须解决的一个法律问题。按照民政部对条例的解释：非营利性法人指基金会是不以营利为目的、独立享有民事权利和承担民事义务的法人组织。非营利性是指基金会不以营利为目的，但是可以为了使基金保值、增值而开展经营活动。这些活动的收益都要用在公益事业上，不能在内部分配；当基金会终止的时候，基金会的财产也不能归还捐赠人，要转让给其他公益组织。因此，基金会的这些经营行为仍然是以公益事业为目的，不影响基金会的非营利性。但从我国法律法规层面看，国家对捐赠的激励机制似乎尚不完善，力度也不够大，表现为税收部门给捐赠方减免税优惠没有合适的比例规定。效仿外

---

〔1〕 参见邹晓骁：《大学教育基金会投资及其收益研究》，扬州大学2015年硕士学位论文。

〔2〕 参见陈秀峰、郑杭生：《公益与效益的平衡：透视大学教育基金会的资金运作机制》，载《教育与经济》2008年第1期。

国的做法,我国也未开征财产税、遗产税等,不能从根本上激励社会团体、企业与个人的捐赠欲望和冲动。此外,虽然我国对社会捐赠已经实施了税收优惠政策,但是企业和个人申请捐赠免税的程序很烦冗,一定程度上挫伤了人们的赠与热情;适当简化申请免税的程序是激励人们捐赠积极性的必要手段。因此,制定完善的基金法和捐赠法以促进我国大学教育基金会的发展仍然是我国亟待解决的问题。

2. 缺乏良好的投资环境

根据国家现行的基金会管理法规,基金会属于社会团体法人,其投资的范围比较广,但基金会应当按照合法、安全、有效的原则实现基金的保值增值。然而,我国的资金投资市场还处在不断调整和完善阶段,投资环境尚不理想:国债市场规模小、品种单一;企业债券市场仍未得到发展,股市还不成熟,股价起伏较大;证券投资基金规模较小,运作欠理性;存放于银行收取利息,又面临物价上涨、利息相对下降带来的隐形贬值风险;投资市场上投机的色彩较重,资金运作风险大。大学教育基金会的投资是典型的风险厌恶者,但目前市场上较缺乏安全有效的投资选择给大学教育基金会投资运作带来了一定的困难。

3. 运作成本过低

目前,过于苛刻的条件使我国大多数基金会处于“低成本”运作的状态,大大影响了对公益活动的开展和推广。国际惯行的法律并不禁止公益机构在捐款中列支工作成本。在一些国外机构看来,基金会如果没有足够的基金运作成本,根本就无法保证资金的安全使用。公益机构从捐款中直接列支项目运行费用和行政管理经费,是美国公益机构的一种通行做法。美国 *Worth* 杂志曾评选出美国 100 家“最好的”慈善机构。所谓最好,是以“是否高效地使用捐款”为依据的,也就是说是否以最低的成本最大限度地使用了捐款人的捐款。这些“最有效率的”公益机构平均筹款成本(7%)和行政成本(7%)之和占总捐款额的 14%。加上未单独计算的项目管理成本,一般估计美国公益机构的工作成本应当在 20% 左右。而在我国这个数字却很低,因为捐赠者通常认为捐赠的钱物应当全部用于公益事业,而忽视了公益机构运行成本是客观存在的。

事实上,大学基金会的日常运作、外出进行项目宣传、资料收集与整理、接待客人来访等都需要适当的开支。通过基金投资增值固然可以获得项目管理和机构本身运行费用,但这种做法又存在商业风险和道德风险。毫无疑问,运行成本问题已经成为制约中国公益事业发展的一道门槛。

此外,基金会的管理费用不与市场接轨,难以雇用专业的投资管理人才。有的基金会负责人在谈到管理费用时十分谨慎,甚至不愿意阐述这个方面的运作方式。某大学教育基金会负责人在谈及管理费用时严肃地强调说:我们绝对没有收取任何管理费用,我们在这里工作都是义务性的,一分钱都没有收。我们是学校编制,按照学校的工资标准领工资。[1]

目前,我国大学教育基金会发展水平尚低,虽然在法律上可以被称为独立法人,但是在实际操作过程中普遍被作为依附学校的一个部门而存在。基金会的大部分人员是校内编制,基金会主要负责人都是学校领导一身多职担任的,基金会管理人员的工资按照学校编制发放,等于说基金会没有给其工作人员发放工资,工作人员都是在自己所在的学校拿工资。与此同时,当前社会不少捐赠者对管理费用的收取也不理解,他们普遍认为将钱捐给基金会,这些钱是应该被用到慈善事业上的,而不是用来给基金会工作人员发工资,这使基金会在收取管理费用时存在更大的困难。按照国务院颁布的《基金会管理条例》第 29 条规定:非公募基金会每年用于从事章程规定的公益事业支出,不得低于上一年基金余额的 8%。基金会工作人员工资福利和行政办公支出不得超过当年总支出的 10%。根据该规定,收取适当的管理费用并不会改变基金会慈善事业的性质。[2]

---

〔1〕 参见陈秀峰、郑杭生:《公益与效益的平衡:透视大学教育基金会的资金运作机制》,载《教育与经济》2008 年第 1 期。

〔2〕 参见戴志敏、石毅铭、蒋邵忠等:《大学教育基金会管理研究》,浙江大学出版社 2010 年版,第 177 页。

(三)缺乏政策的引导与税收优惠

美国政府通过税收这一工具规范基金会投资的配置比例,并给予投资收入免税待遇;而类似性质的社保基金的投资运作在成立之初也有政策细则引导,并且有针对性的政策法规在不断地完善。我国大学教育基金会的投资活动刚刚起步,投资管理者往往缺乏专业素质与实际投资经验,往往出现“盲目投资”导致资产损失与“不敢投资”引起资产购买力下降的现象。另外,我国缺乏对基金会投资收入的界定,没有对投资收入给予税收优惠,导致基金会投资积极性的缺失。

三、我国大学教育基金会进行投资管理的必要性

基于大学教育基金会的来源和应用目的,大学教育基金会运作的首要目标应该是保证安全的前提下实现最大收益。《基金会管理条例》第28条指出:“基金会应当按照合法、安全、有效的原则实现基金的保值、增值。”这一条款明确了基金会进行基金运作的合法性和目标。目前,我国资本市场的产品已经十分丰富,可投资的方式多种多样,如银行存款、购买国债、股票投资、委托理财和股权投资等。大学教育基金会可以充分利用政策,利用人才优势,积极探索符合大学教育基金会投资的渠道,实现基金会收入的多元化。例如,部分大学教育基金会保值增值活动运行成熟,给基金会带来了巨额收益。2016年,103家在民政部登记的非公募基金会公布的年报显示,有38家2016年投资收入为0元,友成企业家扶贫基金会虽然有投资理财,但是亏损300万元;除此之外,66家非公募基金会均有投资收入,占比达到62.8%,其中清华大学教育基金会、北京大学教育基金会、河仁慈善基金会3家投资收入过亿元,分别达到2.48亿元、1.05亿元、2.17亿元,包括浙江大学教育基金会、北京航空航天大学教育基金会在内的8家投资收入超过千万元,另有29家全年投资收入超过百万元。从这些数据可以看出,保值增值所带来的收益已成为大学教育基金会资金的重要组成部分,清华大学和北京大学的投资收益甚至超出了一大批大学教育基金会的所有资产。

虽然已有部分大学教育基金会尝试了多元化的投资运作，并且取得了丰富的投资经验。但现实情况是，对于绝大多数基金会来说，基金的保值增值投资运作还处于起步和摸索阶段，投资活动基本以被动的银行存款为主，基金的投资结构极其不合理，投资的管理机制和模式也极不完善。为了保证大学教育基金会资产的增值保值，充分发挥大学教育基金会的作用，很多大学教育基金会开始对大学教育基金进行投资管理。其投资管理的必要性，可以从以下几个方面理解。

（一）解决高校资金供给不平衡的矛盾

进入21世纪以来，随着国际国内形势的变化，我国经济结构性矛盾日益突出，经济由高速增长转为中高速增长，经济发展转入新常态。面对日益复杂的国际经济环境，党中央做出推进供给侧结构性改革的战略部署，引领中国经济持续健康发展。经济领域的供给侧结构性改革，就是在强调适度扩大总需求的同时，着力提高供给体系质量和效率，实现供给侧改革，使供给和需求合理匹配。借用供给侧结构性改革的视角，我们可以更好地理解大学教育基金会在支持高等教育事业发展过程中的独特作用。

高等教育领域的财务供给，是指高等教育办学主体在某一特定时期内，能够获得的相对稳定的资源支持。按照约翰斯通（D. B. Johnstone）的高等教育成本分担理论，高等教育成本应由政府、家长和学生等几方面主体来分担。然而，当前我国高等教育经费筹资渠道较为单一，绝大部分高校仍然依靠财政拨款，经费来源多元化格局尚未形成。2017年，教育部、财政部、国家发展和改革委员会制定的《统筹推进世界一流大学和一流学科建设实施办法（暂行）》中明确指出，中央高校开展世界一流大学和一流学科建设所需经费由中央财政支持；纳入世界一流大学和一流学科建设范围的地方高校，所需资金由地方财政统筹安排，中央财政予以引导支持。很明显，“双一流”建设过程中，政府将作为主要供给方提供财政保障，学费、社会服务等其他收入是补充来源。

1. 大学的财务需求

经济学中的需求概念是指在一定时期经济主体对一件商品或服务的效用,通常跟收入有关。高等学校的财务需求是指办学过程中发生的直接或间接的资金用途,如基础设施建设、教学科研、人才培养、教职工工资等支出。与其他领域一样,高等教育的财务供需也总是处于一种不均衡状态,特别是21世纪以来,大学扩张的步伐与国家直接财政经费相对不足的矛盾日益突出,众多高校面临办学经费紧张、负债经营畸形化、自我筹资难等问题,资金问题已经成为严重制约大学乃至我国高等教育可持续发展的重要因素。[1] 正是这种财务的供需矛盾,引发了大学成立教育基金会,以增加其自有资金自主权的热潮。

2. 大学的财务供给方

从真正意义上的大学教育基金会——1994年成立的我国首家高校教育基金会清华大学教育基金会算起,我国大学教育基金会迄今已经走过了20余年的历程。随着数量的增加与规模的不断扩大,大学教育基金会已经初步显露出制度优势,财务供给作用日益显现,正在为高校筹资体系的多元化做出重要贡献。这种财务供给作用主要体现在两个层面。

一是国家层面。教育部发布的2018年全国教育经费统计快报显示,2018年全国教育经费总投入为46,135亿元,其中全国高等教育经费总投入为12,013亿元,比上年增长8.42%。教育投入是支撑国家长远发展的基础性、战略性投资,是教育事业的物质基础,是公共财政的重要职能。然而,包括政府在内的社会各方都认为高等教育不应单独由财政资金负担,以政府拨款为主的多渠道筹资体系才是“双一流”建设的应有之义。事实上,尽管全国教育经费总投入在逐年提高,但其中高等教育投入所占比重呈现逐年下降的趋势。国家统计局发布的教育经费数据显示,2000~2011年,高等学校教育经费占教育总经费比重平均为28.99%。2015年和

---

〔1〕 参见邓娅:《我国高等教育财政体制改革与大学基金会的兴起》,载《北京大学教育评论》2011年第1期。

2016 年全国教育经费总投入分别为 36,129.19 亿元和 38,888.39 亿元,其中高等教育投入分别为 9364 亿元和 10,110 亿元,占比分别为 25.9% 和 26%,高等教育投入在教育总投入中所占比重呈现减少态势。《国家中长期教育改革和发展规划纲要(2010 ~ 2020 年)》提出,高等教育实行以举办者投入为主、受教育者合理分担培养成本、学校设立基金接受社会捐赠等筹措经费的机制。2017 年 1 月,《国家教育事业发展"十三五"规划》中也提出,包括高等教育在内的非义务教育今后将实行以政府投入为主、受教育者合理分担、其他多种渠道筹措经费的投入机制。上述表述从国家层面对社会资源进入教育的途径进行了明确,也对大学教育基金会的目标任务进行了原则性规定。从 2009 年开始实施的中央财政捐赠资金配比措施,正是以财政资金撬动社会投入、放大财政投入效果的有益尝试,至今已累计配比资金近 200 亿元。

二是学校层面。在国家层面需要大学教育基金会对高等教育进行补充性供给的同时,大学层面更需要这种制度有效发挥作用。持续稳定的资金投入是办好大学的前提条件,支撑一流的大学需要一流的经费保障,办学资金的多寡直接影响大学的发展进程,这已经成为当代大学管理者的共识。因此,多渠道筹资已成为大学实现可持续发展的必然选择,办学资金来源多元化已经成为世界性趋势。2017 年"双一流"建设高校名单公布后,42 所一流大学建设高校相继出台自己的"双一流"建设方案,世界一流大学建设进程正在加速。然而如前所述,建设世界一流大学是一项长期任务,单纯依赖财政资金是远远不够的,需要各方共同支持分担教育成本,提升高等教育品质。作为办学主体的高等学校,更是要不断拓宽筹资渠道,积极吸引社会捐赠。只有这样,高校自我发展的能力才能逐渐增强。在办学实践中,大学对捐赠资金的需求体现在总量需求与灵活性需求两个方面。在总量方面,财政资金在相对稳定地提供资金支持的同时,因财政预算体制的限制,也存在经费增长空间有限的问题,特别是在新校区建设、科研攻关项目、原有校区基础设施改造等急需资金支持的重点项目上,大学很难在常规财务供给模式基础上寻求增量资源。此外,过去部分高校通讨举债、卖地等形式筹措办学资金，在当前严格控制财务风险的背景下，以这些方式解决财务经费短缺问题已不可能。量入而出的财务供给模式，极大地制约了大学各项事业的发展。因此，教育基金可在大学财务总量需求上实现突破。在灵活性需求方面，即便是财政资金较为充足的世界一流大学或世界一流学科建设高校，也存在资金使用刚性强、灵活性不足问题。高校在使用财政资金过程中采用的是刚性预算，在执行过程中控制性强、变动余地小，有限的资源难以因校制宜合理配置，这就形成了大学发展的自主性、应变性、动态性与预算刚性的矛盾，这一点在“双一流”建设过程中将更加突出。

因此，作为新的财务供给方，大学教育基金会可在一定程度上缓解上述矛盾，成为财政资金这种主体来源的有益补充，扶持财政资金难以覆盖又彰显学校特色的领域，更好地支持学校事业发展。目前，“双一流”高校基本实现了教育基金会的全覆盖，说明高校管理层已经认识到了大学教育基金会的补充性财政供给作用，不断探索大学教育基金会支持、保障学校事业发展的独特作用与方式，适当减少对财政资金、学费收入的依赖。

(二)现阶段我国大学教育基金会投资收益低

目前，我国大部分大学教育基金会的投资管理主要是活期存款、通知存款、投资国债等稳定但资金安全性高的短期投资方式。此种现象并非大学教育基金会所独有的情况，基金会中心网截至2019年8月1日的数据显示，在全国多个基金会中，2018年基金会投资收益前十排行榜居前五位的分别是清华大学教育基金会、汕头大学教育基金会、北京大学教育基金会、浙江大学教育基金会、中国人民大学教育基金会。据统计，截至2018年第一季度，我国公益领域的资产总值达2000亿元，其中大部分资产都没有得到有效管理，任由资金躺在银行“睡觉”，或者有部分基金进行了投资管理，但其投资管理收益率甚至低于货币基金的收益率。[1] 例

〔1〕 参见刘冠群、陈文丽等：《中国基金会保值增值投资管理报告》，载MBA智库：https://doc.mbalib.com/view/40a3ace704cf30b0bd1d326977145479.html，最后访问日期：2019年7月30日。

如,北京语言大学教育基金会2015年度报告显示,其投资收益主要来自中国银行的各类理财产品,大部分资金的投资期限从43天到178天不等,报酬率则从2.3%到5.2%不等。[1] 以上海地区高校教育基金为例,目前能持续进行股票和债券投资,并且投资规模在亿元级以上水平的,只有上海交通大学教育发展基金及复旦大学教育发展基金,其余多是依靠收取低额银行利息回报,投资收益普遍偏低。[2] 普遍依靠利息进行增值保值的投资管理方式带来的收益甚微,且在通货膨胀程度高于银行存款利率的情况下,甚至会出现负收益。2018年我国正式发布了《关于规范金融机构资产管理业务的指导意见》,强调金融机构不得承诺保本保收益,产品出现兑付困难时不得以任何形式垫资兑付。其引导金融机构转变预期收益率模式,强化产品净值化管理,并明确核算原则。这意味着大部分基金会通过投资银行保本理财将成为历史。如果在控制风险的情况下,多渠道进行投资管理,则更有助于实现大学教育基金的增值保值。

(三)大学教育基金会进行投资管理可以更好地为高校发展服务

对大学教育基金会进行充分的投资管理有助于更好地为高校发展服务。一般而言,大学教育基金会为高校发展服务的作用主要发挥在以下三个方面。

1.保持高校适度的独立性和学术自由度

计划经济体制下,高校的教育经费全部来自财政拨款,由主管部门拨款至高校的银行账户,由高校编制财务报表,并最终找主管部门核销。财务上较高的依赖性使得高校在行政力量前的话语权减弱。教育部在《2018年全国教育经费统计快报》中报告,“2018年,全国教育经费总投入为46,135亿元,比上年增长8.39%。其中,国家财政性教育经费(主要包括一般公共预算安排的教育经费,政府性基金预算安排的教育经费,企业

---

〔1〕 参见《北京语言大学教育基金会2015年度工作报告》,载北京语言大学教育基金会:http://jjh.blcu.edu.cn/art/2016/5/20/art_9729_1111075.html,最后访问日期:2019年7月30日。

〔2〕 参见周珽:《大学教育基金会管理与发展研究——财务分析的视角》,上海师范大学2014年硕士学位论文,第43页。

办学中的企业拨款，校办产业和社会服务收入用于教育的经费等）为36,990亿元，比上年增长8.13%”。[1] 从上述数据可以看出，国家财政性教育经费在教育经费中依旧占比较大。大学教育基金的存在，使教育经费由国家财政性教育经费构成走向国家财政性教育经费为主导，辅之以非财政性教育经费，包括学杂费、社会团体及个人捐赠、社会捐资集资、其他教育经费等多渠道、多层次的资金来源，教育经费结构相对优化。《中华人民共和国高等教育法》第60条第1款规定：“高等教育实行以举办者投入为主、受教育者合理分担培养成本、高等学校多种渠道筹措经费的机制。”对大学教育基金会的投资管理又可以较好地实现对教育基金类教育经费更好的增值保值，提高高校自主获得建设及研究经费的能力，减少对国家财政性教育经费的依赖。

2. 促进高校进行资源整合和研究创新，助力世界一流大学建设

大学教育基金会的可持续性支出规模越大，越有助于提高高校的资金流动性，高校在进行发展规划等决策时，受资金流动性限制更小，更有助于高校进行长期规划。根据高校的自身定位及发展规划，高校可以以大学教育基金为载体，充分利用校内外人力、物力等各种资源，相对自由地进行学科建设及研究创新，自由地支持基础科学、应用科学研究领域内具有前瞻性、战略意义的科学研究项目。相比于产学研合作的市场化发展方式，高校可以更好地利用自己手中的大学教育基金所提供的资金支持和现金流，从而更好地服从自身规划，不受制于人。目前，我国各类高校教育基金会一共527家，在近些年确立的42所世界一流大学名单中，除国防科技大学外，其余41所都设立有大学教育基金会，这些大学教育基金在改善办学条件、提高教学质量方面发挥着不可或缺的作用，在推动高校资源整合和研究创新方面发挥着不可或缺的作用，大学教育基金提

---

〔1〕 参见教育部：《教育部关于2018年全国教育经费统计快报》，载中国政府网：http://www.gov.cn/xinwen/2019-04/30/content_5387918.htm，最后访问日期：2019年7月30日。

供的资金力量,成为高等院校补充教育经费的重要来源。[1] 2017 年 9 月,世界一流大学和一流学科建设高校及建设学科名单公布,共计 137 所首批“双一流”建设高校,其中世界一流大学建设高校 42 所。但一流大学建设不是一朝一夕之事,需要国家、高校、社会等各方共同努力。从世界一流大学的治理实践来看,管理高效、可持续性强的大学教育基金强有力地支撑着大学发展,是建设世界一流大学的有力保障。

具体而言,在“双一流”建设过程中,直接看大学教育基金会投资管理的作用,它可以给高校拓宽筹资渠道,加强财务保障,间接看大学教育基金会投资管理的作用,它还可以全过程、多领域地深度参与“双一流”建设的全过程。例如,依托讲席教授等形式,发展一流师资队伍,培养创新型拔尖人才;可以设立研究基地,提高科研水平;可以加强产学一体化研究,推动成果转换。总而言之,大学教育基金的投资管理在带来直接的资金流动性与可持续性的同时,还能围绕着人才培养、基础设施建设、平台创建、科学科研、社会服务等,全方位参与一流大学和学科建设。[2] 近些年,清华大学教育基金会支持清华大学组建“讲席教授团组”,聘请 30 多位国际知名学者和杰出人才,如世界著名生物学家施一公教授等;善于治学教人的一流教师的聘请,为清华大学学生培养提供了优质的教师资源,为学生提供了知识学习的国际视野。[3]

3. 搭建起学校与市场对接沟通的桥梁

大学教育基金会作为无行政职能的公益性社会团体,在学校与社会沟通、学校与市场对接的搭建中起到沟通的桥梁作用。其相对灵活和独立的运作体系、组织机构、决策方式、激励模式的规范与市场化,可以为高校的组织机构设置及优化提供参考意见。大学教育基金会的投资管理可

---

〔1〕 参见杨维东:《中国大学基金会治理问题研究》,中国政法大学出版社 2015 年版,第 134 页。

〔2〕 参见《中国大学教育基金会发展报告》编写组编:《中国大学教育基金会发展报告》(2018),社会科学文献出版社 2018 年版,第 20 页。

〔3〕 参见庆吉轩:《清华大学教育基金会加强自身建设服务教育事业》,载《中国社会组织》2013 年第 6 期。

以增强高校的骨干力量,引进高层次人才。在高校尊重公益性社会组织的内在规律,重公益也重效益地进行管理和规范的同时,高校自身也能更新管理及教育观念,更好地认识市场和认识社会,实现高校自身的组织机构变革。

(四)大学教育基金会开展投资管理可更好地发挥其基本功能

在市场经济背景下,任何经济行为都需有相匹配的制度,制度对经济行为有规范、约束、激励等作用。制度与经济发展的关系是新制度经济学的基本支柱之一。从某种意义上讲,制度起源于创新,国家供给制度等都与经济发展有关。有效率的制度能促进经济增长和发展,而无效率的制度则会抑制甚至阻碍经济增长和发展。经济学家诺思(Douglass C. North)在《西方世界的兴起》一书中指出,"有效率的组织是经济增长的关键,一个有效率的组织在西欧的发展正是西方兴起的原因所在,有效率的组织需要在制度上做出安排,以便造成一种刺激,将个人的经济努力变成私人收益率甚至接近社会收益率"。大学教育基金会投资管理制度可以充分发挥投资管理的内在功能,主要有如下几个基本功能。

1. 节约功能

节约功能是大学教育基金会投资管理制度的首要功能,大学教育基金会投资管理制度有效节约人们进行投资交易时的交易费用。投资基金的这种节约交易费用的功能,有效地动员了居民储蓄,将闲置的货币资金转化成投资。就高校来说,大学教育基金会投资管理制度能最大限度地利用校内结余资源,将一些处于沉睡状态的资金唤醒,使其在资本市场获得更大收益,成为高校发展源源不竭的蓄水池。近年来,在高校筹资意识不断增强和社会捐赠意识不断提高的背下,我国一些知名高校年度所能获得的捐赠收入逐渐增加。

我国一些知名高校年度所获捐赠收入已非常可观,第一名的清华大学达到了10亿多元人民币,而第十名的中山大学也有超过1.4亿元的收入。但从教育基金会投资收益来看,其却是处于一个非常低的水平。以清华大学为例,其基金会投资收益虽为3亿多元,考虑到其庞大的基金总额,可知其投资收益率处于较低状态,而美国大学教育基金会投资收益率基本能达到7%以上。如能充分发挥投资基金的节约功能,将这些资金盘活使用,必能发挥更大的价值。在全面建设世界一流大学与一流学科的新阶段,我国相关高校首先需要在物质基础上不断缩小与欧美顶尖大学的差距,而充分发挥教育基金会投资管理制度的节约功能是前提条件。

2. 激励功能

在国外,部分高校由基金管理人对大学教育基金会进行管理,教育基金会投资制度所提供的激励基金管理人的一系列制度安排,能有效地激励基金管理人使其自动地将自身收益向投资基金本身收拢。教育基金会投资激励制这一功能能够充分保护投资者的利益,并使基金管理人的管理绩效与报酬相称。这就进一步调动了基金管理人的积极性,从而推动了投资的增长和金融资源的有效配置。资本市场具有高风险和高收益并存的特征,因此,基金会投资管理者既要为自己的投资行为负责,也要从中获得与其责任相匹配的收入。从全行业来看,基金会投资管理者的收入也处于上游。从大学教育基金会投资管理来说,其同样也要遵循这一基本原则。美国大学教育基金会投资管理的高级管理者的收入极高,哈佛大学教育基金会高级经理人年收入达到3500多万美元,数倍于哈佛大学校长的收入。教育基金会投资制度具有激励功能:一方面能吸引大量高水平专业化的基金管理人员投身于我国教育基金会的管理工作中,以提高基金会管理能力;另一方面能根本性地发挥教育基金会的功能,达到有效节约资源,又不断增值的目的。

3. 约束功能

教育基金会投资制度所提供的各种制度安排,可对投资基金交易过程中的机会主义行为倾向加以抑制,从而能使投资者的利益得到有效保护。机会主义属于分配性努力而非生产性努力,在投资基金的交易中,表现为交易中的投机行为、故意隐瞒信息的行为和内幕交易,其结果不是增加而是分割金融资源,造成投资基金运行的紊乱和无效率,导致交易费用的上升和社会福利的损失。投资基金在制度安排上须对这些行为进行有效禁止，从而维护投资者的利益。因此，在高校教育基金会投资制度制定过程中，要重视对其约束功能的赋予，规避投机性行为，以最大限度地降低投资风险，实现基金的稳步增值。

4. 配置功能

基金投资制度要求将分散的资金集中起来，变闲散资金为生产性资金，变储蓄资金为投资基金，从而有效地调节社会资金余缺和经济运行中的不平稳性，提高资金的使用效率。基金投资制度有利于实现短期资金长期化，并为投资者提供较好的流动性，这就从根本上解决了资金筹集者和资金供给者之间的长期固定性要求与短期流动性要求的矛盾，实现了货币资本的优化配置。

当前，我国高校投资行为受到抑制甚至停滞应是根本性的制度缺陷造成的。我国大学教育基金会若要进入资本市场参与投资，就必须有相应的基本制度安排：首先，具有节约和调节校内结余资金并纳入投资基金的制度，这一制度能规定校内一定数额的办学经费及确定哪些经费可进入投资基金。其次，具有激励功能的投资基金管理制度，通过相应的制度建设，使高校教育基金会投资管理者能获得与其劳动相对应的报酬，从而激励基金管理者最大限度地降低投资风险，最大限度地获得投资收益。最后，具有约束功能的教育基金投资管理制度，通过相应的制度建设，使高校投资行为符合国家相应法律法规，遵循基本投资伦理，符合校内基本管理制度，降低投资风险和盲目性。[1]

---

〔1〕 参见尤玉军：《中国高校基金会治理结构：理论与实践》，人民出版社 2018 年版，第 116 页。

第二章　大学教育基金会投资行为的规制原则

大学教育基金会作为一种既能为学校近期支出提供现金流，又能为学校长远发展提供资金支持的公益基金会，其投资管理既需要遵循一般基金管理的原则，还需要遵守公益基金特有的原则。总体来说，大学教育基金会在发展过程中需要遵循以下几个原则：合法性原则、安全性原则、流动性原则及效益性原则。

第一节　合法性原则

合法性原则也称政策性原则，具体指大学教育基金会在进行经营管理时应当在法律法规及有关政策的规范范围内进行，即任何投资管理行为都应该以不违反法律法规及行政规范的相关规定为前提。

需要注意的是，在《慈善法》实施之前，我国的慈善是小概念“慈善”，慈善的范围只包括扶贫济困救灾，慈善组织的形式也只包括扶贫济困救灾的慈善组织，而在2016年《慈善法》实施之后，我国法律对于慈善的范围做了扩大，包括科学、教育、文化、卫生、体育，慈善组织的形式扩大为包括基金会、社会团体和社会服务机构等“民办非企业单位”。这也就使大学教育基金会的身份正式成为慈善组织，受到有关慈善组织方面的法律规范的规制。

国家为了规范大学教育基金的投资管理,维护捐赠人及基金会的合法权益,所制定的具体规范包括《高等教育法》、《慈善法》、民政部《基金会信息公布办法》、《公益事业捐赠法》、《基金会管理条例》、财政部《民间非营利组织会计制度》、民政部《关于规范基金会行为的若干规定(试行)》、《教育部 财政部 民政部关于加强中央部门所属高校教育基金会财务管理的若干意见》、《基金会年度检查办法》等,这些法律法规对大学教育基金会的投资管理均没有进行具体规范,但通过对上述法律法规中间接规范的剖析,以及对规范领域具有相似性和参考价值的《慈善组织保值增值投资活动管理暂行办法》等的法律精神的分析,我们可以归纳出大学教育基金会的投资管理须遵循的合法性原则,具体包括以下几个方面。

一、投资资金合法

一般认为非教育基金可以用于大学教育基金会的投资资本金,财政拨款、学费收入、学校贷款等教育资金不得用于基金会投资,[1]但民政部《关于规范基金会行为的若干规定(试行)》第2部分第6款第2项规定:“基金会可用于保值增值的资产限于非限定性资产、在保值增值期间暂不需要拨付的限定性资产。”在现实情况中,高校对于用于投资管理的资金范围相对较为灵活宽松。例如,《清华大学教育基金会章程》第34~35条规定:“本基金会的重大投资活动是指:(一)年度投资计划;(二)单笔投资超过基金会上年末净资产10%以上的投资活动”;“本基金会按照合法、安全、有效的原则实现基金的保值、增值”。《清华大学教育基金会财务管理制度》第18条第3款规定:“基金会可用于增值保值的资产限于非限定性资产、在保值增值期间暂不需要拨付的限定性资产。”《浙江大学教育基金会财务管理制度》第43条规定:“基金会用于投资运作的资金由基

---

〔1〕 参见戴志敏、石毅铭、蒋绍忠等:《大学教育基金会管理研究》,浙江大学出版社2010年版,第137页。

金会留本基金和暂时不需使用的沉淀资金组成。"[1]

二、投资范围合法

投资范围合法是大学教育基金会投资管理合法性要求中最为核心的部分。投资范围的不合法,往往是因为投资管理人选择了风险极高的投资品种,使基金有较大可能出现贬值亏损。我国法律目前对于大学教育基金会的投资领域并没有具体详尽的条款,但我们如上参考《慈善组织保值增值投资活动管理暂行办法》中的相关规定,可以做出初步理解。从慈善组织的宗旨和特点出发,上述规范性文件对慈善组织的投资领域做了以下规定:首先,该办法从正面规定了慈善组织可投资的三种情形:一是可以直接购买银行、信托、证券、基金、期货、保险资产管理机构、金融资产投资公司等金融机构发行的资产管理产品;二是可以通过发起设立、并购、参股等方式直接进行股权投资;三是允许将财产委托给受金融监督管理部门监管的机构进行投资。其次,该办法对这三类情形的投资行为做了进一步的规定:一是慈善组织在投资资产管理产品时,应当审慎选择,购买与本组织风险识别能力和风险承担能力相匹配的产品;二是慈善组织直接进行股权投资的,被投资方的经营范围应当与慈善组织的宗旨和业务范围相关;三是慈善组织开展委托投资的,应当选择中国境内有资质从事投资管理业务,且管理审慎、信誉较高的机构。最后,该办法还设定了慈善组织禁入的8个领域:直接买卖股票;直接购买商品及金融衍生品类产品;投资人身保险产品;以投资名义向个人、企业提供借款;不符合国家产业政策的投资;可能使本组织承担无限责任的投资;违背本组织宗旨、可能损害信誉的投资;非法集资等国家法律法规禁止的其他活动。在这8个禁入领域中,股票、商品及金融衍生品类产品是有限禁止,即只是禁止慈善组织直接购买,慈善组织可以委托有资质的机构来进行相关领

---

[1] 参见《浙江大学教育基金会财务管理制度》,载浙江大学教育基金会:http://www.zuef.zju.edu.cn/index.php/webSite/webColumn/showarticle/4492.html,最后访问日期:2019年8月1日。

域的投资。[1]

三、投资人员合法

对大学教育基金会投资管理的增值保值程度取决于投资管理人员的专业性与风险偏好,如果选择不具有投资管理资质的人员进行基金会的投资管理,较易使得对教育基金的投资管理偏离最初的目的。因此,基金会在选择具体管理人员时,应当选择具有合法资质和专业性的人员尽心管理。例如,《教育部　财政部　民政部关于加强中央部门所属高校教育基金会财务管理若干意见》第25条规定:"基金会应当加强资产管理,配备资产管理人员,建立定期盘点制度,对非现金资产应该进行登记和管理,做到账实相符、账表相符。"但事实上根据基金会中心网的统计,在282家公布专职工作人员数量的大学教育基金会中有70家大学教育基金会的专职人员数量为0,有接近一半的大学教育基金会专职工作人员的数量在1~5人,20人以上的只有7家。

《慈善组织保值增值投资活动管理暂行办法》第10条规定:"慈善组织的发起人、主要捐赠人、负责人、理事、理事来源单位以及其他与慈善组织之间存在控制、共同控制或者重大影响关系的个人或者组织,当其利益与慈善组织投资行为关联时,不得利用关联关系损害慈善组织利益。"该办法第14条规定:"慈善组织在开展投资活动时,其负责人、理事和工作人员应当遵守法律法规和本组织章程的规定,严格履行忠实、谨慎、勤勉义务。慈善组织在开展投资活动时有违法违规行为,致使慈善组织财产损失的,相关人员应当承担相应责任。"该办法第15条规定:"慈善组织的负责人和工作人员不得在慈善组织投资的企业兼职或者领取报酬,但受慈善组织委托可以作为股东代表、董事或者监事参与被投资企业的股东会、董事会。"《基金会管理条例》中规定理事会是基金会的决策机构,依

---

[1] 参见《〈慈善组织保值增值投资活动管理暂行办法〉政策问答》,载民政部:http://www.mca.gov.cn/article/gk/jd/shzzgl/201811/20181100012706.shtml,最后访问日期:2019年7月29日。

法行使章程规定的职权。重大投资活动的决议,须经出席理事表决,2/3以上通过方为有效。虽然法律赋予大学教育基金理事会较高的决策地位,但是我国目前的大学教育基金会的理事人员构成并不乐观。有统计数据显示,大学教育基金会在发展初期其理事长一般是由学校党委书记担任,党的十八大以来,从中央到地方高度重视规范党员领导干部的兼职行为,于是在基金会中心网统计的284家公布理事长身份的大学教育基金会中,40%由现任党委书记担任、27%由副校长等副职领导担任,还有21%由卸任校领导担任。

以清华大学教育基金会为例,其每年投资管理基金的规模与收益在多种基金会中名列前茅,这不仅得益于其广泛的捐赠来源,还得益于其具有较高资质的投资管理人员的配备。民政部《关于规范基金会行为的若干规定(试行)》第2部分第6款第3项规定:"基金会进行委托投资,应当委托银行或者其他金融机构进行。"

在实际运作中,考虑到投资管理对增值保值的重要性,部分高校的教育基金会选择委托专业团队进行投资管理活动,其中较为具有代表性的有清华大学教育基金会、浙江大学教育基金会、上海交通大学教育基金会等。例如,《浙江大学教育基金会财务管理制度》第44条规定:"如基金会进行委托投资,应当委托金融机构(限于中国人民银行发布之《金融机构编码规范》内含机构及两会一行监督管理之机构)进行。"[1]

四、投资程序合法

程序合法是指资产管理程序的履行要有相应的法律法规规定,同时还要有资产管理主体履行该投资管理程序所依据的事实根据和理论根据。目前我国并没有关于大学教育基金会投资管理程序的具体规定,但是相关内容散见于多个法律法规及行政规章之中,例如,《基金会管理条

---

〔1〕 参见《浙江大学教育基金会财务管理制度》,载浙江大学教育基金会:http://www.zuef.zju.edu.cn/index.php/webSite/webColumn/showarticle/4492.html,最后访问日期:2019年8月1日。

例》第10条规定:“基金会章程必须明确基金会的公益性质,不得规定使特定自然人、法人或者其他组织受益的内容。基金会章程应当载明下列事项:……(4)理事会的组成、职权和议事规则,理事的资格、产生程序和任期;(5)法定代表人的职责;(6)监事的职责、资格、产生程序和任期;(7)财务会计报告的编制、审定制度;(8)财产的管理、使用制度;……”上述规定说明,虽然法律法规没有对大学教育基金会的投资管理程序做出具体明确的规定,但通过大学教育基金会自行订立章程的形式明确投资管理决策做出时的程序规则。《教育部　财政部　民政部关于加强中央部门所属高校教育基金会财务管理的若干意见》第3条规定:“基金会资金的募集、管理和使用计划、基金会财务收支预算、决算等重大事项,应当经理事会讨论决定。”该意见第28条规定:“基金会投资决策与执行应当分离。建立规范的投资决策议事规则,投资计划必须经过理事会决策同意方可执行。理事会授权投资委员会开展投资活动的,投资计划也必须报理事会决策,投资结果必须向理事会汇报,投资责任仍由理事会承担。每一项投资决策都必须经过表决,决策记录应载明投资事项、提请投资人的意见和签名、参与表决人的意见和签名,表决结果存书面档案。”民政部《慈善组织保值增值投资活动管理暂行办法》第8条规定:“慈善组织应当在财务和资产管理制度中规定以下内容:(1)投资遵循的基本原则;(2)投资决策程序和管理流程;(3)决策机构、执行机构、监督机构在投资活动中的相关职责;……”

实现投资管理行为的合法性,宏观上要遵循相关法律法规的规定,必须遵守宪法、法律、法规、规章和国家政策,不得危害国家安全、统一和民族团结,不得违背社会公德。微观操作则要根据各大学教育基金会的相关制度和章程的规定和特点,遵守其应该执行的程序,决议违反法律、法规或章程规定,致使基金会遭受损失的,参与决议的相关机构或者个人应当承担责任。例如,《清华大学教育基金会章程》第12~15条规定:“本基金会的决策机构是理事会”;“理事会每年至少召开2次会议。理事会会议由理事长负责召集和主持。有1/3理事提议,必须召开理事会会议。

如理事长不能召集,提议理事可推选召集人。召开理事会会议,理事长或召集人需提前5日通知全体理事、监事";"理事会会议须有2/3以上理事出席方能召开;理事会决议须经出席理事过半数通过方为有效。下列重要事项的决议,须经出席理事表决,2/3以上通过方为有效:(1)章程的修改;(2)选举或者罢免理事长、副理事长、秘书长;(3)章程规定的重大投资活动;(4)基金会的分立、合并";"理事会会议应当制作会议记录。形成决议的,应当当场制作会议纪要,并由出席理事审阅、签名。理事会决议违反法律、法规或章程规定,致使基金会遭受损失的,参与决议的理事应当承担责任。但经证明在表决时反对并记载于会议记录的,该理事可免除责任"。[1]《浙江大学教育基金会财务管理制度》第46条规定了资金投资运作的流程:(1)由财务部投资人员向投资委员会递交项目建议;(2)设立分级授权审批机制,投资委员会对投资额度1亿元及以下项目有表决权,1亿元以上项目需报理事会审批表决;投资委员会对分级授权范围内投资项目进行集体审议并表决,必要时可书面咨询投资顾问小组;(3)对部分重大、特殊项目,虽在分级授权审批范围内,如投资委员会认为有必要亦需报送理事会审批表决;(4)临时投资于短期流动性管理类产品(货币基金、国债逆回购等安全性较高品种)需财务部投资人员集体讨论并提出方案由秘书长审批通过后方可执行,校计划财务处委派会计主管动态监督,投资范围仅限于民政部所允许慈善组织可直接购买的产品范围内;(5)经上述流程审批同意后,财务部方可进行资金拨付。[2]

总体来说,社会的发展趋势要求非营利组织在继续争取传统财源的同时进入营利性领域寻求新的资金来源,以保证其能自由开展业务活动而尽量不受外界捐资不足的制约。[3] 大学基金会同样如此。有学者通

---

〔1〕 参见《清华大学教育基金会章程》,载清华大学教育基金会:http://www.tuef.tsinghua.edu.cn/sites/pdf/about/jjhzc2019.pdf,最后访问日期:2019年7月28日。

〔2〕 参见《浙江大学教育基金会财务管理制度》,载浙江大学教育基金会:http://www.zuef.zju.edu.cn/index.php/webSite/webColumn/showarticle/4492.html,最后访问日期:2019年8月1日。

〔3〕 参见葛道顺等:《中国基金会发展解析》,社会科学文献出版社2009年版,第95页。

过研究发现个别基金会出现"公益搭便车"行为,将基金会、民办非企业单位和企业三者的特质混在一起,对公益基金会的属性提出了挑战。[1] 笔者认为,只要遵循上述合法性原则,不必担心大学教育基金会走上所谓的投资弯路。

第二节　安全性原则

安全性原则又叫资金投资管理时的风险性原则,大学教育基金会在投资运作过程中要力求投资管理的资本金及至少不低于银行同期存款利息的投资回报的安全,尽量避免一切可能并且可以避免的损失。大学教育基金会具有公益慈善的属性,对资金的安全性及公益支出的流动性都有较高的要求。其投资管理也是以保值为前提,如何平衡投资与收益之间的关系,是大学教育基金会投资管理的核心考虑。具体而言,大学教育基金会投资管理过程中涉及的风险包括以下几种。

一、投资品种风险

低风险投资对象包括金融债券、国债及中央级企业债等。债券作为一种权利凭证,以法律方式保证债权人对到期债务的权利,具有较低的风险性。一般金融债券由政策性银行发行,以国家信用为担保,作为类"金边债券"具有收益稳定、风险较低的特点。国债由国家作为发行主体发行,投资收益高于银行存款。一般国债和金融债券不仅是大学教育基金会的主要投资对象,还是养老基金、社保基金等组织的重要投资工具。中央级企业债则是企业债之一种,是企业为了在短期内筹集资金,以自身信用作为偿债担保而发行的债券,其一般经国家部、委一级批准发行,目前只限于中央铁路建设债券、三峡建设债券、电力建设债券和移动通信类债

〔1〕 参见卢玮静等:《基金会评估:理论体系与实践》,社会科学文献出版社 2014 年版,第 77 页。

券四大品种。该类投资工具的共同特点在于风险较小且投资回报至少不低于银行同期存款利息。低风险投资是目前绝大多数大学教育基金会采取的投资管理方式。

有限风险投资,即可能发生的亏损在基金会准备的风险备用金的范围之内,或在基金会可以承受的范围之内,并且一般要求发生风险的概率较低或可承受,对象包括开放式基金等。开放式基金指基金发起人在设立基金时,基金单位或股份总规模不固定,可视投资者的需求,随时向投资者出售基金单位或股份,并可应投资者要求赎回发行在外的基金单位或股份的一种基金运作方式。投资者既可以通过基金销售机构购买基金使基金资产和规模由此相应增加,也可以将所持有的基金份额卖给基金并收回现金使得基金资产和规模相应减少。因开放式基金较为优秀的资金流动性,其可以成为大学教育基金会进行优先风险投资时的选择。

高风险投资对象包括某些类型的委托理财投资、股票。一般委托理财指专业管理人接受资产所有者委托,代为经营和管理资产,以实现委托资产增值或其他特定目标的行为,一般特指证券市场内的委托理财,即投资银行作为管理人,以独立账户募集和管理委托资金,投资于证券市场的股票、基金、债券、期货等金融工具的组合,实现委托资金增值或其他特定目的的中介业务。而有些类型的委托理财投资具有较高风险,风险的发生会给大学教育基金会的资金流动性及盈亏状态带来明显的影响。[1]与以上几种投资工具相比,股票具有较高的收益和较大的投资风险。收益主要来自差价、派息及红利。而股票投资的风险则主要来自在金融全球化的平台上,资金可以在全球范围内流动,股票价格受全球金融环境的影响较为频繁。

---

〔1〕 参见戴志敏、石毅铭、蒋绍忠等:《大学教育基金会管理研究》,浙江大学出版社 2010 年版,第 138 页。

二、市场风险

在金融市场中进行投融资活动,必然要面临基础资产市场的剧烈波动或者不利变动,从而导致衍生工具的价值或者价格变动,进而产生市场风险,包括利率风险、汇率风险、股票价格风险、商品价格风险及周期性波动风险。

利率风险最主要和最常见的是利率上涨或者下降的风险,大学教育基金会对金融资产进行投资,利率的上涨或者下跌会使得市场参与者手中资产价值发生波动。例如债券这种固定利率的投资工具,利率上涨,投资者手中的债券价值下跌,反之,价值上升。汇率风险主要与外汇市场上汇率变动有关,当投资者购买外汇或者投资于外汇的产品如基金时,其手中金融资产的价值就会随之变动。股票价格风险是指由于大学教育基金会持有的股票价格发生不利变动而给大学教育基金会带来损失的风险。商品价格风险是指大学教育基金会所持有的各类商品的价格发生不利变动而给大学教育基金会带来损失的风险。这里的商品包括可以在二级市场上交易的某些实物产品,如农产品、矿产品(包括石油)和贵金属等。周期性波动风险是指由于交替出现的经济紧缩或者经济扩张带来交易市场交易工具价格等市场行情的交替性波动。

三、主观性风险

内部管理风险是所有投资管理活动必须面对并且要克服的风险,它是指投资管理活动中人为因素带来的风险,具体包括管理者滥用职权向关联企业或者关联自然人输送利益产生的道德风险,还包括因管理人员玩忽职守或疏忽大意,以及相关专业素养不够而产生的操作风险。这类主观性风险是可以通过监督制度或者加强人才配置等方法予以防控,但不可能完全予以消除或者避免的风险。

就道德风险而言,大学教育基金会作为接受校友及社会捐赠的主体,只是捐赠资金的持有者,并非直接受益人或者所有者。而具有决策权的理事会，虽然拥有重要项目或重大投资的决策权，但也不是捐赠资金直接受益人或者所有者。在金钱利益面前，基金会及其决策者很容易做出不利于基金会的操作，如将资金投向与自己有利益关系的企业，购买与决策者有利益关系的企业的股票，甚至将基金委托给有利益关系的企业运作等。道德风险的发生都会违背基金投资管理以求增值保值的目的。[1]例如，《中华人民共和国慈善法》第 14 条就规定，“慈善组织的发起人、主要捐赠人以及管理人员，不得利用其关联关系损害慈善组织、受益人的利益和社会公共利益”，防止关联交易引发的道德风险损害慈善组织或者受益人利益。

就操作风险而言，大学教育基金会的投资管理一般需要相关人员不仅具有较强的对账、财务计算、概率统计、高等数学等基本工作技能，还要对宏观经济形势和政策具有较为深刻的理解和认识，具有金融投资理财的相关知识，并且能够熟练操作使用相关软件系统进行数据评估与分析。但是实践中，大学教育基金的组成人员一般不具有进行投资管理的专业素养。大多数大学教育基金会中理事会成员由校内领导兼任，或主管人员由校办或者校友会人员兼职，财务人员由学校财务处老师兼职，为教育基金单独记账，并且进行简单理财。于是人员操作上的风险，就为教育基金会带来投资策略低下、投资回报不高、基金会资金规模萎缩等问题。[2]至于管理人员的操作风险对于教育基金投资管理的风险防控作用可以通过下面的例子予以了解。先以清华大学教育基金会为例，清华大学教育基金会的投资组合为债券、基金、股票等包括长短期投资工具在内的投资组合方式，历年平均收益率均在 10% 左右，且平均收益率与资产最优组合下的收益率相近，并且在清华大学教育基金会选择的资产组合的情况下，其风险系数甚至小于最优组合下的风险系数。不仅仅是在大学教育基金

---

〔1〕 参见邹晓骁：《大学教育基金会投资及其收益研究》，扬州大学 2015 年硕士学位论文，第 14 页。

〔2〕 参见周珽：《大学教育基金会管理与发展研究——财务分析的视角》，上海师范大学 2014 年硕士学位论文，第 19 页。

类基金会中有不凡表现,其收益率每年都能在全国各种类型基金会中名列前茅。清华大学教育基金会的卓越表现源自清华大学教育基金会将其资金的投资管理委托给专业的投资管理团队,专人专职,专业性极强。再以中国人民大学教育基金会的投资管理为例,中国人民大学教育基金会的投资管理并非每年都会选择债权、基金、股票等资产组合方式,其收益率略高于银行同期存款利息,但风险指数却远大于银行同期风险,中国人民大学教育基金会的投资管理并非专人管理,而是由学校领导兼职,投资具有较强的主观性,有很高的操作风险。[1]

四、制度风险

大学教育基金会在运用社会捐赠的财产进行投资时,与一般企业追求高收益的目的不同,应当在确保操作稳健、风险合理的基础上实现保值增值,务必要将财产的安全性放在首要位置。为了最大限度地控制投资风险,在可用于投资的财产类型和投资范围方面应充分考虑安全性。例如,《慈善组织保值增值投资活动管理暂行办法》第 5 条第 2 款规定,慈善组织接受的政府资助的财产和捐赠协议约定不得投资的财产,不得用于投资;第 7 条将股票、商品及金融衍生品类产品、人身保险产品等高风险品种列入禁止直接投资的范畴。此外,在开展投资活动时大学教育基金会应当建立相应的决策机制来进一步控制投资风险,应当在财务和资产管理制度中建立投资风险管控制度,建立投资活动中止、终止或者退出机制和违规投资责任追究制度。同时应当根据投资活动的风险水平及所能承受的损失程度,合理建立止损机制,并可以建立风险准备金制度等。对于慈善组织投资出现损失时的责任承担问题,大学教育基金会在开展投资活动时有违法违规行为,致使慈善组织财产损失的,相关人员应当承担相应责任,根据《基金会管理条例》第 43 条第 1 款的规定,基金会理事会违反本条例和章程规定决策不当,致使基金会遭受财产损失的,参与决策

---

〔1〕 参见王书平:《浅析企业财务管理中的投资风险控制》,载《财会学习》2019 年第 21 期。

的理事应当承担相应的赔偿责任。

在微观层面的实践操作上，各高校教育基金会也都把教育基金进行投资管理的风险防控放在重要位置。例如，《清华大学教育基金会财务管理制度》第 18 条第 6 款规定："应制定严格的投资风险控制制度，以实现投资的保值和增值。"《浙江大学教育基金会财务管理制度》第 47 条规定了资金投资运作的风险防控指引，要求在实际投资活动中应"根据资金流动性需求，合理配置投资期限，防控流动性风险；根据市场外部环境，进行大类资产配置，分散投资。明确单个项目投资上限，原则上不得超过基金会总可投资资产规模的 10%，防控集中度风险"；并且强调要"严格筛选合作机构，并动态评估合作机构经营及资信状况，防控机构信用风险；落实尽职调查，严格审查投资项目，防控项目风险；集体审议、群策群力，投票表决，防控主观性风险；严格止损，单个投资项目最低止损点设定为 10%。当投资项目损失达止损点时，应终止该项投资"。[1]

在投资管理安全性原则中，本书列举部分法律规定或者大学教育基金会内部规范，这些法规及条文多从投资管理的谨慎性方面做出考虑，从投资期限、合作机构、投资项目、主管风险等方面做出要求，虽规定有大类资产配置的要求，但也是出于分散投资以降低风险的考虑。美国投资界曾经做过一项有趣的实验，研究者选取 1977 年至 1988 年的几只大型养老基金作为研究对象，分析发现对这几只基金的长期收益影响最大的因素是资产的配置组合，合理的资产配置可以提高基金抵御风险的能力。[2]

第三节　流动性原则

流动性原则也叫变现性原则，是指大学教育基金会在资金运作中所

[1] 《浙江大学教育基金会财务管理制度》，载浙江大学教育基金会：http://www.zuef.zju.edu.cn/index.php/webSite/webColumn/showarticle/4492.html，最后访问日期：2019 年 8 月 1 日。

[2] 刘冠群、陈文丽等：《中国基金会保值增值投资管理报告》，载 MBA 智库：https://doc.mbalib.com/view/40a3ace704cf30b0bd1d326977145479.html，最后访问日期：2019 年 7 月 30 日。

选择的投资品种,必须从购买之日起到兑付期之间的任何一个时间段,都具有变现功能。它是大学基金会投资管理中的一个重要环节,既可以在单位流动资金短缺时,将投资品种变现以满足资金需求,同时又可以使同一笔投资资金在一个投资周期内做多次循环,以达到资金运作效益的最大化。流动性原则的内容包括以下两个方面。

一、流动资金需求

流动性,尤其是用于教育支出的资金流动性是大学教育基金会的根本要求,而投资管理则是在有资金结余的情况下追求大学教育基金会可持续性的一种措施。在任何时候,投资支出应该让位于教育支出,投资管理不得占用或者负面影响教育支出的流动性。当投资品种未到兑付期,而单位流动资金可能出现短缺时,不论是否盈利,都应及时将该投资品种变现,以避免资金链中断,影响学校事业发展。

二、循环投资需求

为了再投资需要,将未到期的投资品种变现。循环投资需求有以下三种类型:(1)未实现预期收益。当某一投资品种目前的市场收益率未达到预期目标,而继续持有该投资品种,其市场收益率有下降的可能,或者其市场收益率下降期可能会持续较长的时间时,将其投资品种变现。(2)实现预期收益。当某投资品种目前的市场收益率已达到或超过预期目标,而继续持有该投资品种,其市场收益率有下降的可能时,将其投资品种变现,为下一次循环投资做准备。(3)提前循环投资。当某投资品种目前的市场收益率未达到预期目标(尽管其收益率可能还会有所提高),但一种新的投资品种将发行,并且其收益率比现在所持有投资品种的收益率还要高时,将其投资品种变现,提前进入下一个投资循环。

第四节 效益性原则

效益性原则是指大学教育基金会的资金运作必须具有经济效益(货币的时间价值最大化)和其他效益。

当前,我国经济体制正在由计划经济向社会主义市场经济转变。原计划体制下,教育经费来源单一,由高等学校经费主管部门拨入学校银行账户,并规定不计利息,由学校包干使用,年终编制决算报表,报主管部门批准核销。随着我国教育体制改革的不断深化,单纯的教育资金运动发展成为以教育资金为主渠道,以从属于教育资金的生产、经营资金为辅渠道的两种资金运动。这要求财务管理从计划经济下的事业单位的报账型过渡到适应社会和市场经济需要的事业单位参与财务决策型和参与经济决策型的轨道上来。基金会财务管理也不能置闲置资金和生产经营资金的运动于不顾。过去那种“只管种树,不问死活”的做法,只讲投入、不计产出的陈旧观念,必然会被人们所摒弃。大学基金会在进行投资理财活动时,对每项具体的财务活动都必须全面分析其收益性和安全性,按照风险和收益适当均衡的要求决定采取行动的方案,并在实践中趋利避害,争取获得更多收益。效益性原则包括以下几个方面的内容。

一、经济效益界定

经济效益即经济效果,是指大学基金会通过资金运作所获取的一个大于运作资金和运作资金同期银行利息的增量资金。大学基金会投资管理的最终目的,就是要最大限度地获取增量资金,以弥补教育经费的不足。经济效益界定有以下三种方法:(1)增量资金与投资资金同期所能获得的银行利息比较。增量资金大于投资资金同期所能获得的银行利息的部分为经济效益。(2)增量资金与部分资金运作成本比较。增量资金大于部分资金运作成本的部分为经济效益。这里所说的部分资金运作成本,是包括投资资金同期所能获得的银行利息在内的其他成本,如人员经费、公务费、水电费、设备费等，即不完全成本核算（或称为部分成本核算）。(3)增量资金与全部资金运作成本比较。增量资金大于全部资金运作成本的部分为经济效益。这里所说的全部资金运作成本，是指包括投资资金同期所能获得的银行利息在内的所有成本，如人员经费、公务费、水电费、设备费和职工生老病死费等，即全成本核算。

二、经济效益分析

经济效益分析包括以下内容：投入与产出比，即在一定时期内，用于某一投资品种的资金量与其增量资金比。我国的资本市场产品已经十分丰富，可投资的方式多种多样，如银行存款、购买国债、股票投资、委托理财和股权投资等。大学教育基金会在章程授权下以基金会财产进行投资和贸易，这种行为直接影响基金会财产价值的减少和增加。基于基金会目的的长期性，为达到此目的需要足够财产，基于此，管理人必须严格按照章程和授权投资，而投资资金不能超过其收入，基金会财产净值必须保持抵消通胀后某一增长比例，以及投资与收益的平衡。〔1〕 大学教育基金会可以充分利用政策，利用人才优势，积极探索符合大学教育基金会投资的渠道，实现基金会收入的多元化。

必须指出的是，大学教育基金会投资不能只考虑经济效益问题，还应考虑与经济效益纠缠在一起的社会效益问题，〔2〕毕竟基金会属于非营利法人，不能背离其本质属性。

---

〔1〕 参见张晓冬：《基金会法律问题研究》，法律出版社2013年版，第255页。

〔2〕 [美]保罗·布雷斯特、何豪：《善款善用：聪明慈善的战略规划》，李存娜译，中国劳动社会保障出版社2013年版，第134页。

第三章　大学教育基金会投资行为的规制路径

第一节　国内大学教育基金会投资管理的规制进路

一、以法律属性为进路

(一)实然属性——概念的现行法透视

从大学教育基金会概念的字面分析,可以确定,大学教育基金会属于基金会的一种。《世界基金会指南》给出的基金会的定义是:基金会是一个非政府、非营利的组织,它有自己的资金,并由其受托人或者董事会来进行管理,其目的在于资助教育、慈善、宗教等社会公益事业。这被普遍认为是对基金会的比较权威的定义。但基金会的法律定义则在两大法系中难以觅得。在以概念化和体系化见长的大陆法系中,基金会属于财团法人制度下的一个分支。但在大陆法系几部民法典中,都没有关于财团法人或者基金会的直接定义。与大陆法系相比,英美法更注重立法的可操作性和技术性,立法者多以税法及公益性标准来界定一个组织的性质,不管是不是叫作"基金会",只要满足特定条件都可以享受特定的优惠,因此在立法中同样难以找到对基金会的直接定义。

我国《基金会管理条例》第 2 条规定,基金会是"利用自然人、法人或者其他组织捐赠的财产,以从事公益事业为目的,依法成立的非营利性法人”,采取登记管理机关和业务主管单位双重管理的体制,这是我国对于基金会定义的一般条款。追溯至1988年的《基金会管理办法》,则将基金会认定为“对国内外社会团体和其他组织以及个人自愿捐赠资金进行管理的民间非营利性组织,是社会团体法人”。其依据是我国《民法通则》中规定的四类法人,即机关、事业、企业和社会团体法人。当时根据我国现实情况将基金会归入了社会团体法人。此后随着2004年《基金会管理条例》的颁布,新法代替旧法,对基金会的认定变为“非营利性法人”。民政部对此的解释是:基金会是不以营利为目的、独立享有民事权利和承担民事义务的法人组织。[1] 于是,通过政府主管部门解释的弱化方式,对基金会在私法领域的法人格进行了确认,2017年的《民法总则》第87条和2019年12月的《民法典(草案)》都正式确立其非营利法人的身份。此外,《基金会管理条例》将基金会分为公募基金会和非公募基金会两种类型。按照民政部的解释,实行分类管理,一方面是对公募基金会严格管理,另一方面是鼓励更多富裕起来的个人或组织资助公益事业。根据基金会中心网的统计,目前中国大学教育基金会中绝大部分均为非公募基金会。

至此,中国大学教育基金会的特点可概括如下。[2]

1. 组织目标的单一性

大学教育基金会主要服务于其发起高校,宗旨和业务范围涉及的领域主要是高等教育,部分涉及的交流研究、自然科学与社会科学,也均可纳入教育范畴。大学教育基金会的名称普遍采取“××大学/教育(教育发展)/基金会”的模式。为了有效服务发起高校,大学教育基金会以运作型为主,而不是单纯的“花钱”资助项目。

---

〔1〕 参见民政部:《民政部就〈基金会管理条例〉相关政策问答》,载基金会中心网:http://www.foundationcenter.org.cn/guanli/html/2010-06/676_1.html,最后访问日期:2019年7月25日。

〔2〕 参见王丹:《中国大学教育基金会法律属性辨析》,载《求索》2013年第12期。

2. 设立主体的特定性

大学教育基金会相比于其他“民间草根”性质的非公募基金会，特别之处在于其由某所大学依法成立，发起人一般是高校，设立主体排除政府或者其他组织、个人。也正因如此，决定了大学教育基金会与其发起高校之间密不可分的联系，教育部门也理所当然地担当了大学教育基金会的业务主管单位，其公共性特征显著。

3. 私法领域的独立性

作为通过合法登记流程注册成立的大学教育基金会，当然具有法人主体资格，其与发起高校在私法领域理应是并行的两个独立法人。因此，其与高校之间的紧密关系不得突破各自作为法人主体的边界。

由上可以推导，大学教育基金会是依托大学依法设立，从事教育公益事业的以非公募基金会为主的基金会，属于非营利法人，接受登记主管部门（民政部门）及业务主管部门（教育部门）的双重领导，享有私法领域的法人主体资格，这也要求其应当建立一套合理的法人内部治理机制以便实现自身的健康发展。

（二）应然属性——不只是私法人

大学教育基金会不仅有自身的特殊之处，同时也当然具有基金会的通用特征。比如，基金会的非营利性、公益性和非政府性；基金会不得以追求利润为目的，也不得将其财产用来谋取私利或分配给自身成员；基金会的主要作用在于发挥其公共服务的职能等。正是基于这些特质，让我们看到，如同非公有制经济的兴起对市场经济的基础作用一样，以基金会为代表的非营利组织对公民社会和社会民主也将产生基础性的效果。其不断发展所带来的社会多元性，将最终消解政府对公共权力的垄断，因此与其他私法主体相比较，基金会的公共性特质更显突出。因此，从法理上分析，私法主体的法律属性认定还远远不足以定位大学教育基金会在时至今日的中国社会发展进程中的角色。

我国《基金会管理条例》创设了“非营利性法人”这一非法律名词，当时回避了基金会的法人属性问题。江平先生曾认为基金会是《德国民法典》中设立的与社团法人相对称的财团法人制度的典型代表。[1] 因此，对于由财产集合而成的大学教育基金会，具有独立的法人人格，从事民事活动享有法人所具有的民事权利并承担相应的民事义务。因此，按照以德国模式为代表的大陆法系逻辑，基金会是财团法人，属于典型的私法人。但如果深入剖析财团法人与基金会的内涵，就会发现，两者的法律思维角度另有差别，财团法人制度的核心理念在于强调通过捐助行为产生的财产集合体，区别于以人为集合体的社团法人，强调的是财产的“进”；而以英美法系为代表的基金会制度的核心在于强调捐赠财产要按照特定目的使用，强调财产的“出”。[2] 因此，在英美法系中，专门从事捐赠行为的独立机构才被称为基金会，学校、医院等不属于基金会范畴；但在大陆法系中，只要捐助财产均可形成财团法人，不仅是基金会，学校、医院也都被视为财团法人。

转入中国现实情境中，《基金会管理条例》开篇明义地提出，基金会是“利用自然人、法人或者其他组织捐赠的财产”形成的集合体，同时该财产的使用要“以从事公益事业为目的”，可以说对财产的“进”与“出”都做了明确的规范。于是我们面临着这样一种困境：基金会的公共性特征，已为各国所公认，而如何兼顾私法自治与公共干预两种不同属性的立法价值，也已成为各国基金会制度的法政策难题。我国《民法总则》第 87 条确立了“基金会”的“非营利法人”身份，但我国基金会诞生的背景有别于大陆法系和英美法系，用国外已经发展百年的公私法人制度简单套入我国现有的实体之上，并不能合理实际解决当下的问题。诞生不足 30 年的大学教育基金会，在私法主体资格的基础上，其公共性要求国家应采取何种立法模式进行规制，是需要在中国现行语境下进行分析和澄清的。值得注意的是，2019 年 12 月的《民法典(草案)》已将其列为“非营利法人”。

---

〔1〕 参见江平主编：《法人制度论》，中国政法大学出版社 1994 年版，第 107 页。

〔2〕 参见税兵：《慈善基金会的自治与他律——中国基金会规制模式的反思与完善》，载陈金罗、刘培峰主编：《转型社会中的非营利组织监管》，社会科学文献出版社 2010 年版，第 69 页。

（三）在公法领域的价值

1. 特殊的产生背景

讨论大学教育基金会，就不得不提到“全球社团革命”，或者称为“第三部门”的兴起。学者萨拉蒙（Laster M. Salamon）借鉴 1992 年科恩（J. L. Cohen）和阿尔托（A. Arato）在《市民社会和政治理论》（*Civil Society and Political Theory*）中确立的“国家—经济—公民社会”三分模型，对应地提出了“政府—营利组织—第三部门”。他们认为在政府和市场失灵的夹缝中，一些民间、公益组织、非政府组织纷纷成立并在调节政府和市场的关系中发挥了巨大的作用。同时，第三部门的大量产生也是各国保障基本人权、结社权的有效彰显。不过究其深层次根源，则不可回避在全球化浪潮之下，国家与社会、政府与市场、公共权力与私人领域之间的复杂关系和多元化变化。改革开放之后，我国最早成立的具有现代意义的基金会是“乘着改革的春风”，经中央书记处第 100 次会议批准，于 1981 年 7 月由全国妇联、总工会、共青团中央和中国科协等 17 个全国性社团和单位发起设立的中国儿童少年基金会。在随后的两年多时间里，先后有宋庆龄基金会、中国煤矿文化宣传基金会等 10 余家基金会纷纷成立。在既无章程和先例又无法规和监管的制度环境下，基金会迅速遍及全国。据 1987 年 9 月的不完全统计，当时全国各地经不同渠道审批建立的基金会共 214 个。随后，1988 年《基金会管理办法》及时颁布。

可以看到，伴随着中国的改革开放，教育基金会最先在新中国的土地上生根发芽，但大学教育基金会却是在 10 余年后的 20 世纪 90 年代才破土而出，这是因为中国大学教育基金会诞生的背景还有其自身的特殊性。1993 年《中国教育改革和发展纲要》明确将学费、校办产业、高新科技企业、社会服务、社会捐资助学、金融信贷手段等作为国家财政性教育经费之外教育经费筹措的主要措施。1998 年颁布的《中华人民共和国高等教育法》明确“国家建立以财政拨款为主、其他多种渠道筹措高等教育经费为辅的体制”。在国家高等教育改革的浪潮之下，政府一方面给大学提供了相当的办学自主权，另一方面也结束了大学躺在国家怀抱中完全靠拨款过日子的历史,转而鼓励大学自筹经费。时至今日,我国已经初步建立起政府、受教育者和社会三方共同分担的教育投入机制。也正是在高等教育改革的背景下,大学教育基金会应运而生,从 1994 年成立的清华大学教育基金会,到现在发展近六百家高校相继成立了自己的教育基金会,正是在政府和市场筹措教育经费不足的情况下发挥作用,进而成为在"国家—市场—社会"结构下产生的第三部门,并不断冲击着正在改革进程中的中国政府的角色与功能。

2. 政府教育职权的部分让渡

余凌云教授曾从法学角度提出,第三部门的公共治理是否都具有公权力性质,是需要认真甄别的。作为有着中央高度集权血统的新中国,政府几乎包揽了国家建设与社会发展各方面的职能。在 40 多年的改革历程中,中央逐步认识到,政府是有限的,作为政府和市场二者之外的第三部门,基金会的"市场不为,政府不能"的力量渐为强大。在党的十八届三中全会上,《中共中央关于全面深化改革若干重大问题的决定》中提出"创新社会治理机制",要"正确处理政府和社会关系,加快实施政社分开,推进社会组织明确权责、依法自治、发挥作用"。这是一个明确的信号,标志着中国的国家权力开始逐步向社会回归。

反观大学教育基金会,依照《教育法》和《高等教育法》的规定,采取以国家举办高等学校为主,企业事业组织、社会团体及其他社会组织和公民等社会力量参与和支持为辅的模式推进教育事业的发展。教育是政府职能中不可或缺的一环,但基于教育公共事务和行政事务的庞大、复杂和专业化,政府已经没有足够的人力、时间、能力和财力来直接操作和管理教育中各项事务,于是在教育财政体制改革的推动下,不再强调"公立大学"的教育经费必须 100% 由国家负担,并通过让渡部分政府行政权、赋予大学自治权的形式转由大学自主承担,而大学则通过设立大学教育基金会,以专业的组织、人员募集资金以实现拨款、助学、助研、助教等教育管理目标。因而,从大学教育基金会设立的初衷和宗旨来看,大学教育基金会享有的部分教育公权力并不是由法律法规授权的,而是基于政府的放权和推动，由大学衍生的第三部门来分担教育行政管理任务。大学教育基金会固然具有法理上的私法人格，但是由于目前中国大学教育基金会实际上从事着具有公法意义的治理活动，主要集中在如何“出”财产上，将对第三人（受益人）具有比较重大的权益影响，甚至直接涉及后者宪法基本权利（受教育权等）的限制与剥夺，因此大学教育基金会成为具有特殊社会权力的承载主体，对于大学教育基金会从事的公权力行为需要纳入公法的研究范畴，由此产生的争议也应考虑纳入行政诉讼法的范畴。

3. 与大学自治的微妙关系

大学教育基金会虽脱开了中国“官办”基金会的外衣，但因为其由大学设立，所以其也必须服务于大学。于是在大学与大学教育基金会之间就形成了类似于政府与“官办”基金会之间的微妙关系，即虽然大学教育基金会是独立法人，但其不仅“服务于”设立其的大学，也更多地“服从于”该大学。大学教育基金会虽独立注册，并有自己的章程，以及理事会、监事会等组织结构，但在大学方面则更多地将大学教育基金会作为其内部的行政部门对待，主要体现在主要领导和部分工作人员由在大学具有事业编制的人员担任，办公地点主要在大学内部，理事会成员中大部分是大学校领导和院系部门领导，并且在大学中有校领导专项分管基金会工作，因而其决策权限、资金调度也在很大程度上服从于大学的行政领导。因此，有学者认为大学教育基金会丧失了作为法人的独立地位，变成了学校的附庸，或者说“行政化”了。

这样的判断忽视了中国大学教育基金会的产生背景。大学教育基金会区别于其他教育基金会的最大特点是其本源——大学，如果离开设立其的大学，大学教育基金会就不复存在，更遑论在社会上生存、发挥慈善作用。自然地，大学教育基金会必须对大学的战略目标、发展规划、实际情况了然于胸，才可能有效地进行基金会运作，募集资金，从事慈善行为。大学教育基金会作为独立法人，自然要寻求自治和独立，但从我国大学教育基金会产生的机制来看，其天然带有部分“教育职权”的属性，并且这种公权力更多是通过大学授权从而合法获得。兰州大学教育发展基金会在其“简介”中明确指出:学校授权基金会为接受社会捐赠的专门管理机构,所有社会捐赠由基金会统一管理。[1] 大学教育基金会与大学之间天然存在一种微妙的张力关系,目前,独立性并非现阶段大学教育基金会所要强调和提倡的。反之,应该依托大学,与学校各职能部门、院系通力合作才能谋求成长与发展,进而更好地将获得的部分政府职权在教育公共领域实现。

作为新兴的组织体,中国大学教育基金会产生的背景决定其并不是单一属性的基金会,不能按照大陆法系的财团法人或者英美法系的基金会做简单类比,其既有“进”的财产集合性能的私法人属性,也具有“出”的财产使用性能,法律属性具有复合型特征,特别是“出”的行为具有极强的公法特点,对受益人特别是高校学生的诸多权利有重要影响。因此,从法律规范上,应当分而治之,对于大学教育基金会开展的具有“公权力”的行为,理应纳入公法领域,应遵循公法原则,由此产生的争议也应纳入行政救济范围,除此之外的民事活动,则归由私法调整。[2]

二、以投资方式为进路

对于我国大学的基金会而言,由于相关制度与规定的限定与缺失,在很多方面无法像美国大学的基金会那样进行充分自由的投资。在2016年9月1日开始实施的《中华人民共和国慈善法》中,第54条对于慈善组织的投资运作进行了法律层面的首次规范:

慈善组织为实现财产保值、增值进行投资的,应当遵循合法、安全、有效的原则,投资取得的收益应当全部用于慈善目的。慈善组织的重大投资方案应当经决策机构组成人员三分之二以上同意。政府资助的财产和捐赠协议约定不得投资的财产,不得用于投资。慈善组织的负责人和工

[1] 参见《兰州大学教育发展基金会简介》,载兰州大学教育发展基金会:http://phy.lzu.edu.cn/gywm/jjhjj.htm,最后访问日期:2020年3月18日。

[2] 参见王丹:《中国大学教育基金会法律属性辨析》,载《求索》2013年第12期。

作人员不得在慈善组织投资的企业兼职或者领取报酬。前款规定事项的具体办法,由国务院民政部门制定。

相比于《基金会管理条例》,《中华人民共和国慈善法》明确了投资收益必须全部用于慈善的目的,政府资助财产不能投资,并提出了慈善组织人员必须在投资企业回避的要求。同时,《教育部 财政部 民政部关于加强中央部门所属高校教育基金会财务管理的若干意见》[1]对教育部主管的部属大学的投资行为做出了明晰的限制:

26. 基金会资产保值增值应当遵循合法、安全、有效的原则,建立投资责任体系和追踪问责机制,明确投资止损原则,通过有效的过程管理控制投资风险。

28. 基金会投资决策与执行应当分离。建立规范的投资决策议事规则,投资计划必须经过理事会决策同意方可执行。理事会授权投资委员会开展投资活动的,投资计划也必须报理事会决策,投资结果必须向理事会汇报,投资责任仍由理事会承担。每一项投资决策都必须经过表决,决策记录应载明投资事项、提请投资人的意见和签名、参与表决人的意见和签名,表决结果存书面档案。

29. 基金会进行委托投资的,应当委托银行或者其他金融机构进行。

30. 基金会的资金不得投向期货、期权等衍生金融工具,不得提供任何形式的经济担保或财产担保。

除上述规定限制外,中国内地一流大学基金会,其所管理的资产直接来自捐赠。对中美顶尖大学基金会投资的比较分析可知,定向捐赠占一定的比例,这使大学基金会在投资运作上可以动用的资产很有限。这些限定一方面保障了大学基金会资产的安全,但另一方面也限制了大学基金会对市场条件的利用。而反观美国大学基金会,投资并获取收益是其最主要的组织目标。这也使中、美两国顶尖大学基金会在运行中,最主

---

〔1〕 参见《教育部 财政部 民政部关于加强中央部门所属高校教育基金会财务管理的若干意见》,载教育部:http://www.moe.gov.cn/srcsite/A05/s7499/201410/t20141014_177336.html,最后访问日期:2019 年 7 月 10 日。

要的差别体现在投资方式上。

一般而言,中国内地一流大学基金会大多数采用了购买短期理财产品的方式进行投资运作,这类短期理财产品一方面保证了基金会资产的流动性,但另一方面由于其本身风险较小而使其收益率偏低。当然,我国顶尖大学中有一个较为特殊的案例,那就是清华大学教育基金会的投资模式,其通过全资子公司育泉资产管理有限责任公司,形成了一个专业团队来配合基金会进行资产管理。而对于其他大多数大学基金会而言,投资一般均委托银行等机构,购买短周期赎回的基金产品。表3－1列出了我国部分名牌大学基金会的投资方式。

表3－1　我国部分名牌大学基金会的投资方式

基金会	投资方式
清华大学教育基金会	通过全资子公司育泉资产管理有限责任公司开展投资运作
北京大学教育基金会	委托方正集团、长江证券、华润深国投信托进行投资,同时购买深圳远盛投资管理有限公司、方正东亚信托的几种理财产品(期限一般为一至两年)
浙江大学教育基金会	委托杭州工商信托有限公司进行投资,同时购买工商银行几种理财产品(期限最长为一年)
南京大学教育发展基金会	委托江苏省国际信托投资有限公司等进行投资,同时购买部分浮动收益率的股票基金
上海复旦大学教育发展基金会	委托上海同华投资(集团)有限公司等进行长期投资,同时购买鼎晖投资一期基金等理财产品

可见,我国顶尖大学的基金会,在非营利法人和学校主管这种双重属性的前提下,其投资行为受到了诸多的限制。以“合法”“安全”为首要原则,由于基金会不仅需要完成资金的管理运营,也需要考虑到其收入和项目支出中对资金安全性和流动性的要求,因而其投资方式的选择范围更窄,投资策略上很难实施长期性项目。这就使除个别大学外,其余大多数

顶尖大学在投资运作方面未能形成稳定和持续的机制。

三、以组织架构为进路

高校基金会是利用自然人、法人或者其他组织捐赠的财产，以推动促进高校教育事业的发展为目的，依法成立的非营利法人。高校基金会主要有三项功能，即筹集资金和接受捐款、使用和管理基金、维护捐款人和受益人的合法权益。高校基金会的组织模式一般而言普遍采用二级事业部制组织结构模式：一级部门为基金会的高级决策层，即理事会及秘书处；二级部门为基金会的核心执行层，现阶段高校基金会主要是指项目管理部与基金管理部。[1]

（一）基金会组织机构

1. 决策机构

理事会是高校基金会决策机构，负责整个基金会战略层面上的管理。理事会要根据内外部环境的变化，适时地调整基金会的使命并对基金会的工作做出战略性决策，如高校基金会的定位、基金会组织文化的构建、章程的制定与修改、基金会组织机构的设置及调整、基金会重要的人事任免、年度预决算审定及其他基金会重大事项的决定。秘书处则负责主持基金会的日常工作，根据理事会授权范围，对核心执行层进行直接领导，负责基金评审、使用、管理和扩大基金来源等各项工作。

基金会理事会的成立是建立高校基金会的前提，理事会是整个基金会的领导核心，而秘书处则是实现理事会与核心决策层的信息上传下达与主持基金会日常工作的关键。对于理事与秘书长而言，其所应具备的基本职能主要有以下三个方面：一是政治职能。在我国，高校基金会的发展受政治因素影响很大，政府的高教政策直接决定了高校基金会工作的开展。这就要求基金会的领导者必须具备敏锐的政治观察力，充分利用

---

〔1〕 参见王晓静、徐少锋、王鲁佳：《高校基金会结构视角下的人员素质内涵》，载《扬州大学学报》（高教研究版）2007年第1期。

政策,以发现机遇、规避风险。二是规划职能。高级决策层对整个基金会发展的规划,尤其对处于起步阶段的高校基金会而言将起到决定性作用。高级决策层对高校基金会的定位、组织文化、使命与发展方向的理解,关系到基金会整体的发展。这就要求基金会的领导者要能为基金会组织及工作人员指明发展方向,按照规划有条不紊地开展高校基金会工作。三是组织职能。高校基金会是一个对组织协调度要求很高的组织,它要求各部门能在统筹规划下分工合作,完成基金会的各项工作。然而各部门利益博弈的存在有可能导致基金会运作效率偏离最优状态,这就要求基金会领导者能够通过自身的组织领导能力掌控好各部门的运作,平衡各方利益关系,以尽可能地减少组织效率的损失。

2. 核心执行层

核心执行层包括项目管理部和基金管理部。项目管理部的主要职能是通过设计基金会投资产品以最大限度地为基金会筹款到位,其中投资产品的开发设计、营销推广及对项目的跟踪管理是整个部门的工作核心。投资产品的开发设计不仅可以是设立奖助学金及基础设施建设等传统形式,也可以是校企联合办学、国际范围内的人才培养计划及学术交流项目等更为开放的形式;营销推广不仅包括项目本身的推广,更重要的是对高校基金会组织文化、高校品牌的一种营销与推广;对项目的跟踪管理则是指对所开发项目的资金使用、项目绩效的评估,这是高校基金会对捐赠投资者、对社会必须承担的责任与义务。基金管理部的主要职能是对基金会资金进行财务管理并在有关法律法规允许的投资范围内进行资金运作以实现资金保值增值。基金管理部应当严格执行会计和审计制度,实现资金的透明流动,接受各部门的监督。同时,基金管理部应当对基金会的资金进行有效投资规划,在控制资金风险的基础上使投资收益最大化。就核心执行层而言,我们仍可以按其部门组成分论之。

项目管理部——项目管理部是基金会筹资功能的直接执行者,能否有效吸引社会资源是衡量这一部门的最重要指标。由于该部门在基金会中所处的特殊地位,其作用也至关重要,其核心职能主要有两点:一是人际交往职能。高校基金会很重要的一项职责就是建立高校与社会广泛沟通交流的桥梁,为教育事业的发展筹措一切有利的资源。能否与来自各个阶层不同背景的人员顺利进行交流并在复杂的人际关系中游刃有余,已成为考核该部门开拓性和生命力的一项重要指标。二是创新职能。为了有效地吸纳各种社会资源,项目管理部门就应该具备对投资产品持续创新的能力。社会资金进入基金会必然借助于某一媒介,这一媒介就是基金会的投资产品。目前通行的投资产品主要是设立奖助学金,但这种产品不但缺乏足够的灵活度,而且对高等教育发展的促进作用有很大的局限性,因此这就要求项目管理部门能够不断地开发出新的投资产品,如近几年出现的校企联合办学项目等。好的投资产品,不仅能够增加获取社会资源的谈判筹码,而且可以消除那些有捐赠意向的企业决策者在向董事会申请款项时因"钱出无名"而造成的无奈和尴尬。

基金管理部——负责整个基金会资金的财务与投资管理,这是整个基金会风险最集中的地方。基金会的资金管理目标就是实现资金透明和资金的保值增值,相应地,该部门就应当承担以下三方面职能:一是财务管理职能。及时准确地对基金会资金进行成本核算以提高资金的透明度,而投资管理人员也才能在准确判断基金财务状况的基础上做出合理的投资决策。二是投资职能。要实现资金的保值增值就必须能够对资金进行科学准确的投资运作,投资人员要能够准确识别各类金融产品的收益与风险,进而选择符合本基金会资产负债现状的投资组合,使资金能够在流动性与收益性之间保持均衡状态。三是电子分析职能。所谓电子分析职能主要是指基金管理部应能够熟练运用电子分析软件实现财务与投资分析,这是对基金会日益频繁的资金流动及投资产品瞬息万变的收益变动进行有效监控的最优途径。只有这样才能掌握基金会的资金动态,进而降低资金风险,提高资金回报率。

(二)基金会组织结构的类型

基金会的最高权力机构为理事会,理事会下设秘书处处理基金会的日常工作。据调查,成立大学基金会的高校均通过设立基金会工作办公室来代理基金会秘书处的日常工作。

根据大学基金会与大学关系的紧密程度不同，其组织结构也不尽相同。观察美国大学基金会的组织类型，其一般有下列三种：一是独立型。这类基金会一般是脱离学校单独组织建立起来的，它们与学校几乎没有紧密的联系。二是依赖型。这类基金会是学校行政的一个部门，它本质上是汇聚学校资源支持学校发展的组织，是学校开展公共关系与资金募集的职能部门。三是互助型。这种结构形式是目前一种新型的、正在崛起的基金会组织类型。它实质上是独立型基金会和依赖型基金会相互融合的产物。这种基金会独立于学校，但与学校合作。然而，我国各大学基金会组织机构设置各不相同，各有特色，无一所大学与其他大学是完全一样的，与美国大学基金会相比，有较大的差别。通过调查发现，我国大学基金会组织机构设置基本可分为三种：一是独立型；二是合署型；三是隶属型。[1]

1. 独立型

中国大学独立型基金会和国外独立型的大学基金会是有本质区别的。我们指的是属于大学的一个独立职能部门，而非国外大学独立型的基金会。这一模式下的教育发展基金会或基金会工作办公室一般为学校的处级单位，其经费由学校财政拨款或基金会自筹，专职工作人员一部分为学校的正规编制，一部分为聘任制。基金会理事长一般由学校领导担任。秘书处一般由若干职能部门组成。

独立型的基金会工作办公室是学校专门为基金会而设立的独立部门，一般其行政级别为处级，如清华、北大等基金会，其业务工作直接向学校负责。独立型基金会的组织机构具有以下特点：其一，组织和工作的独立性和专门化，使基金会可以对学校未来的发展做出长、中、近期的全面规划，无论是制订计划还是具体实施都具有完整性、前瞻性和可持续发展

〔1〕 参见周红玲、张振刚：《中国大学基金会组织机构设置探析》，载《华南理工大学学报》(社会科学版)2010年第4期。

性。其二，独立型基金会办公室在组织业务管理上专人专职，岗位责任分明。对外可以学校的名义组织活动、召开会议、进行宣传等，建立广泛的社会关系；对内可以直属部门的性质参与学校的规划和发展，了解学校的重大方针和发展战略，更容易受到领导的重视，得到各部门的工作支持。其三，独立型的大学基金会的管理机构、管理人员和管理制度具有更强的专业性和规范性。相对独立的大学基金会作为依法成立的非营利法人机构，在开展基金募集和管理工作中，具有高度的规范性和专业性。将基金交由专业机构和专业人员来管理，运用专业化的投资工具和方法将基金投资于多元化的投资标的以实现基金的保值和增值，并进行科学的风险管理，能够使得基金保值增值更有效率和安全性。

2. 合署型

该类基金会秘书处一般与校友会秘书处合署办公，“一套人马，两块牌子”。其理事长或由大学现任党委书记担任或由副校长担任，专职秘书长负责基金会日常工作事务。基金会的日常活动开支主要依靠学校行政拨款，还有部分来自社会捐助，其工作范围包括校友联络、社会资源拓展与合作、捐赠与筹资，以及基金管理和运作等。基金会与校友会一同开展工作，双方在某一特定时期的工作会有所偏重，校友会工作主要是以情感为纽带，而基金会主要工作是筹集、管理和运作基金。

许多高校采取基金会和校友会合署的形式，有的是“两套人马，两块牌子”，有的是“一套人马，两块牌子”，属于学校的独立部门，行政建制为正处级，如上海交通大学基金会(校友会)办公室、中山大学校友事务与教育发展办公室等。这种合署形式的基金会办公室有利于整合校内各学院、各部门的筹款信息和校友资源，统一领导和协调各部门或教职员工形成校院二级筹款机制，有利于整合校外社会资源、校友资源和信息，集思广益，统一领导、通力合作做好筹款工作。例如，北京航空航天大学教育基金会在与校友会合署办公的情况下，两者通力合作，通过组织校友活动、建立校友协会，通过基金会的运作方式为学校筹资开辟了新的渠道。

3. 隶属型

这一模式下的教育发展基金会或基金会工作办公室多数挂靠在学校行政办公室(校办或院办)、发展委员会(或发展办公室)、对外联络办公室、财务处等。该模式的组织运行情况一般是基金会工作机构挂靠学校行政部门,以一种协作的方式开展工作,如华南理工大学教育发展基金会办公室挂靠在学校公共关系处、下设基金会工作办公室、合作与品牌推广办公室和校友工作办公室等协同开展工作。作为学校的对外窗口,公共关系处的主要任务是:负责校友会和基金会的日常管理工作;策划筹集办学资金方案,拓展筹款渠道,加强对外联络,广泛汇聚海内外一切有效资源,为学校争取更多的发展条件;协调学校相关部门推进校际、校地、校企合作及对口支援相关工作;塑造学校良好的品牌形象,增加公众信任与支持,为学校的发展创造最佳的社会环境,部分高校基金会工作办公室采取了挂靠本校行政处室的机构设置,挂靠在学校行政办公室(校办、院办),发展委员会(或发展办公室)、对外联络办公室、财务处,挂靠在公共关系处的只有华南理工大学一所高校。基金会办公室的行政级别一般为处级或副处级,只有少数属于科级的。

隶属型基金会有些和校友会合署"两套人马,两块牌子",如复旦大学、浙江大学和华南理工大学基金会等,有些"一套人马,两块牌子",有些和校友会分属两个不同部门,如北京师范大学基金会等。挂靠在学校行政办公室(校办、院办)的基金会秘书处,其机构负责人一般由"两办"主任兼任。这种模式的优点在于,由于"两办"是直接为学校最高决策层服务的机构,其在接近领导、掌控资源、传达信息等方面的优势地位可以为基金会工作的开展带来种种便利。但由于"两办"负责学校领导的日常工作,任务繁杂,办事强调急迫性和重要性,挂靠在"两办"基金会工作常常会被更加迫切的行政事务所冲淡,同时,兼职的主要领导整体忙于本职工作而无暇顾及其他工作,基金会工作的进展和成绩必然受到影响。挂靠在发展委员会(或发展办公室)、对外联络办公室或其他部门的基金会秘书处,在实际操作中一般采用"一套人马,两块牌子"或多块牌子(如校董会等)的做法,而且连同校友工作一起做。例如,浙江大学把教育基金会、校友会和发展委员会独立出来成立了三个委员会的秘书处——发展联络办公室(正处级),秘书处下设四个机构:综合办公室、校友联络部、国内发展部、海外发展部。[1]

这种模式的优点是:首先,可以实现资源、信息的共享,实现人员的最优化配置;其次,在具体工作中可以使校友工作与对外联络、公共关系、资源拓展、对外宣传等方面的工作相互协调、共同配合。但由于基金会是专门从事公益活动的非营利的民间组织,主要以捐赠财产的管理和使用为核心,如果没有专业、专职的专门人才来从事此项工作,就很难做大做强基金会。

四、以资产配置为进路

在社会转型期,随着社会教育需求的不断增长,大学仅依靠国家支持已是杯水车薪,逐渐生发的大学教育基金会带来了新的活力。大学教育基金会是经国家教育部门同意,在民政部正式登记注册的高教领域中的非营利法人。通俗地说,它就是以教育公益活动为目标,通过筹款活动募集一定的社会资金,再通过提供大学贫困生资助、科研项目资助、学校基本设施建设等公共服务的方式反馈于学校的公益组织。它的出现一方面凝聚了社会财富和资源,增强了社会与学校间的联系;另一方面减轻了国家对高等教育所承担的责任。从某种意义上说,教育基金会对教育事业起着必不可少的补充作用。但与此同时,作为新兴事物,教育基金会正处于起步发展阶段,还存在许多不尽如人意的地方。特别是资金运作的不规范与模糊性,不仅成为制约我国教育基金会深入发展的“瓶颈”,而且影响了相关公共政策的制定。因此,有必要对当代中国大学教育基金会资金运作机制中的资金运作内容、运作渠道、运作方向等进行剖析和透视,

[1] 参见鲁小双、顾玉林:《大学教育捐赠管理模式探析——浙江大学的实践与思考》,载《湘潮》(下半月)(理论)2007年第1期。

以实现在互构的社会中更好地促进大学教育基金会健康发展。[1]

(一)大学教育基金会资金运作的主要形式

1. 公益支出

公益支出的内容主要包括公益资助项目的费用、执行项目的成本,以及基金会组织募捐的费用,不包括基金会专职工作人员的工资福利、基金会日常办公的行政开支。现在亚太地区大多数国家确立了公益支出的最低比例(MAE)。确立 MAE 的理由是基金会等公益组织利用社会资源、享受国家税收优惠、以社会公益为己任,因此应当为社会做贡献。否则,似有用公益谋私利之嫌。对 MAE 的具体比例确定,各国的做法不尽相同,但主要考虑几个因素的平衡:第一,要满足社会公众对基金会公益性的合理期待。第二,不要限制基金会的能力和发展。第三,充分考虑不同基金会的差别。比如美国要求私立基金会的 MAE,不得低于上一年基金余额的 5%,否则将会丧失免税资格。亚洲国家和地区如韩国、我国台湾地区等,一般将基金会上一年的收入作为基数来确定 MAE,比例多在 60% ~70%。在我国 2004 年 3 月颁布的《基金会管理条例》第 29 条中就明确规定了基金会年公益支出的最低比例:"公募基金会每年用于从事章程规定的公益事业支出,不得低于上一年总收入的 70%;非公募基金会每年用于从事章程规定的公益事业支出,不得低于上一年基金余额的 8%。"为了保障公益支出比例得到执行,该条例在法律责任中规定了撤销登记、责令补交违法行为存续期间享受的税收优惠等处罚。

通过制度规定我国基金会公益支出的最大目的,就是制约基金会"敛钱""不花钱"或者"乱花钱"。许多基金会为了证明其工作的正当性,都申明他们处于一种消费压力中,因为他们有责任在年度内花掉一定数目的资金。也正是公益支出的明确规定,促使基金会不断开展和规划与其宗旨和目的相关的公益项目,以项目来完成公益支出。

---

[1] 参见陈秀峰、郑杭生:《公益与效益的平衡:透视大学教育基金会的资金运作机制》,载《教育与经济》2008 年第 1 期。

2. 运作成本

对于大学教育基金会来说，其作为非营利法人，不能以营利为目的，是不能拿募捐的钱“办自己的事”的。但不允许“谋私”并不等于不发生费用，也不能代表无偿服务。因为对于公益性机构来说，不仅每一项活动的开展从策划到实施都需要大量的资金，在项目开展中还需要投入人力、物力等行政开支，也就是“运行成本”。

在我国，政府及社会对公益性机构的运行成本一直是严格进行限制。国务院 1988 年颁布施行的《基金会管理办法》（已失效）第 9 条规定：“基金会工作人员的工资和办公费用，在基金利息等收入中开支。”按照这一规定，公益机构的行政管理成本只能从“利息等收入”中提取，而不准从捐款中直接列支。这意味着如果某个公益机构的“利息等收入”没有达到一定额度，该机构就不可避免地陷入财务困境。2004 年《基金会管理条例》除在公益支出中规定了项目成本的开支外，还规定基金会工作人员工资福利和行政办公支出不得超过当年总支出的 10%。对于这一数字，官方的说法是“旨在提高基金会资金效益，促使基金会精简机构和人员，提高办事效率。这也是针对部分基金会只养人不办事的情况而做出的”。

3. 投资增值

为了基金会长期生存，不坐吃山空，进行投资或服务收费是必需的。[1] 作为公益组织，大学教育基金会不是不能挣钱，而是不能分钱。公益机构通过投资实现基金保值增值，是众所周知的国际惯例。许多国家的公益机构都拥有自己的投资项目，比如诺贝尔基金会，其成功运作除了诺贝尔本人在 1896 年逝世时捐献的 3100 多万瑞典克朗中的 2800 万瑞典克朗用作奖金基金之外，更要归功于诺贝尔基金会的理财有方。基金会聘请了一批金融、房地产专家，自 1958 年以来，不仅在证券和有担保的贷款方面投资，还可自由地在不动产或股票方面投资，1993 年基金的总资

[1] 参见资中筠：《财富的归宿：美国现代公益基金会述评》，生活 · 读书 · 新知三联书店 2011 年版，第 351 页。

产增到2亿多美元。目前,该基金会更大胆地投资于世界各主要债券和股票市场,收入也不断攀升。近年来,它的奖金和运营支出几乎全部来自股息和红利的收入,而基金会的总资产也达到了22亿瑞典克朗。

在我国,国家对基金会的投资增值有相应的规定。国务院《基金会管理办法》(已失效)第7条规定:“基金会可以将资金存入金融机构收取利息,也可以购买债券、股票等有价证券,但购买某个企业的股票额不得超过该企业股票总额的20%。”《中华人民共和国公益事业捐赠法》第17条第2款规定:“公益性社会团体应当严格遵守国家的有关规定,按照合法、安全、有效的原则,积极实现捐赠财产的保值增值。”《基金会管理条例》也取消了以往对基金会开展投资和经营活动的诸多限制,今后基金会可自主进行投资;登记管理机关对基金会是否进入证券市场,既不鼓励也不遏制。换言之,按照规定,只要不违反章程并经过内部程序决策,公益机构可以进行自认为适宜的任何形式的经营和投资活动,比如买卖股票、房地产投资等。

(二)大学教育基金会资金运作的问题

虽然当代大学教育发展基金会发展势头较好,在资金运作方面取得了一定的成就,使基金会的功能与宗旨得到了社会及国家的认可,在社会的发展中占据了一席之地,但是在新时期的风险社会中,它仍然存在一些漏洞,需要我们去深入观察和了解。

1. 收入结构不合理

大学教育基金会的收入主要来源于校友捐赠、政府资助、社会资助。收入结构不合理表现在以下几个方面;第一,政府部门对基金会的支持主要表现为财政拨款和补贴,而不是以项目导向的经费支持,其结果是基金会缺乏竞争机制。第二,基金会来自企业的资金支持比例较低,这从一个侧面说明了基金会与企业的合作伙伴关系还有待于进一步完善。第三,我国基金会的营业性收入比例太低,仅占总收入的6%左右。事实上,作为非营利机构并不等于不能盈利,只是收入所得不得进行成员分红,必须用于公益事业。例如,1993年美国慈善性非营利性组织的收入来源中,服务收入的比重占71.3%,政府捐赠仅占8.2%,私人捐赠占9.9%。[1] 第四,收入结构过于单一化,主要来源于校友捐赠。单一化的原因有很多:其一,我国是一个发展中国家,用于支持公益活动的社会财富还不够充足。其二,我国民众对慈善活动的概念和价值仍缺乏明确的了解。其三,有关法规不利于基金会的发展。在缺乏法规依据的前提下,基金会不能擅自筹集款项,所以很难有大的发展。因此,教育基金会只能在不增加运作成本的情况下进行筹款活动,这使他们不太容易接触到社会上的潜在捐款者,在没有多余支出的情况下,教育基金会很难吸引有能力的专业工作人员。财务管理方面的失误甚至也会危及其生存,混乱的内部管理同样会直接导致教育基金会难以吸引国内外的捐款。

资金结构的不合理给基金会的发展带来了很大的问题,特别是大部分资金都是定向性资金,阻碍了高校教育基金会的灵活发展;有的高校基金会甚至只能依靠校友来维持生存,甚至有的高校在联系校友出资方面都十分困难,这种筹资渠道的单一化也容易造成资金在分配方面的困难。[2]

2. 公益支出规模不大

资金的支出规模可以很好地反映出基金会运作过程中资金的使用和管理情况。在实地调查过程中,我们发现我国的基金会支出的规模都不太大,基金会真正用于活动或项目的经费相对较低,不到总支出的一半。许多基金会负责人表示,目前的资金收入情况不稳定,出于慎重不能过大地扩大支出规模。这从一个侧面反映了我国基金会经费短缺的现状,还难以提供更多的社会服务,难以满足社会更多的需求。而开展项目与活动是基金会的宗旨,没有项目活动就无法实现基金会的公益服务职能。

---

〔1〕 参见王邵光:《多元与统一:第三部门国际比较研究》,浙江人民出版社1999年版,第125页。

〔2〕 参见陈秀峰:《当代中国大学教育基金会研究》,中国社会科学出版社2010年版,第132页。

3. 运作成本低

目前,过于苛刻的条件使我国大多数基金会处于“低成本”或“零成本”运作的状态,大大影响了对公益活动的开展和推广。国际惯行的法律并不禁止公益机构在捐款中列支工作成本。在一些国外机构看来,基金会如果没有足够的基金运作成本,根本就无法保证资金的安全使用。公益机构从捐款中直接列支项目运行费用和行政管理经费,是美国公益机构的一种通行做法。但这并不意味着美国公益机构可以任意开支,相反,机构运行成本同样是他们非常关注的,甚至成为评价一个机构的关键指标。为提高声誉,每个机构都必须尽力降低成本。美国 *Worth* 杂志曾评选出美国 100 家“最好的”慈善机构。所谓最好,是以“是否高效地使用捐款”为依据的,也就是说是否以最低的成本最大限度地使用了捐款人的捐款。这些“最有效率的”公益机构平均筹款成本(7%)和行政成本(7%)之和占总捐款额的 14%,加上未单独计算的项目管理成本,一般估计美国公益机构的工作成本应当在 20% 左右。而在我国这个数字却是 0,因为老百姓通常想的是“捐出 100 元,巴不得有 101 元花在失学孩子身上”。[1]

公益机构运行成本是客观存在的。那么,在我国既没有志愿者文化传统、法律条文又不允许在捐款中列支工作成本的情况下,公益机构实际又是如何运行的呢？以希望工程为例。希望工程在其创造的“1+1”模式中规定:捐赠人捐款 400 元人民币并指定救助一名失学儿童完成小学学业,中国青少年发展基金会(以下简称中国青基会)将捐款全部用于受助者,即所谓“零成本运行”。而实际上,捐款发放需要开具一张发票,然后装信封贴上邮票寄出,这就是 1.38 元的直接成本。随着希望工程越做越大,宣传筹资、项目评估、行政开支、人员工资等运行成本也越来越多,那么,是什么在支持着这个活动运行呢？中国青基会机构和项目运行所需

[1] 康晓光:《创造希望:中国青少年发展基金会研究》,广西师范大学出版社 1997 年版,第 84 页。

费用,都是通过基金增值和专项捐款来解决。已公布的相关财务数据表明,自 1989 年至 2001 年的 12 年中,中国青基会没有在捐款中列支任何行政费用和项目管理费用,他们通过基金增值和专项捐款,获得经费收入近 8000 万元,其中增值收入大约 7000 万元。专项捐款 600 多万元,不到经费收入的 8%。而这两种解决办法也并不是完美的。募集项目捐款之外专门用于项目运行的经费,这在捐受双方彼此并不完全信任的脆弱的捐赠状态下是很难的。基金增值即通过投资增值获得项目管理和机构本身运行费用,这种做法又存在必然的商业风险和严重的道德风险。毫无疑问,运行成本问题已经成为制约中国公益事业发展的一道门槛。

4. 投资高风险化

我国法规政策要求基金会按照"合法、安全、有效"的原则进行保值增值工作,禁止从事营利性经营活动,明确允许收入存入金融机构收取利息和购买债券、股票等有价证券。投资对于基金会来说,安全是第一位的,原则上基金会的投资不应过于追求高回报,而为了机构的生存、运转和发展,基金会的投资又需要获得较好的回报。因为基金会机构运转和发展的经费单靠 3% ~8% 的管理费用是不够的,都得从捐款的增值收入中开支,这对于基金会来说是一个很大的压力。所以,基金会的投资需要有较高回报。世界上任何投资都是有风险的,而且利润越大、风险越高。因此,基金会的资金应该在尽量保证安全性和流动性的前提下寻求较高的收益。但说起来简单,做起来很难。自 1984 年以来,各大学将获得的捐赠用于投资的收益在 2001 年第一次出现缩水。对 610 所大学进行的年度调查的数据显示,2/3 的捐赠的价值下降了,平均下降 3.6%。2001 年美国股市再现熊市,许多主要股票均大量跌价,投资于股市的各大学捐款纷纷贬值,捐赠资产在 10 亿美元以上的大学的损失最小,回报率为 -1.6%;捐赠资产在 5 亿 ~10 亿美元的大学损失最大,平均损失 5.2%。捐赠投资收益率的减小,导致大学基金会的财政吃紧,许多基金会不得不重新调整预算,紧缩开支。希望工程的"负面报道"从侧面提醒我国公益基金会在资金投资上需要进一步成熟与完善。事实上,目前在基金会决策机制和管理能力、投资市场的规范程度，以及理财服务机构的诚信程度等方面，均存在诸多蕴含有巨大风险的因素。有的投资项目颗粒无收，有的借款成了坏账，究其原因，排除有关基金会存在的寻租腐败等问题外，有关负责人和管理层人员不具备投资知识、不熟悉投资技术，没有建立风险管理机制是不争的事实。公益机构投资理应将安全和流动放在首位，在保证安全和流动的前提下寻求较高的收益。

5. 管理费意义曲解化

许多基金会负责人谈到管理费用十分谨慎，甚至不愿意阐述这个方面的运作方式。大学基金会负责人在谈及管理费用时严肃地强调说：我们绝对没有收取任何管理费用，我们在这里工作都是义务性的，一分钱都没有收。我们是学校编制，按照学校的工资标准领工资。[1]

这种看法实际上是对基金会工作中管理费用的误解。这种误解主要来源于主客观两方面：主观原因体现在基金会管理者自身对管理费用的误解，以及捐赠者对管理费用的误解，而这些误解都是由我国特有的文化价值观所决定的；客观原因指编制管理对管理费用的忽略。目前，我国高校基金会发展水平尚低，虽然在法律上可以被称为独立法人，但是在实际操作过程中普遍被作为依附学校的一个部门而存在。基金会的大部分人员是校内编制，基金会主要负责人都是学校领导一身多职担任的，基金会管理人员的工资按照学校编制发放，等于说基金会没有给其工作人员发放工资，工作人员都是在自己所在的学校拿工资。

与此同时，当前社会不少捐赠者对管理费用的收取也不理解，他们普遍认为将钱捐给基金会是应该用到慈善事业上的，而不是给基金会工作人员发工资，这使基金会在收取管理费用时存在更大的困难。令人遗憾的是，2004 年的《基金会管理条例》不再明确规定“管理费”问题，只在其第 29 条中规定“基金会工作人员工资福利和行政办公开支不得超过当年

---

〔1〕 参见陈秀峰、郑杭生：《公益与效益的平衡：透视大学教育基金会的资金运作机制》，载《教育与经济》2008 年第 1 期。

总支出的10%”,以此回应现代慈善运作成本的命题。

6. 资金分配规则的空置

基金会工作是一种特殊的工作,对于如何进行资金管理和分配工作,主要只在各高校的基金会年度报告上有所描述。目前,我国的高校基金会管理更多是流于形式,年度报告做得十分简单,很少有教育基金会可以出示一份完整详细的年度报告,有的甚至根本没有制作年度报告。《基金会管理条例》资金分配的过程完全由基金会自行处理和解决。很明显,这会对高校教育基金会未来的发展产生不良的影响。

第二节　国外大学基金会投资管理的规制进路

一、以法律制度为进路

(一)筹款募捐规则的建立

美国大学的筹款活动起源于马萨诸塞州殖民地时期,当时雇佣代理人为新学院筹集资金、筹款活动带有极大的宗教热忱,通常会按一定比例将筹款总数的一部分支付给代理人作为佣金。第一次世界大战以后,高等教育筹款运动渐成系统,出现了职业筹款人和商业筹款及咨询公司。到20世纪50年代,各类专业组织包括行业协会应运而生,为筹款人及其筹款活动提供专业培训和信息来源,制定职业道德标准,大学也开始建立自己的筹款机构并招募专业人员,从而催生了“全面筹款运动”并推动了大学捐赠基金的迅速扩张。虽然各州与联邦政府一直对包括大学在内的行为主体所实施的筹款与募捐活动保持着高度审慎与严格监管的态度,但20世纪80年代末90年代初公共慈善组织的一系列丑闻曝光,引发了社会公众和政府监管机构对大学筹款资金去向、支付开支方式及馈赠计算等问题的种种质疑,加上筹款行业滋生蔓延的违法和不道德行为,以及一些主要的研究型大学以不当方式向政府收取公共赠款费用,使联邦和州立法机关加大了对大学筹款与募捐行为的法律监管力度。时至今日,由于高校筹款活动不断地推陈出新,大学捐赠基金的总体规模日趋庞大,新的问题仍然层出不穷,这种强化立法监管的呼声和趋势依旧存在。[1]

以慈善为目的的筹款与募捐活动最初由基层地方政府负责管理。第二次世界大战后,州层面的立法活跃起来,20 世纪 60 年代中期有 17 个州要求筹款组织提供年度或特定的财务报告,要求付酬的筹款人或发起者提供独立报告,21 个州要求在筹款获准开展之前必须取得执照或注册。1986 年,全国总检察长协会(the National Association of Attorneys General)出台了一部示范法(A Model Act Concerning the Solicitationof Funds for Charitable Purposes),试图涵盖当时绝大多数州的法律实施模式。该法要求慈善组织详尽地登记和汇报筹款活动细节,但是手续烦琐、复杂多样。截至 2010 年,美国已有 40 个州制定"慈善募捐法"(Charitable Solicitation Acts),适用于在其管辖区域内从事筹款的慈善或其他的非营利组织。这里的"管辖区域"指的是州法的地域管辖,即州有权对位于州范围内的或者在州范围内主动开展劝募活动业务的慈善组织进行管辖,管辖的内容主要包括注册和监督等。各州立法深受 1986 年示范法的影响,也或多或少受到了联邦最高法院统称为"莱利三部曲"(Riley trilogy)案件所确立的原则影响,即禁止在筹款开支的比例上设定任何固定限制用于筹款所需,以及关于筹资成本的限制等。因此,对所有以慈善为目的的筹款与募捐行为的法律监管权力目前仍由各州掌控,但各州立法错综复杂,缺乏相当大的一致性,不仅名称各异,而且执法的机构、范围与强度也有较大差别。

总体来讲,各州法律内容主要涉及诸如慈善组织与慈善目的、募捐、捐赠、职业筹款人、职业募捐者、商业合作企业等法律定义,要求慈善组织、职业筹款人和募捐者在从事筹款募捐活动之前向所在州注册,并提交具有明确内容的年度报告,筹款合同和募捐公告的内容,特定慈善组织依

---

〔1〕 参见[美]弗兰克·H.奥利弗:《象牙塔里的乞丐:美国高等教育筹款史》,许东黎、陈峰译,广西师范大学出版社 2011 年版,第 175~181 页。

法全部或部分的税收豁免，与慈善促销行为、记录保存和公众信息相关的一系列要求，以及符合信息披露、筹资成本限制、可得性记录、禁止性行为、注册代理要求、互惠协议规则等规范，并授予执法人员民事、刑事处罚及其他制裁的调查与禁令权等。最核心的制度有以下四项：(1)注册报告制度。即要求慈善组织在开始向一州居民发起任何募捐活动前都要向该州慈善执行官提交年度注册和声明；要求职业筹款人和职业募捐者在其所代理的慈善组织进行慈善募捐活动的州进行注册备案，且必须在采取募捐行为之前完成，有效期通常为一年，并缴纳一定数额的履约保证金，以弥补其在进行慈善募捐活动中有任何的渎职、不作为或不当行为所造成的任何损失，在法定期限内(通常为三年)保留准确的账簿和记录。(2)信息披露制度。目的在于保障捐赠者及广大的社会公众能够清楚地了解并监督善款或捐赠是否按照捐赠者的意愿及筹款与募捐活动所声称的目的而被恰当地使用。各州规定包括申请注册、年度报告、募捐公告、筹款合同或其他重要文件等信息必须备案，且必须是“真实而完整的”，一般社会公众在任何合理的时间里都有权要求公开查阅这种“可得性记录”。(3)筹款成本限制。州法能否限制筹款的成本和费用数额曾经是最具争议的问题之一。目前许多州都要求慈善组织与职业筹款或募捐者就合同约定的筹资成本做出声明或披露相关财务信息，如“保证从捐赠总收入中移交给慈善组织的最低百分比”和“募捐者将从募捐总收入中得到的补偿比例”。(4)禁止性行为。一般包括以下五种：①任何人未经慈善组织的任一高级职员、董事或受托人同意，不得以其名义从事慈善募捐；②任何人不得为了慈善募捐目的而使用另一个慈善组织或管理机构使用过的相关或相似的名字、标志或陈述而混淆或误导公众；③任何人不得使用或利用在州注册的事实引导公众相信以任何方式注册都构成该州的认可或批准；④任何人不得以任何方式、手段、做法或设备，欺骗或误导任何人相信其所代表的正在进行募捐的组织是一个慈善组织，或者募捐所得收益将用于慈善目的，而事实情况并非如此；⑤任何人不得表示募捐行为是为了或代表慈善组织，或者未经慈善组织适当授权而诱导公众捐赠。

联邦层面关于筹款的规定散见于各类规范性法律文件之中，与大学捐赠基金关联度最高的是《国内税收条例》和国税局颁布的《学院和大学审查指南》。《国内税收条例》要求免税的慈善组织必须提交关于筹款和捐赠的详细报告并履行信息披露义务，高等院校则属于法定的免税慈善组织之一。1994 年，国税局专门颁布了《学院和大学审查指南》(IRS College and University Examination Guidelines)，要求各级税务稽查机关审查各个学院和大学所接受的捐赠是否符合慈善目的，捐赠的财产如何处置尤其是估价是否公平，捐赠财产产生的任何收益，以及捐赠的信息披露和筹款成本是否合理等具体事项。就筹款而言，国税局审查高等院校筹款项目的核心是审查捐赠者是否获得了足以影响其捐赠减免税待遇的利益。因此，税务稽查机关除了要审查负责募捐和捐赠账目的高级雇员，获取关于其活动和职能的详细描述，还要审查与捐赠相关的内部报告，尤其是捐赠者清单、受限制捐赠和实物捐赠等，以及审查相关协议和书信以确定捐赠是否受到限制或被指定用途或附有提供给捐赠者好处等条件。该指南声称："许多高等院校要求大额捐赠，特别是附条件或指定用途的捐赠，必须正式由董事会接受。"它建议各级税务稽查机关应该检查这些董事会会议记录，以及所谓筹款委员会的会议记录(包括预算、财务、发展或进步)，以找出任何带有"可疑"条款的附条件捐赠。该指南还指出如果捐赠者和该条件的受益人存在"不到一臂臂长的关系"的话，这类条件就意味着一项"私人利益"，从而危及慈善捐赠的减免税待遇。此外，该指南要求税务稽查机关审查高等院校是否按要求填报了超过 5000 美元捐赠财产的表格部分，该项内容涉及高等院校是否存在与捐赠的财产相关的任何收益，包括销售、置换、转移、消费或其他自收到之日起两年内的处理情况，是否在捐赠的不动产被抵押的情况中存在任何无关的债务融资收入，高等院校与金融机构之间管理各种基金的任何代理协议(检查是否存在内部人分配或私人利益行为)，以及是否按联邦税法规定的减免税比例对个人捐赠进行了扣减等。

总体来讲，筹款与募捐相关的立法通过对该类行为施以严格的法律监管，有效地保证了慈善捐赠的目的得以实现，以及维护各方主体的权益，既鼓励了以慈善为目的的筹款与募捐活动，也规范了职业筹款人与募捐者的行为，促进了慈善筹款与募捐的专业化、职业化发展，提升了慈善组织动员社会资源的能力和效率，从而构成了美国慈善文化传统的重要成分之一。当然，该项立法也在随着新型的慈善筹款与募捐行为的出现而始终处于完善与变革之中。例如，近年来全国州慈善执行官协会（National Association of State Charity Officials）和全国总检察长协会共同制定了《统一登记声明》（Unified Registration Statement，URS）作为标准化报告项目的一部分，目的就在于整合所有州对在其管辖区域内从事慈善募捐活动的非营利组织注册的信息和数据需求，使慈善组织在履行各州募捐法的报告要求时更加规范、简化和节俭并实现电子化。[1]

（二）谨慎投资者（prudent man）规则初现：以保守投资规避风险

在1830年之前，美国绝大多数大学将捐赠基金投向票据、抵押、信贷和不动产领域。但也有一些大学捐赠基金因被一些基金管理者（受托人）投资到风险较高的非政府支持证券（non-government-backed securities），最终亏损累累。人们开始对大学捐赠基金受托人的这些投资行为是否合适产生纠纷。在1830年，马萨诸塞州最高法院在哈佛学院诉艾默利案的裁决中确立了"谨慎人"（prudent man）规则，初步建立了捐赠基金的投资管理规则。这起裁决指出基金受托人的义务是：尽忠尽责，秉持合理的判断，如谨慎之人管理其自身事务般尽己判断和智力，不可作短暂投机，而应持久处置其基金，顾及可能的收益，以及资本投资的安全可靠性。[2]该谨慎人规则以一个理性的"谨慎人"为参照模型，要求基金受托人在管理基金时应立足长远收益，规避高风险的投机领域，尽可能将基金投资到收益稳定、风险小的"安全"领域。此后，美国大学捐赠基金在该谨慎人规

[1] 参见余蓝：《美国大学捐赠基金法律制度研究：从募捐到基金投资》，载《中国高教研究》2015年第3期。

[2] 参见张敏：《美国大学捐赠基金的谨慎投资者规则及其启示》，载《教育科学》2007年第4期。

则的指引下,被投向各种能产生固定收益又安全的领域,比如政府债券。应当说,谨慎人规则是一种比先前死板的投资"法定名录"(legal lists)灵活,但又相对保守的信托投资策略,其基本精神被后来的谨慎投资者规则所吸纳。

相比于之前无章法限制,法院对投资者职责的限定其实给予了投资人一定发展空间,之所以当时的大学基金倾向于保守投资策略,其原因包括:首先,该规定并不完善,法律法规中并没有提出指导细则,这导致法院在裁决投资者是在谨慎操作还是投机操作时没有依据。"谨慎"操作难以界定清楚,加之表述十分保守,大学基金投资人只能选择安全系数最高的投资领域。其次,这与当时的基金规模和市场环境也有一定关系。资金不够雄厚,可承担风险小,还要保证资金的流动性,必然选择低风险的稳定投资。最后,为了保持对捐赠人的负责和吸引,大学基金的报表数字不能难看,否则会失去对捐赠人的吸引,因此保障捐赠人资金的安全才是首要问题。

虽然哈佛学院案后,美国大学捐赠基金还曾一度到证券市场上"淘金",但到了20世纪60年代后期,美国大学捐赠基金管理人又被迫采取起比较保守的投资策略,因为当时法律只允许将捐赠基金投向能产生一定收益的地方(这里的收益包括抵押收益,不动产收益,红利和利息等)。然而,当时证券市场飞速膨胀,许多捐赠基金事实上被大量投资于公司证券,这一切促成基金管理人重新审视传统的投资策略。大学捐赠基金管理层意识到了证券市场的未来发展潜力;然而,束缚于这些管理层身上的传统投资策略却不允许将大学捐赠基金投向风险较高的资本市场,只允许将资金投资到那些能产生固定收益(fixed income)的领域。

在整个20世纪60年代及其后期,管理层在投资其捐赠基金时对"何为适度的风险"争议较大。特别是,当时许多捐赠基金管理者认为到资本市场获取资本增值能让捐赠回报最大化,他们相信牺牲收益的稳定性以求较大的投资收益成长性要比只保持捐赠基金的购买力好许多。他们还认为,如要实现公司股票投资利益最大化,必须得改变其会计方法

(accounting methods)。捐赠基金管理层须从单一收益会计法(an income-only accounting method)转为全部回报会计法(total return accounting)。依据全部回报会计法,捐赠基金的"收益"(income)不仅包括公司股票的红利,还包括一些未实现的资本增值(unrealized capital appreciation)。与这种动向遥相呼应的是,美国统一州法律委员会(the National Conference of Commissioners on Uniform State Laws, NCCUSL)在1972年通过了《统一机构基金管理法》(Uniform Management of Institutional Funds Act, UMIFA)。可以说,UMIFA的诞生平息了困扰捐赠基金管理层的这种争议。

(三)从UMIFA到UPMIFA:"组合投资"和"代际平等"成为关键准则

20世纪60年代后,证券市场的蓬勃发展,股票市场大热,大学基金投资者跃跃欲试,传统的投资策略开始被重新审视。基金会投资进入股票市场备受推崇,首先是因为股票市场的高收益性,其次缘于当时经济市场通货膨胀加剧,专注固定收益的基金会很快发现购买力逐渐减小。但是,大学基金会并没有迅速地奔向股票市场,先前传统的投资策略带来的收益和利息,可以很好地保存本金,也受限于当时的投资政策,不能减少固定收入资产去投资股票。到20世纪70年代,由于严重的通货膨胀和低投资收入,大学基金平均损失了60%的购买力,大学基金投资的管理规定亟待改革。[1] 1972年,NCCUSL通过UMIFA,该法案初次引入了现代组合投资理论,允许董事会投资实业、贷款、股票、债券等。UMIFA鼓励慈善基金会长远投资,并提出组合投资增长不仅依靠固定收益项目还有股息和股票升值,即"全额收益核算法"(total return approach)。过去大学投资核算时只计入本金和实际收益,在UMIFA出台后,全额收益核算法包含了股票红利及未实现的资本增值,给予大学更大的投资空间和开支空间。

---

〔1〕 See Spitz W. T., "Investment Policies for College and University Endowments", *Journal of New Directions for Higher Education*, Vol. 107, 2010.

2006 年，NCCUSL 在 UMIFA 基础上重新颁布了《统一机构基金谨慎投资管理法》(the Uniform Prudent Management of Institutional Funds Act, UPMIFA)。总体上，两个法案都对慈善机构可开支多少、开支目的，以及如何投资进行了规定，相比之下，UPMIFA 为大学董事会成员和基金会委托代理人提供了更多投资空间，更加强化“代际平等”的准则。第一，UPMIFA 拓宽了委托范围，允许董事会委托委员会、办公室人员、职员和代理人做管理和投资决策。对于外部代理，董事会需要谨慎选择即可。理论上《信托法》规定不允许机构法人将投资责任转移给他人，意味着大学要为自己的行为负责，但是这显然束缚了慈善机构开展投资行为，必须要有法律来支持大学将投资大部分责任转移给直接负责投资的投资经理人或外包的投资公司。《美国信托法重述二》和《美国非营利法人示范法》授予慈善信托、非营利组织法人权利，允许其转移大部分责任给投资人或投资公司。UMIFA 中也有相似的表述，这从法律上让大学授予投资经理人或第三方公司投资责任具备合法性。[1] 法律还允许机构对基金管理、投资和基金用途颁布限制条款，前提是在捐赠者知情同意的情况下。这让大学机构在委托责任时增加了保险，但法院有权利对过时的、无法实施的条款进行修改。第二，UPMIFA 强调投资必须达到最大化的总回报，要求必须采用多样化组合投资，除非因特殊情况董事会决议不能进行组合化投资。这表明组合化投资是基金管理决策的重要前提，法案也要求投资的风险和回报目标必须合理地满足基金和大学的现实情况，同时董事会或者投资委员会成员在按专业水准操作时必须考虑基金的慈善目的和捐赠者的初衷。第三，UPMIFA 的关键准则是董事会在捐赠者没有具体要求的情况下，可进行任何种类的投资，可灵活地开支基金，甚至可以开支原始资本。尽管法案没有要求预留一部分资金作为“保底基金”或是只能开支“收益”部分甚至允许开支“本金”，但是谨慎投资规则要求

---

〔1〕 参见余蓝：《美国大学捐赠基金法律制度研究：从募捐到基金投资》，载《中国高等研究》2015 年第 3 期。

必须考虑"代际平等"（generational equity）问题。第四，法案要求投资者必须每年开支一部分资金支持机构的发展，必须制定开支政策，明确开支比例，例如，"机构会开支三年基金的平均市场值的 4%"这样的表述。UPMIFA 还列出机构开支决定时要考虑的因素，这包括税收影响、机构的其他资源、通货膨胀和通货紧缩的影响、总体经济环境、每项投资在组合投资中的作用、期望的收益和增值的总体回报、慈善机构的需要、开支和保留资本。[1]

UPMIFA 和 UMIFA 明确了投资者"考虑通货膨胀的影响，保持基金购买力，维持本金，组合投资"的责任，法律上给予委托投资方更多的操作空间，硬性地规定了"多元组合投资"的投资手段，所提出的"代际平等"系更高的要求，这对投资管理的资产配置策略及开支政策的制定提出了挑战。法律制度一方面提出了准则，对投资的行为进行约束，明确责任；另一方面提供"谨慎"决策的建议操作，实则在保护投资者在风险难以估量的情况下进行的理性投资行为，因为在发生重大亏损时，如果投资者按照建议操作在判决时便能够证明自己是谨慎的即能免责，当然法院也要根据具体情形来进行解释和判定。法律还要求投资者定期或不定期地提交投资相关的财务信息，如基金投资种类比例、收益等，供税务部门审查，同时必须遵守相关财务会计的审计标准，以此来监管投资者行为。

对于美国大学基金会而言，进行投资获取收益是其主要的组织目标，这也使得中美两国一流大学基金会在运作时最主要的差别体现在投资方式上。[2] 美国顶尖大学的基金会可以作为一般投资者或基金入场进行投资、购买资产进行保值增值，同时享受营利免税，并且只需要遵循一般的交易规则即可，甚至可以跨境进行投资，其投资行为尽管需要考虑学校对捐赠资金的流动性需求，但对于投资额度、投资范围等决定权均在大学。通过规划和管理，其活动范围更加广阔，更使学校可以充分利用其学

---

〔1〕 参见梁显平：《美国大学基金会投资运行制度研究》，载《教育财会研究》2017 年第 6 期。

〔2〕 参见李锋亮、王云斌、王丹：《对中美顶尖大学基金会投资的比较分析》，载《教育发展研究》2017 年第 7 期。

术和人才优势，将这种优势运用到现实的投资运作之中。这样也从客观上要求美国的顶尖大学须建立起专业性高、运作能力强的基金会，以提高有效利用资本市场进行融资的能力。[1]

目前，美国顶尖大学的基金会运作方式基本上可以分为两种：一种是以耶鲁大学等为代表，在校内成立专门的投资办公室，之上设置学校的投资委员会，直接由校董事会领导；另一种是以哈佛大学为代表，成立由学校全资控股的资产管理公司，由学校将捐赠资产交由公司管理和运作，与投资办公室相同，资产管理公司的董事会由大学投资委员会管理。根据法律，大学基金董事会作为慈善法人有权授权第三方进行投资并对投资人的投资行为进行监督。无论哪种管理模式，在大学基金董事会授权第三方投资要具备合法性的基础上，受托方的责权清晰才能保障大学基金会放心将大学募捐资产进行金融投资。上述法案首先赋予大学基金董事会委托权，并允许大学基金董事会制定投资限制条例，其次明确受托方（投资委员会成员、高级管理人员、雇员、投资顾问、信托公司等）的投资行为准则，以之作为对投资亏损的责任判断依据。法律限制大学基金会在投资时的“投机行为”，只能在适度的风险范围内进行投资；“组合投资”准则、“七项开支政策”等指导意见为大学基金会持续稳健发展提供了保障，也相应地形成了投资人的约束机制，即必须采用现代组合投资理论，必须考虑通货膨胀，必须制定开支政策等；同时，要求公开投资信息、接受审计，以便日常监督。我们也可以看出，谨慎投资者制度在与时俱进，基于资本市场和慈善组织规模的发展而给予大学基金会越来越宽松的投资空间，以实现大学基金会“代际公平”的最终发展宗旨。

（四）投资的社会责任

大学在发展道德性投资和承担法人社会责任上扮演了关键的角色。早在20世纪70年代，许多捐赠规模较大的大学，如哈佛、斯坦福和耶鲁都率先创建了多元成分的委员会，以指导管理层如何以最佳方式处理有

---

[1] 参见杜莉、宋兰旗：《中国高校筹资制度创新研究》，科学出版社2012年版，第115页。

关投资的社会责任议题，如大学师生在涉及南非种族隔离、烟草制造商和苏丹达尔富尔地区种族灭绝的撤资活动中发挥了重要作用。1994 年，美国劳工部发出关于投资受托人责任的公告，意在阐明投资管理者的社会责任（socially responsible investment），大学捐赠基金作为机构投资者的重要代表，理应参与到可持续性和负有社会责任的投资活动之中。尽管各个大学都要求捐赠基金的投资活动应遵守环保、和平、人权等基本的社会价值，不得投资包括武器制造、酒精饮料生产、烟草制造、商业赌博等在内的项目和违反有关法律的规定，但由于制定社会责任的投资标准及决策仍然属于大学捐赠基金的内部管理事务，各个大学根据自身规模和治理要求的不同所制定的社会责任标准也存在不小的差异，主要表现在对允许或禁止投资什么样的领域、行业和企业的限制性规定方面，一般规模越大的大学在违背社会责任的投资项目上限制得更加宽泛也更加严格。

2012 年，美国投资责任研究中心发布一项报告，提出了大学捐赠基金的环境、社会和治理投资标准（Environmental，Social and Governance Investing，ESG）等概念，尝试整合如共同基金、全美高校商务官协会（National Association of College and University Business Officers，NACUBO）、可持续捐赠基金研究院（Sustainable Endowment Institution，SEI）、高等教育发展促进协会（The Association for the Advancement of Sustainability in Higher Education，AASHE）及持续追踪评价和排名系统等机构有关社会责任投资和环境、社会和治理投资的调查数据和政策标准。ESG 标准强调大学捐赠基金应当关注利益相关者的具体需要，特别是学生和校友捐赠者，为其提供反馈信息至投资委员会或建立起能够吸纳他们投资意见的治理结构，本着诚信传统积极鼓励在涉及劳工、环境、人权和私募股权等问题的投资上以一种可持续的和负责任的方式进行，将制定 ESG 投资政策作为审慎的风险管理方法而非危机管理模式，推动大学投资发挥积极的社会和环境影响。报告建议应从以下三个方面采取积极举措：（1）将 ESG 标准纳入大学捐赠基金的管理当中，主要包括劳工和人权风险管理、诚信投资、环境投资及社区投资和小额贷款四个方面；（2）通过代理投票、决议备案和对话等方式吸收股东倡议和积极的所有权人参与决策;(3)提高ESG投资的治理水平与透明度,建立投资者责任委员会、学生基金和透明度政策。

(五)日本大学捐赠基金的法治之路

日本的国立大学有86所,私立大学有603所。[1] 日本私立大学的运营主体是学校法人,[2]其投资运作主要依据《学校法人法》,以及日本文部科学省发布的《关于学校法人的资产运作的通知》(20高私参7号,2011年1月6日)。该通知指出关于承担公共教育的学校法人的资本运作必须充分注意和确保其安全性,整备必要的规程,在学校法人进行意思决定的同时,还必须根据规程进行适当的管理。具体而言,掌握学校法人经营的最终意思决定与理事的职务履行监督的机关是理事会,在此基础上,通过整备资产运作相关规程来进一步实现资产运作相关意思决定与执行管理的合理化。例如:(1)重视安全性等资产运作的基本方针;(2)理事会、理事长、担当理事与实务担当等资产运作相关人员的权限与责任;(3)具体的意思决定的程序;(4)由理事会等来实施运作状况的监管等执行管理程序;(5)为充实和改善教育研究活动,比照计划的资产运作的期间及成果的目标;(6)可持有和可交易的有价证券等内容;(7)尽量明确资产运作相关限额等。

日本国立大学于2004年实行法人化之后,每年的财政预算逐渐减少,经营面临着重大的改革,很多大学纷纷设立了捐赠基金。目前日本国立大学法人的资产运作的主要依据是《国立大学法人法》和《独立行政法人通则法》。《独立行政法人通则法》(2001年法律第103号)第47条规

〔1〕 参见『平成30年度学校基本調査(速報值)の公表について』,载日本文部科学省:http://www.mext.go.jp/result_js.htm? q = %E5%AD%A6%E6%A0%A1%E5%9F%BA%E6%9C%AC%E8%AA%BF%E6%9F%BB%E8%AA%BF%E6%9F%BB%E7%B5%90%E6%9E%9C + %E5%B9%B3%E6%88%9030%E5%B9%B4&search = x#resultstop,最后访问日期:2019年11月20日。

〔2〕 石村耕治:『規制緩和時代の私立大学運営と税財政法務』「論説」、獨協法学第91号、2013年8月。

定，国立大学法人的资产运用仅限于债券（国债、地方债、政府担保债及主务大臣指定的有价证券）、存款（银行及主务大臣制定的金融机构的存款）与金钱信托三种金融产品。此外，还可以通过捐赠与专利许可的对价（专利权的转让等）的方式取得股份，但是，只要可以变现就必须立即出售。

为了改善这一点，促进日本各国立大学的积极性，强化经营基础，日本于2010年3月28日发布了《关于文部科学大臣指定的国立大学法人及大学共同利用机关法人的业务盈余资金相关的有价证券》（19文科高第881号）。主要修改内容为：（1）将有价证券的范围扩大到了财政投融资机关债券、金融债券、公司债券、贷款信托的受益证券、外国债券等，加大了持有（运用）股份的弹性；（2）将股份具备变现的条件就必须立即出售的规定，改为只要有明确的捐赠目的便可视为"特殊情况"，可以持续到实现该捐赠目的所需的期间。

小暮克哉（2011年）指出日本关于大学基金的投资运作相关研究主要可以分为"投资运作表现的相关研究"和"资产运作控制的相关研究"两大类，并抽取2010年9月1日之前在官网上公开了基金规程的37所国立大学法人的原始基金数额、使用目的、专门委员会的组成人员等信息，通过对其进行数值化来分析国立大学法人的信息公开与说明责任。[1]户村理等（2015年）从投资的量和质来分析国立大学法人的经营活动，提出各法人的投资管理是国立大学法人化以后才出现的经营活动，鉴于国立大学的作用，重视安全性也是放宽限制后的多种选择之一。[2]粟屋晋太郎等（2015年）通过日本86所国立大学的财务报表计算出有价证券收入和加重平均，得出约76%的国立大学的投资收益率为0～1%，并以神户大学为例，分析了有价证券投资的扩大对国立大学的永续性发展的作

〔1〕 小暮克哉：『国立大学法人の基金規程に関する考察——情報公開と説明責任の観点から』、「大学アドミニヅトレーション研究」創刊号、2011年。

〔2〕 户村理、福井文威、上山隆大：『投資活動からみた国立大学法人の経営行動に関する——キャッシュ・フロー計算書とインタビュー調査からの検討——』「日本高等教育学会第18回大会発表要旨集録」、頁206－207。

用,提出日本大学基金应扩大投资、引入投资委员会和中长期评价制度、提高信息公开的透明度。[1] 小藤康夫认为,日本私立大学的资产运作依赖于负责人的能力,应当在资产运作规约中明确风险负担的限度的同时,构建有利于稳定、高收益率的投资机构。[2] 受经济危机的影响,驹泽大学、庆应大学和法政大学等日本主要私立大学的资产运作都有不同程度的亏损,日本私立大学对资产运作逐渐采取消极的态度。以 2009 年《私立大学财政数据》[3] 为基础提出,大多数的私立大学都以安全性为主要的运作方针,只有极少数的私立大学采用高风险、高回报的投资运作方式。[4] 日本私立大学的运作方式越来越多样化,以存款和国债为主的低风险低回报的投资运作方式比重不断减小,国内外的股票、对冲基金、组合债券和货币期权等高风险高回报的投资运作方式的比重有不断上升的趋势。[5] 因日本私立大学的捐款数额小,大学运营主要依靠学生缴纳的学费,日本私立大学的资产运作的对象以大学运营产生的暂时性资金为主,捐款只占很小的一部分。[6]

松原畅子(2016 年)认为日本大学基金投资以储蓄和债权为主,投资环境不完善,并通过分析美国的基金投资运行机制提出,日本大学基金会有必要在完善投资运营机制和确立适当的投资方针的基础上进行有效投资。[7]

应当说,日本学者对本国大学捐赠基金的投资法制观点颇有见地,既

---

〔1〕 粟屋晋太郎、小倉萌、堤茉彌、三宅修、山本昌平:『国立の資産運用——大学の永続性に向けて』「ISFJ2015 最終論文」2015 年。

〔2〕 小藤康夫:『私立大学の資産運用と仕組債』「専修商学論集」89 巻、頁 93 - 101。

〔3〕 東洋経済新報社テ-タヘ-ス営業部『私立大学財政テ-タ 2009 年版』、東洋経済新報社、2009 年 2 月。

〔4〕 小藤康夫:『経済危機が私立大学の資産運用にもたらした教訓』「専修大学小学研究所報」42 巻第 1 号、2010 年。

〔5〕 小藤康夫:『私立大学の正しい運用利回りを求めて』「商法研究所報」、2011 年 5 月。

〔6〕 小藤康夫:「私立大学の正しい資産運用体制を求めて」『社会科学年報』第 47 号、2013 年 3 月。

〔7〕 松原畅子:『非営利組織の資産の運用に関するルール——大学の基金(endowment fund)を中心として』、日本証券業協会レポート、2016 年。

指出了投资安全性原则，又评价了投资范围及投资限制等问题，还展望了未来改进之策，值得我们在完善大学教育基金会投资管理制度时高度关注之。

二、以资产配置为进路

在金融领域，投资组合（portfolio）是指投资者所持有的资产的组合。这里的“资产”对于大学基金会而言是指可以用来进行投资的资产。美国大学基金会由于其主要职能就是通过投资运作为大学产生收益，因而其一般会独立管理投资或与其他金融机构合作。由于没有投资方式的限制，美国大学基金会可以在所有开放的金融市场进行投资，同时增值产品也不限于金融领域，一些不动产和实物资产也是投资品。上述种种使得美国大学基金会的投资组合也比较多样，不同的大学投资组合的差异很大。确保安全性和效益的最佳统一是大学基金资产配置的首要任务。美国大学基金会资产配置选择的金融工具主要包括几大类：固定收益、现金、股票（美国股票和海外股票）、另类资产（alternative assets）等。其中另类资产包括私募股权、期货、基金、房地能源、自然资源和风险投资等。相比于传统的资产类，另类资产波动性更大、更复杂、流动性差，因而风险更高。UPMIFA 出台后，尤其是进入 20 世纪 80 年代后，美国大学基金投资组合配置从固定收益类转向股票类。2001 年美国科技泡沫爆发和“9・11”事件后美国经济受到影响，大学基金的投资策略开始发生变动，另类投资逐渐成为美国大学基金资产配置重要部分。1997 年，美国大学基金会的资产配置中，股票占 63.4%，固定收益占 30.8%，另类投资仅占 5.8%。如表 3－2 所示，2018 年另类投资的配置比例高达 53%。另类投资已成为美国大学捐赠基金投资活动的一个显著特征，其驱动因素首先是另类投资风险高带来高收益性，其次与美国优惠税收政策有关，美国大学基金会在进行投资时可享受免税待遇，可以选择范围更大，也可以减少税负。

表 3－2　2018 财政年度美国学院和大学捐赠基金及附属基金会的资产分配[1]

单位:%

捐赠规模	国内股票	固定收入	非美国股票	另类资产	短期证券/现金/其他
超过 10 亿美元	13	7	19	58	3
5.01 亿～10 亿美元	22	10	22	41	5
2.51 亿～5 亿美元	24	12	22	38	4
1.01 亿～2.5 亿美元	31	15	22	27	5
5100 万～1 亿美元	34	19	22	22	3
2500 万～5000 万美元	39	22	18	16	5
2500 万美元以下	45	24	15	11	5
机构类型					
所有公共机构	19	10	22	46	3
公立大学、大学或系统	14	9	22	52	3
与机构有关的基金会	23	12	22	39	4
联合捐赠/基金	23	12	19	43	3
所有私立院校	15	7	19	56	3
所有机构					
美元加权平均数	16	8	20	53	3
等加权平均	31	16	21	28	4

另类资产在《全美高校商务官协会——共同基金公司的捐赠研究》(NACUBO-Commonfund Study of Endowment,NCSE)中分类如下:私募股权(杠杆收购,夹层,并购基金和国际私募股权);可行的替代策略(对冲基金,绝对回报,市场中性,多头/空头,130/30,事件驱动和衍生品);风险投资;私募股权房地产(非校园);能源和自然资源(石油,天然气,木材,商品和管理期货);不良债务。校内房地产包括在短期证券/现金/其他类别中。

---

〔1〕 See 2018 NTSE Public Tables—Asset Allocations—FINAL, at https://www.nacubo.org/Research/2019/Public-NTSE-Tables, July 9, 2019.

通过对美国顶尖大学基金会的投资组合的观察,可以发现尽管不同大学有着完全不同的投资组合,但是在完全不同的投资组合中,却能总结出美国顶尖大学基金会投资运营的三个明显特征:一是投资范围和投资形式多样,其投资行为不局限于金融市场,在不动产等方面也可以进行投资;二是投资不局限于境内,大学捐赠基金可以在世界范围内进行投资经营;三是不同大学的捐赠基金在投资运营方面形成了不同的投资风格,投资策略和方式差别很大。

不同类型、不同资产规模的大学基金的资产配置表现出了不同的配置方式(见表3－2)。在所有资产配置组合中,股票均占主要地位,投资比例较大(15%～45%)。股票风险适中,抗通货膨胀能力较好,故而是组合投资中的主要配置选择。在股票投资中,资产规模越小的大学国内股票配比比例越高。2018年,股票配置中美国股票占16%,国外股票占20%。耶鲁和哈佛大学近年来都非常倾向于海外股票,尤其是发展中国家股票市场。私立大学的另类投资配置比例高于公立大学,资产规模越大的大学另类投资比例越大,而固定收益和国内股票配置比例相应越小。其原因主要包括:首先,另类投资配置可以推高组合投资的收益边际,在一定风险系数范围内可以创造出高收益。资产规模越大的大学一方面想极力维护资产规模名誉而追求高收益,另一方面更担心投资低效导致资产被侵蚀,因而选择高收益的另类投资领域。其次,私立大学尤其是顶尖私立大学的丰富资源和办学特征对抵抗配置风险有一定优势,这些大学有能力通过其他途径,如增加招生名额、上涨学费、减少学生资助等方式提高资金的流动性。再次,与基金会投资委员专业化程度有关,有研究发现,资产规模排名前十的美国大学基金会平均有8.9位投资委员,其中平均有4人是投资专业人士,平均有2.5人有另类资产投资的经验,顶级院校另类资产投资经验的平均人数高达5.5人。[1] 小型基金会的管理人员可能是大学行政管理人员、教职人员或由官员担任,其专业熟练程度、投

---

〔1〕 See Acharya S., *Endowment Asset Management*, Oxford University Press, 2007, pp. 48－51.

资经验难以胜任另类资产投资。最后，资产规模大的基金会投入管理成本高，具有激励制度，信息渠道多，更可能进行高质量的另类资产投资。国外实证研究结果也证明，大学自身的风险特征值（如大学类型、资产规模、平均捐赠资产、负债收入比、研究经费收入比等）与大学资产配置有统计学意义上的相关关系。其中，与另类投资配置比例多少有显著的相关关系，而对股票配置比例没有显著关系；在另类投资中，私募基金和风险投资的收益波动性最大。[1] 也就是说，如果大学自身风险系数越小，越容易投资私募基金和风险投资。总体来看，大学资产配置方式与大学自身抵御投资风险的能力有关，包括投资专业能力及大学自身风险系数，规模越大的大学基金愿意投入更多成本，这也能解释大学基金"富者更富"的现象。

三、以开支政策为进路

大学基金会投资收益具有波动性，若要保持长期的相同的购买力，"收益"和"开支"策略同等重要。开支政策首先要考虑市场波动对基金资产的影响，平抑每年市场收益波动；其次要平衡大学发展需求和基金投资战略，既要满足大学预算也要不影响大学基金会的稳定收益。1950 年以前，美国大学基金开支策略非常单一化，只开支收益部分。1969 年税法改革时期，为了保证基金会资产用于慈善目的，国会规定了慈善基金最低开支比例，开始设定为 6%，后来改为 5%，但该数字并没有任何依据。[2] 2006 年，UPMIFA 规定大学基金开支需超过 7%，但该数字并没有被完全实现。实际上，如表 3 - 3 所示，近 10 年美国大学基金会每年开支率均值保持在 4.2% ~5.2%，仅在少数年份里，资产规模大的大学开支率均值超过了 5%，其中最高开支率为 5.7%。总体上看，私立大学开支率略高于

---

〔1〕 See Dimmock S. G., "Background Risk and University Endow-ment Funds," *Review of Economics & Statistics*, Vol. 94, 2012.

〔2〕 See Akash Deep, Peter Frumkin, *The Foundation Payout Puz-zle*, Ssrn Electronic Journal, 2005.

公立大学；规模较小的大学基金会（小于2500万美元）开支率最低，2009～2018年其平均年开支率为4%。大学基金会采取不同的开支政策，所以呈现出年均开支率的差异，每种开支政策的出发点不同，体现了大学基金管理的策略思维差异。

表3－3[1]　2009～2018财政年度美国学院和大学捐赠基金及附属基金会的年均有效支出率*

单位：%

捐赠规模	2018年	2017年	2016年	2015年	2014年	2013年	2012年	2011年	2010年	2009年
超过10亿美元	4.6	4.8	4.4	4.3	4.6	4.8	4.7	5.2	5.6	4.6
5.01亿～10亿美元	4.2	4.6	4.3	4.1	4.3	4.6	4.7	5.2	5.7	4.9
2.51亿～5亿美元	4.4	4.4	N/A	N/A	N/A	N/A	N/A	N/A	N/A	N/A
1.101亿～2.5亿美元	4.4	4.6	4.3	4.1	4.3	4.4	4.3	5.0	4.9	4.4
5100万～1亿美元	4.6	4.5	4.4	4.4	4.4	4.4	4.3	4.5	4.6	4.7
2500万～5000万美元	4.1	4.2	4.1	4.0	4.2	4.3	3.8	4.0	4.1	4.3
2500万美元以下	4.1	4.0	3.8	4.5	4.6	4.1	3.7	3.7	3.5	3.9
机构类型										
所有公共机构	3.8	4.1	4.0	4.0	4.1	4.1	4.0	4.5	4.1	4.2
公立学院、大学或系统	3.8	4.1	4.0	3.8	3.8	4.2	3.9	4.3	4.3	3.7
与机构有关的基金会	3.8	4.1	3.9	4.2	4.3	4.0	4.0	4.1	3.9	4.3
联合捐赠/基金	3.9	4.2	4.1	3.9	4.2	4.4	4.2	5.9	4.6	4.5
所有私立学院和大学	4.7	4.6	4.4	4.3	4.5	4.6	4.3	4.6	4.8	4.5

*有效支出率代表支出分配除以初始市场价值（财政年度开始时或附近的禀赋值）。支出分配是从捐赠基金中提取的美元金额，用于支持学生资助、教师研究、设施维护和其他校园运营的支出，由每个机构确定和定义。该费率是根据投资费用和管理捐赠的费用计算得出的。2008财年的数据来自2008年NACUBO捐赠研究。N/A表示不可用。

该如何有效制定开支政策？美国大学基金开支率制定方法主要有三

[1] See 2018 NTSE Public Tables—Spending Rates—FINAL, at https://www.nacubo.org/Research/2019/Public-NTSE-Tables, July 9, 2019.

种:平滑法(smoothing)、抑制通货膨胀法(inflation-based)、混合开支法(Hy-brid)。[1]

(一)平滑法

平滑法,即根据过去几年市场价值的均值进行计算,是最常用的开支率计算法。大学基金投入股票市场后,投资增长稳定性大大减小,为了弥补每年基金市场值的浮动,平滑法开始应用起来。这种制定策略在美国大学基金投资管理中广为使用,正如表3-3中所呈现的,在过去10年所有大学的年开支率在4.2%~5.0%,尤其以三年期来看。由于基金投资收益波动性较大,而大学的开支较为固定,平滑法的优势在于比固定不变的开支率更能稳定基金资产,有利于保留本金。使用这种开支策略会导致在市场低迷时呈现高开支;市场状态良好时出现低开支,但也是保障大学基金可持续开支的最佳策略。[2]

(二)抑制通货膨胀法

抑制通货膨胀法,即根据通货膨胀率来调整支出。为了防止资本缩水,必须将通货膨胀部分从收益中扣除,并计入本金。通常采用消费者指数(Consumer Price Index,CPI)或高等教育消费指数(Higher Education Price Index,HEPI)来预测通货膨胀率。有研究者认为CPI可能不符合高等教育的财政性质,HEPI更能接近大学运行预算。与平滑法相比,该方法当市场走高时计算所得的开支率小于平滑法计算所得的开支率。因为按照资本市场的规律,股票市场的回报将超过通货膨胀。因此,如果投资股票市场且市场状况良好,收益将远远超过通货膨胀的损失。当然,省出来的开支部分可以在市场低迷的时候发挥作用,它允许大学在市场低迷的时候加大开支。总体上,这种方法所得的开支数额小于平滑法,且波动性小,也最可预测。

---

[1] 参见梁显平:《美国大学基金会投资运行制度研究》,载《教育财会研究》2017年第6期。

[2] Basch D.,"Changes in the Endowment Spending of Private Colleges in the Early 1990s", *The Journal of Higher Education*, Vol. 70, 1999.

（三）混合开支法

混合开支法，即融合平滑法和抑制通货膨胀法，既考虑当前市场情况也考虑过去的开支情况。这种策略最早应用于斯坦福大学，应用并不普遍但近年来非常受关注。2004 年，4% 的美国大学使用了这种方法，2009 年增加到 6%，捐赠规模超过 5 亿美元的大学中 12% ~15% 的大学使用这种方法，主要应用于顶尖大学中。[1] 这种混合式计算方法，综合考虑了前一年的固定预算目标、大学基金的市场值变化、开支和市场收益。耶鲁大学目前采用的开支计算方法是：80% ×［前一年开支 ×（1 + 通货膨胀率）］+20% ×（当前投资组合价值 × 开支率）；斯坦福大学的开支计算公式为：60% ×［前一年开支 ×（1 + 通货膨胀率）］+40% ×（当前投资组合价值 × 开支率）。相比而言，耶鲁大学给予前一年开支更多权重，更强调每年开支的一致性。可以看出：与平滑法不同，混合开支法考虑的因素更复杂，资产分配也会发生变化；混合开支策略结合了两种开支策略，可兼顾到大学的全局发展目标，制定更加灵活化。就是否考虑通货膨胀对大学基金市场值的影响而言，平滑法和抑制通货膨胀法刚好是极端，混合开支法则取二者之间，按照一定权重分配，考虑市场值的变化。采用混合开支法，在市场走高的时候，开支不会像平滑法所得的高开支率而加速开支。混合法在长期来看，比平滑法所得开支率低，更能保持资金的购买力。不同开支政策制定方法具有不同效果，有的更强调本金，有的更强调短期开支稳定。大学基金会如何判断哪种开支策略，孰优孰劣很难断定，需要管理者的经验与智慧。任何开支策略都是服务于大学基金“代际平等”的发展宗旨，除优先考虑市场状况以外，平衡大学基金投资效益和使用效益同等重要。因此，有必要以大学优先发展目标为前提，以大学基金投资能力、风险控制能力的评估作为决策依据。

---

［1］ See Sedlacek V. O., Jarvis W. F., *Endowment Spending: Building a Stronger Policy Framework*, Commonfund Institute, 2010, pp. 207 –210.

四、以筹资投资为进路

美国社会助学的优良传统,潜移默化而又深刻地影响着人们的思想和行为,校友、私人、企业和社会团体等都非常热衷于对高等教育进行捐赠。完善的法律法规又为大学基金会提供完善的行为规范,《美国统一普通信托基金法》《美国慈善捐赠法》《美国非营利法人示范法》等法律条文对捐赠者和大学基金会的权利及义务都有明文规定。例如,联邦和州两级政府均有规定,凡是向非营利机构捐赠资金、款项、设备和不动产等的机构和个人,可享受一定比例的所得税优惠,其中公司的免税额可达到年应纳税额的5%,个人捐赠减免税比率最高可达50%。在成熟的社会捐赠文化及完善的社会制度保障下,私立大学基金会的管理独具特色。[1]

(一)建立起灵活的筹资体系

为多方筹集社会捐赠,美国私立大学基金会在"捐赠者导向"理念的倡导下,取得了优异成绩,著名的普林斯顿大学在这方面堪称典范。

1. 完善的捐赠组织机构

普林斯顿大学(Princeton University)成立于1746年,是美国殖民时期第四所成立的高等院校,2011年基金规模在全美高校中排名第三,总额达171亿美元。普林斯顿大学历来重视募捐活动,该校由一名副校长亲自主持募捐活动,专门设立发展办公室(Office of Development),负责管理捐赠的各个环节。发展办公室下设年度捐赠办公室(Office of Annual Giving)、资本捐赠办公室(Office of Capital Giving)、计划捐赠办公室(Office of Gift Planning)、优先发展办公室(Office of Development Priorities)及文档秘书处(Office of Recording Secretary)。普林斯顿的捐赠基金会是基于两个多世纪以来的校友们的捐赠而建立起来,具有非常成功的管理历史,并且长期稳定增长。由普林斯顿大学投资公司(Princo)

---

〔1〕 参见王云儿:《美国私立大学基金会最新发展及管理特色研究》,载《教育与经济》2012年第3期。

管理,捐赠基金包括4000多个个人投资基金。可以花费来自每个捐赠基金的支出,但基金的原始捐赠本金通常将永久保持完整。大学的第一个奖学金基金由詹姆斯·莱斯利于1792年授予1759年的班级,从那时起,成千上万的慷慨捐助者建立了捐赠资金,以支持大学的使命。这些资金是普林斯顿开展突破性研究,保存和传播知识的能力基础,并为有才华的年轻男女提供非凡的教育(无论是现在还是将来)。随着成本的增加、知识的扩展、新技术的发明及国际竞争的加剧,它们对于保持普林斯顿处于教学和学习的前沿至关重要。普林斯顿大学拥有该国每名学生最高的捐赠基金之一。它补贴每个学生的教育支出大约是大学学费的两倍。截至2018年3月31日,捐赠价值为246亿美元。在截至2018年6月30日的25年期间,普林斯顿大学的捐赠总收益估计每年超过12%。[1] 完善的基金募捐机构,为该校最大限度地赢得捐赠提供了制度上的保障。各部门职责明确,如捐赠办公室面向校友、学生家长及社会各界朋友募集各项年度非限制性款项,募集到的款项用于支持学校年度财政预算和日常营运经费,而资本捐赠办公室主要的服务对象则是对学校指定的优先发展项目进行捐赠的各界朋友。

2. 多元化的捐赠项目

普林斯顿大学捐赠项目多样,有年度捐赠(annual giving)、遗产捐赠(bequests to princeton)、联营收益基金(Pooled Funds)、慈善养老捐赠(charitable gift annuities)等,捐赠者可以根据自己需求选定适合的捐赠项目。年度捐赠因其数额较高,且每年呈上升趋势,在各类捐赠项目中处于重要地位。此项目至今已有70多年历史,2018年度捐赠额高达6000万美元,历年总额已超13.9亿美元。[2]年度捐赠的使用不受捐赠人限制,募集到的资金被用于大学日常运作。所谓的遗产捐赠,即捐赠者通过遗嘱

---

〔1〕 See Princeton's Endowment: Funding for Future Generations, at https://giving. princeton. edu/endowment, July 9, 2019.

〔2〕 See Annual Giving Status Report Fiscal Year 2019, at https://giving. princeton. edu/endowment, July 9, 2019.

或不动产计划将遗产捐赠出来,以亲人、朋友或自己的名字来命名设立奖学金、建造图书馆等。联营收益基金是指捐赠者把资金捐给普林斯顿大学基金会托管,捐赠者除享受政府相关减免税优惠外,还可以定期收到大学基金会的分成。通过慈善养老捐赠,普林斯顿大学承诺终生向捐赠者支付一定数目的养老金,捐赠者则得到安全而稳定的年金享受权。

3. 重视校友会在筹款活动中的作用

如表 3 - 4 所示,普林斯顿大学 2018 ~ 2019 年度捐赠活动筹集了 68, 568, 435 美元(在年度捐赠史上排名第三)有 55.4% 的校友参加。

表 3 - 4〔1〕 **2018 ~ 2019 年度普林斯顿大学校友捐赠表**

单位:美元

类别	规模
本科生校友	54, 805, 121
研究生校友	2, 046, 402
校友父母	2, 181, 891
追思捐赠	587, 201
匹配捐赠	1, 559, 861
其他捐赠	7, 387, 959
总计	68, 568, 435
校友参与率	55.4%

校长克里斯托弗·艾斯格鲁伯(Christopher Eisgruber)说:"普林斯顿校友、家长和朋友再一次对今年的年度捐赠呼吁做出了惊人的回应。通过年度捐赠筹集的无限制资金,对普林斯顿不断努力并进一步加强和扩大我们在教学和研究方面的卓越表现非常重要,同时也充分满足了我们优秀学生的财务需求。没有我们许多志愿者的辛勤工作和承诺,以及捐助者的慷慨和坚定支持,我们无法取得这些非凡的成果,我对此深表感

〔1〕 See Annual Giving Status Report Fiscal Year 2019, at https://giving. princeton. edu/endowment, July 9, 2019.

激。"[1]1994 级参加率为 62.6%，为庆祝其第 25 次团聚而筹集了最高金额——7,028,794 美元。1984 级以 6,001,984 美元的价格打破了第 35 次团聚纪录；2009 级筹集了 594,109 美元，创下了新的第 10 次团聚纪录。

1969 年的第 50 届 Reunion Class 以 5,893,169 美元的成绩完成了有史以来的最高纪录，参与率为 69.6%。其他 6 个主要的团聚年份筹集金额超过 200 万美元：1989 年为 5,205,189 美元；1979 年为 2,867,619 美元；1964 年为 2,319,666 美元；1974 年为 2,143,074 美元；1999 年为 2,134,199 美元；1959 年为 2,100,839 美元。连续两年，毕业生校友捐款超过 200 万美元，其中 2637 名捐赠者捐款 2,173,664 美元。普林斯顿大学的校友父母连续第五年捐赠 230 多万美元，总额为 2,320,737 美元。2019 年参加比例最高的是 1963 级，在第 56 届重聚之际达到 77.5%。接下来是 1969 级的第 50 届团聚班，达到 69.6%；1959 级，达到 67%；1965 级，达到 66.5%；1962 级，达到 66.2%。其他 19 个年级的参与率达到 60% 或更高。

最年轻的 10 个班级平均参与率为 56.2%。2019 年，该大学的最新校友获得了 74.7% 的认捐率，其中 989 名成员承诺在未来四年内支持年度捐赠。

"我们年度捐赠活动取得的显著成果证明了普林斯顿大家庭的慷慨，以及我们令人难以置信的志愿者团队的奉献精神和热情，"1987 级的校友 Timothy M. Kingston 说道，"所有礼物（无论大小）的集体影响，都会增强普林斯顿的卓越性，并在校园内产生切实的影响。"为了普林斯顿大学的学生和教师的利益，不受限制的年度捐赠礼物直接进入运营预算。这些灵活的资金直接支持普林斯顿大学的教育使命，使大学能够始终站在教学和研究的最前沿，并确保所有被录取学生的普林斯顿大学教育的可负担性。

校友会设有校友信息库，掌握大约 90% 校友的有效通讯地址或电子

---

[1] See Princeton's Annual Giving campaign raises $68.6 million, at https://www.princeton.edu/news, July 9, 2019.

邮件。准确而全面的校友信息库是筹款工作的基石,每年约有2万名校友回到普林斯顿参加团聚活动。校友捐赠对普林斯顿大学保持卓越的学术地位起到了至关重要的作用。

(二)实施专业化的投资管理

为实现基金"投资—增值—再投资"的良性循环,美国私立大学一般都委托富有投资经验的专业机构来承担具体运作,双方以契约形式,共担风险、共同收益,实现大学基金安全、有效的保值和增值。以耶鲁大学基金会为例,除固定收益类产品由内部运作外,其余资产皆"外包"给专业投资机构管理。

1. 高效的投资决策组织

耶鲁大学基金投资决策机构类似"董事会—管理层"的架构,分为投资委员会和投资办公室两个层面,运行相当高效。投资委员会的主要成员为各大银行、资产管理公司、基金公司的耶鲁大学校友,以及至少三名耶鲁大学的教授,负责制定资产配置(asset allocation)和投资限制等政策,监督和审查基金的投资和再投(reinvestment)、评估投资组合的表现,审议投资办公室提交的投资策略等;投资办公室由多名投资专家组成,具体负责投资经营、执行投资委员会制定的投资政策、完成投资事务等。

2. 通过有效资产配置形成多元化的资产族

在充分顾及大学资金需求、总体收益率要求和风险接受水平的基础之上,耶鲁基金降低流动性差的资产配置比例,投资策略已从固定收益转向股权投资,形成了多元化的资产族(asset class)。固定收益类资产已不是耶鲁基金的首选,近5年来此类资产的比例一直维持在4%左右。目前,耶鲁把近96%的资产都配置到国内外股票、私募股权、绝对收益产品及大宗商品等,投资组合更趋多元化。

3. 关注另类资产已成为投资活动的一个显著特征

另类资产是指私募股权、大宗商品、房地产、林地和期货基金等,此类资产的特点是"具有较高的投资回报率,但流动性较差且资产价格波动较大、投资风险较高”。[1] 近5年来，耶鲁基金持续增加另类资产的投资比例，如私募股权投资呈稳定增长态势，从2007年的18.7%增长至2011年的35.1%；大宗商品等投资比例始终保持在27%以上，涉及范围包括原始森林、石油、天然气资源等领域。成功的另类资产投资拉动了耶鲁基金整体收益率的提高，并成为许多大学基金效仿的对象。

---

〔1〕 参见丁安华、赵勇：《美国大学捐赠基金投资运作研究》，载《武汉金融》2011年第1期。

第四章 大学教育基金会投资行为的规制机制

第一节 哈佛大学基金会的投资管理与运作

一、概况

哈佛大学(Harvard University)建于1636年,是一所享誉世界的私立研究型大学,是著名的常春藤盟校成员。在文学、医学、法学、商学等多个领域内,哈佛大学都拥有崇高的学术地位及广泛的影响力,被公认为当今世界最顶尖的高等教育机构之一。从建校初始,哈佛大学便通过对现有资产进行高效的资金运作,一直支持着学校的建设与发展。

大学筹款是哈佛大学和耶鲁大学等世界一流大学彰显其教育教学质量和国际影响力的核心指标,已成为评价世界一流大学的核心指标之一。[1] 在哈佛大学,学校的财政事务由校长、校董事会与学校监督委员会全权负责。由校长任命5位副校长中的1位来管理学校的财务工作,负责对整个学校的财务运行进行监督;校董事会与学校监督委员会则下设秘书与司库,间接地由司库来掌管哈佛管理公司。哈佛的校董事会由7

〔1〕 参见《中国大学教育基金会发展报告》编写组编:《中国大学教育基金会发展拿报告》(2018),社会科学文献出版社2018年版,第145页。

位成员组成,他们的工作是对哈佛的财务事务与日常事务进行管理。校董事会的各位董事均为具有丰富资产投资管理经验的行业内专业人士,这些董事的主要职责是制定哈佛管理公司的投资策略与方向、确立其风险参数、发现具有显著收益效果的新的投资意向、监督公司各部门履行职责的情况及补偿项目的运行情况。在20世纪初,第一任校长阿伯特·洛厄尔(Abbott Iowell)在解决财政危机时坚持不要花掉所有的收入,而要保留一些财务的总体原则。他在任期内不但解决了财务赤字问题而且给老师上涨了工资。这种积少成多的结果就是哈佛捐赠基金由1800万美元增长到1.25亿美元。1944年,大学司库威廉·科拉夫林(William Claflin)努力提高哈佛投资的可靠性,而非寻求大额的盈利或资金收益,他认为哈佛应该继续重点关注美国的商业。这成为第二次世界大战之后繁荣时期哈佛资产管理的一个主要原则。1948~1956年,在大学司库保罗·卡伯特(Paul Cabot)的领导下,哈佛有效地将大胆投资策略和保守的资金管理相结合。在出任大学司库的前几年中,卡伯特将哈佛捐赠中普通股和证券的比例由36%提高到50%以上。卡伯特还廉价卖清了抵押、房地产、优先股和长期债券,从而使哈佛所掌握的股权均是稳健而值钱的蓝筹股。1973年,哈佛建立了运营总账户,建立运营总账户是哈佛司库商普因(Champion)对哈佛财务管理所做出的重要贡献。运营总账户实质上是一个中央银行,它独享接收、管理款项,为各院系和其他单位的存款(从学费到其他收入都包括在内的存款)设定利率的权力,并且有权投放资金和发放贷款,为重大项目筹集资金。有一项统计显示,在1973~1996年,仅对收支余额的严格控制这一项措施就为哈佛大学增加了大约4.28亿美元的收入。

随着捐赠基金的日益壮大,1974年哈佛正式成立了哈佛管理公司(Harvard Management Company,HMC),专门管理学校的捐赠收入,这使其资金运作的规范性与专业性上升到更高的层次。[1] 哈佛管理公司是

---

〔1〕 参见靳晶:《哈佛大学捐赠基金发展与运作模式研究》,载《中外企业家》2014年第21期。

完全附属于哈佛大学的一个金融管理法人机构，主要对哈佛的捐赠基金、养老金资产、营运资本及递延账户进行具体管理和运作。由大学校长和哈佛学院的成员任命的一个董事会来管理哈佛管理公司，该董事会由4位各司其职的成员组成，包括同时兼作公司主席的大学司库、大学校长、主管学校财政的副校长及哈佛管理公司的首席执行官（Chief Executive Officer，CEO）。独立而专业的运作带来了骄人的成绩。自1974年成立以来，哈佛管理公司以其管理运作业绩闻名于世。公司成立之初只运作当时哈佛14亿美元捐赠基金的30% ~60%，在2009年遭受损失之前，规模最大曾达到过369亿美元，到2013年6月运作规模达到327亿美元。虽然经历2008年的国际金融危机，但近15年的年平均回报率仍达到两位数，特别是2003、2004财政年度年投资回报率分别高达21.1%和19.2%。

二、混合型管理模式

在具体的投资操作层面，由哈佛管理公司首创并坚持其推行多年的独一无二的“混合模型”（hybrid model），即哈佛管理公司内部投资经理人与校外第三方投资经理人的投资管理并行而且合作的投资模式。这种内部顶尖人才与来自世界各地外部专业团队最前沿投资能力的结合可以使投资具有深度和广度。[1] 在混合模型的财富管理模式下，除内部投资专家外，公司还与第三方经理合作。专业的运营理念一定需要业务过硬的团队来付诸实践。哈佛大学的人员构成具有以下特点：第一，人员配备校内外兼有。哈佛大学捐赠组织机构的人员主要分为两个部分，大学内部工作人员和外聘专业投资人员。不同捐赠组织机构对人员的专业背景、人数规定、经验、隶属的学校领导等皆有不同。例如，哈佛管理公司的运营是由其执行委员会负责，委员会的常务委员由哈佛大学的司库、校长、主管财务的副校长、哈佛管理公司首席执行官等人员组成。委员会主席是哈佛大学的司库，其他委员的任命由哈佛大学的校长和董事会负责。

---

〔1〕 参见陈爱民：《美国高校捐赠基金管理研究》，载《清华大学教育研究》2015年第2期。

哈佛管理公司的雇员有200多名,除本校的财务人员外,公司专门聘请华尔街金融投资人士加入,逐渐成了专业、高效的筹资和投资团队,校内与校外的工作人员共同打理哈佛大学几百亿美元的资产。面对大学非营利性、学术性等独特的组织特点与金融市场效益最大化的矛盾,其2014年新任的负责人史蒂芬·布莱斯(Stephen Blyth)也有自己的观点,他认为哈佛管理公司的资深专业投资人士应该保持清醒的头脑,遵循哈佛大学内部的运营。哈佛管理公司的高管也应该深入校园开设讲座,在校友和捐助团体中游说。此外,哈佛大学的教职员工应定期与哈佛管理公司的专业人员在大学的项目及有关学校长期发展的关键问题上进行讨论。第二,大学校长亲自挂帅,权责明确。衡量校长在任期内的业绩,其最重要的指标就是造富能力。为此,哈佛大学的历任校长都会不遗余力地为学校争取资金。他们游走于美国甚至世界各大洲为学校筹款,还在当地电视台的黄金时段参与访谈、演讲,为学校筹资。例如,哈佛前任校长"筹资大王"陆登庭(Neil L. Rudenstine),以日均100万美元的纪录,在任职6年期间募款26亿美元,创下了美国高等教育的筹资纪录。此外,哈佛两个副校长分别负责校友事务与发展部及财务管理部的工作,其部门成员组成主要源自哈佛大学内部。第三,机构工作人员的专业背景多元化。除招募大量投资、金融背景的专业理财高手外,其他捐赠管理部门如校友事务与发展部、财务部门等只要求少量的金融专业背景,其成员的专业背景包括公共关系学、政治学、心理学等多个专业。第四,大量筹资志愿者的加盟也是哈佛大学人员构成的主要特色。哈佛大学特别注重与校友的情感培养,校友对学校的认同度极高。因此,在历年的常规筹款和大规模筹款前的前期筹划都离不开其校友志愿者的参与与付出。[1]

哈佛管理公司的管理层都是在金融行业有丰富从业经验与声望的专家,譬如公司的首席执行官纳尔夫·纳韦卡尔(Narv Narvekar)于2016年

---

〔1〕 参见佟婧:《中美大学募捐组织结构、运行及特点分析——以清华大学和哈佛大学为例》,载《中国高教研究》2015年第3期。

12月加入HMC担任首席执行官。其最近担任哥伦比亚大学投资管理公司的首席执行官,负责制定和领导大学捐赠基金的投资策略。在2002年加入哥伦比亚大学之前,纳韦卡尔是宾夕法尼亚大学投资办公室的常务董事。此前,他曾在摩根大通担任过多个职位,并担任Equity Derivatives董事总经理。纳韦卡尔是Chapin学校的受托人,也是Haverford学院投资委员会的成员。纳韦卡尔毕业于哈佛福德学院,并获得宾夕法尼亚大学沃顿商学院的MBA学位;首席投资官(Chief Investment Officer)里克·斯洛克姆(Rick Slocum)于2017年3月加入HMC(Harard Management Company)担任首席投资官。此前,斯洛克姆曾担任纽约家族办公室的首席投资官,负责建立投资组合、投资团队和开发资产配置框架。在家族办公室之前,斯洛克姆负责Robert Wood Johnson基金会的投资组合管理和私募股权投资,并在宾夕法尼亚大学投资办公室担任高级主管。斯洛克姆还在纽约三家不同的银行工作了20多年,主要是私人配售专家。他构建了私人信贷和私募股权交易,并在信贷和股权方面进行了基本面分析。斯洛克姆拥有宾夕法尼亚大学沃顿商学院的学士和工商管理硕士学位。他目前是Chatham House的成员,并在洛克菲勒基金会的投资委员会任职。外部投资团队的主管安德鲁G. 威尔特郡(Andrew G. Wiltshire)则有数十年大宗商品交易的经验,确保公司能得到世界各地专业团队带来的前沿能力。内部投资团队是哈佛大学自己的专业投资管理团队,主要进行固定收益类投资;外部投资团队则是哈佛甄选的一批专业投资管理公司,他们在各自的投资领域内都是佼佼者,主要投资于大宗商品,私募股权等另类投资,此外,团队还投资于对冲基金等绝对收益产品。

三、投资策略多样

投资策略是哈佛管理公司投资管理的基础。该政策的目的是确定哈佛管理公司采取的方法。通常,该政策提供了哈佛管理公司如何寻求将环境、社会和公司治理(Environmental, Social and Governance, ESG)因素纳入投资的概述,并且哈佛管理公司将酌情更新此政策。

ESG是一个术语,用于描述环境、社会和公司治理因素,这些因素在可能的情况下会影响我们的投资价值。ESG因素包括但不限于能源消耗,温室气体排放,气候变化,资源稀缺,用水,废物管理,健康和安全,员工生产力,多样性和非歧视,供应链风险管理,人权(包括尊重工人权利)和有效的董事会监督。ESG因素与投资相关的程度取决于公司或资产,其经营所在的行业及投资策略。例如,ESG因素可能通过加强监管对公司的盈利能力产生直接影响,如环境法律或治理法规的变化,这可能导致运营成本上升,或间接影响公司的长期表现,如员工吸引人才的能力、保持客户忠诚度,以及保护其声誉和品牌。在合理的实际情况下,哈佛管理公司承诺在对外投资过程中考虑重要的ESG因素。就本政策而言,公司将重要的ESG因素定义为公司自行决定拥有或有可能对公司或资产创造,保留或侵蚀经济价值的能力产生直接影响的因素。本政策适用于公司投资的所有资产类别、行业和市场,并将根据当地法规进行解释。[1]

作为一个学术机构,哈佛大学信托捐赠基金,以推进其教育和研究计划为目的,这些计划构成了大学独特的社会服务方式。这些资金多年来一直由慷慨的捐助者提供给哈佛,以推进学术目标,而不是用于其他目的,无论其他目的多么有价值。因此,哈佛大学坚持强烈反对剥离投资资产,理由是其与捐赠基金的财务实力及其推进哈佛学术目标无关。哈佛认为基金会是经济资源,而不是用来提升政治立场或发挥作用的杠杆,后者的观点将可能对哈佛大学学术事业的独立性和自由探究的理想带来严重风险。与此同时,哈佛大学认识到,当公司的活动变得令人厌恶并且无道德时,可能会出现意想不到的反面效果。近几十年来,这种道德考虑促成哈佛大学指示哈佛管理公司(HMC)不再拥有鼓励南非种族隔离持续存在、烟草制品生产和达尔富尔种族灭绝的某些公司的股份。在极少数

---

〔1〕 See HMC-Sustainable-Investment-Policy, at https://www.hmc.harvard.edu/sustainable-investing/#esg, July 23, 2019.

情况下,哈佛大学向哈佛管理公司发出投资限制,机构将这些限制扩展到内部投资组合经理的直接持股,以及以总裁和研究员的名义进行交易的投资顾问的直接持股。

哈佛大学在捐赠基金的管理和使用上具有明显的可持续性发展的特点,每个财政年度新接受的捐赠和捐赠基金的运作收入并非一次性地全部用作大学各部门运转消费,而是有计划、按比例地消费和再投资,以保证捐赠基金为哈佛大学的发展提供持续、稳定、长久的财力支持。此外,哈佛基金在投资类别上进行分类投资以均衡利益和风险,以期最小风险下的最大利润,以保证捐赠资金稳定的购买力。作为一个长期投资者,哈佛管理公司专注于可能影响现在和未来投资表现的 ESG 因素。哈佛管理公司在尽职调查、投资分析、管控、资产管理和决策过程中包含重要的 ESG 标准。哈佛管理公司三管齐下的方法指导其可持续投资工作和优先事项,具体如下。

(一)ESG 集成策略

哈佛管理公司将 ESG 集成作为既定的资产类流程。哈佛管理公司专注于可能对其投资风险或回报产生重大影响的 ESG 因素。哈佛管理公司如何在投资承保、分析和监控中考虑 ESG 问题因资产类别和投资策略而异。对于哈佛管理公司的基金投资,其寻求在整个投资周期中整合和管理 ESG 问题。哈佛管理公司使用运营尽职调查框架来评估公共股权,私募股权,绝对回报,房地产和自然资源的潜在基金投资。该框架包括 ESG 尽职调查部分,以确保在尽职调查过程中评估和考虑与 ESG 相关的问题。在投资前流程中,哈佛管理公司对潜在投资经理进行基于书面的研究,以评估他们对 ESG 风险的监督。哈佛管理公司会回顾管理人员如何将重要的 ESG 因素纳入其投资策略,以及他们如何与有限合作伙伴就 ESG 相关问题进行沟通。哈佛管理公司还会与潜在的经理会面,以进一步了解他们如何管理这些风险。潜在风险的识别是尽职调查过程的预期结果,并支持哈佛管理公司的投资决策。根据所确定的 ESG 问题的性质,哈佛管理公司还可能寻求在投资基金文件中包含 ESG 条款。在进行投资后,哈佛管理公司将继续监控已确定的 ESG 风险,并与外部经理保持对话,以确保有效监督。对于哈佛管理公司对自然资源的直接投资,其致力于环境管理和社会责任。哈佛管理公司寻求酌情进行现场 ESG 尽职调查,以确定与项目相关的 ESG 风险和影响,以确保对哈佛管理公司的物业进行负责任的监督实践。哈佛管理公司致力于与森林管理委员会(Forest Stewardship Council,FSC)等第三方组织合作,这些组织致力于鼓励对世界森林进行负责任的管理。

(二)积极的所有权策略

代表大学成为所有者是哈佛管理公司可持续投资方法的重要组成部分,哈佛管理公司相信在公司和其投资的其他资产中开展良好的公司治理,并且在适当的情况下,哈佛管理公司寻求与他人合作以影响变革。哈佛管理公司代表大学以两种主要方式履行其积极所有权角色:第一种是亲自参与。作为投资者,哈佛管理公司认识到公司有效识别和管理 ESG 风险的能力可能会影响公司的评估。因此,与哈佛管理公司投资组合中持有的公司的合作在哈佛管理公司的可持续投资方法中发挥着重要作用。哈佛管理公司根据 ESG 风险选择参与公司,这些风险被确定为对业务运营和股东价值、风险管理监督和披露实践,以及哈佛管理公司持有的股票的价值产生直接影响。第二种是代理投票。作为公开交易公司的机构投资者,大学定期行使其对股东决议投票的权利,其中许多决议涉及与环境、社会和治理问题相关的问题。在考虑代理时,哈佛管理公司与大学股东责任公司委员会和股东责任咨询委员会密切合作。通过这些委员会的工作,大学提供与环境和社会问题有关的投票代理的指示。与公司治理事宜相关的股东决议通常由哈佛管理公司解决。大学发布一份关于代理人投票的股东责任委员会工作的公开年度报告。

(三)合作策略

与志同道合的投资者合作,对哈佛管理公司的工作很重要。哈佛管理公司已加入与公司的可持续投资方法相一致并有助于指导其方案的许多机构,并积极与同行和投资者合作,以推进共同目标,并制定可持续投资的最佳实践方案。哈佛管理公司是PRI负责任投资原则组织(Principles for Responsible Investment,PRI)的第一个美国捐赠基金签署方,PRI是一个致力于将ESG问题纳入其投资实践的全球投资者网络。PRI的6项自愿原则(下列之)与哈佛管理公司的可持续投资方法一致,并有助于指导哈佛管理公司的工作。

1. 我们将把ESG问题纳入投资分析和决策过程。

2. 我们将成为积极的所有者,并将ESG问题纳入我们的所有权政策和实践中。

3. 我们将寻求我们投资的实体对ESG问题的适当披露。

4. 我们将促进投资行业内原则的接受和实施。

5. 我们将共同努力,提高我们实施“原则”的有效性。

6. 我们将分别报告我们在实施“原则”方面的活动和进展情况。

由此可知,教育基金的投资策略既需要考虑到学校能够承担的风险程度,又需要满足学校各方面运营所需的投资收益。根据投资组合理论所描述:如果一个投资者想要获取更大回报,他就必须接受更大的风险。一个理性投资者会在几个拥有相同预期回报的投资组合中间选择其中风险最小的那一个投资组合。另一种情况是如果几个投资组合拥有相同的投资风险,投资者会选择预期回报最高的那一个。这样的投资组合被称为最佳投资组合。哈佛管理公司经过大量的调查,同时与各部门协调,于1991年制定了他们的投资策略。哈佛管理公司的最佳投资组合不仅投资美国国内的股票和债券,同时还投资国外的债券、私募基金、房地产与大宗商品。哈佛管理公司以经验、创新、风险管理、执行这四味箴言来驱动其投资哲学。具有丰富经验的投资团队在辨识价格和内在价值错位的市场机会时,使用创新的方式和最高的执行力来为投资组合锁定价值。这种投资哲学下的产品是一个能够为哈佛大学带来强有力的长期风险调整后的高分散性的投资组合。

四、风控措施高效

在投资管理的过程中,基金经理人面临了多种多样的投资风险,其中包括市场风险、信用风险、清偿风险和运作风险。如何处理与衡量这些风险,保证资金的安全运营,哈佛管理公司运用了多种方法。市场风险无法避免,它源于利润率、外汇交易率、资产净值、商品价格等很多因素的影响,哈佛管理公司用某一特定时间段内,价格在一定可能范围内的市场变动所引起的潜在收益和损失多少来衡量市场风险大小。对于信用风险,哈佛管理公司通过严格的信用政策与审批程序等方式来应对。对于清偿风险,哈佛管理公司外聘了专业的清偿人员来监督清偿情况。对于运作风险,哈佛管理公司通过排查容易出现风险的部门与操作环节,从而提高相关工作人员的能力,强化领导层监督等方法来预防。

作为大学营运资金的来源支柱,捐赠基金的投资回报应该是长期而稳定的,投资的策略需要对风险有良好的规避。哈佛大学管理公司把管理风险分为9类:市场风险、杠杆风险、信用风险、流动性风险、交易对手风险、流动性不足风险、强于预期的相关风险、清偿风险和运营风险。在风险管理方面,哈佛管理公司将重点置于市场风险、信用风险、流动性风险及运营风险上,利用有效的风险管理策略进行有效的管控。负责风险管理的是哈佛大学董事会、董事会附属委员会及资深管理阶层,由这些人决定目标及政策,而这些目标与政策即成为主导整体校务基金的重要管理指标。董事会附属委员会包括社团管理及提名委员会、财务委员会、评价委员会、薪酬福利委员会等;而哈佛管理公司执行风险管理程序,来确认哈佛大学所处的风险并进行定量分析,进而建立适当的减轻风险控制模式。[1]

现将四种风险管理方式说明如下:(1)市场风险,即由于国内外经济

---

〔1〕 参见杨川林:《美国哈佛大学校务基金管理模式研究》,载《黑龙江高教研究》2016年第1期。

因素变动而造成资产或负债价值产生波动的风险。依利率、汇率、权益价格变化,可再细分为“利率风险”“汇率风险”“权益价格风险”。哈佛管理公司主要用某一特定时间段内,由于价格在一定可能范围内的市场变动所引起的潜在收益和损失的多少来衡量市场风险的大小,在哈佛管理公司投资理财过程中,此风险是由董事会及资深的管理阶层负责追踪及审视。(2)信用风险,是指交易对手不愿意或无法履行契约中规定义务时所产生的风险。哈佛管理公司通过建立严格的信用政策、确立规范的集中限制和正式批准程序,以及及时公布基金运作情况接受外界监督等方式应对信用风险。(3)流动性风险,可分为两种形式:一是缺乏足够的市场,使交易无法以现行的市场价格来进行交易;二是企业因现金流量不足,因而被迫提早清算所持有的资产,以致必须将账面损失转换为已实现的损失。针对此部分,哈佛管理公司的做法是由核心基金管理者进行管控,深入探讨资金的需求及流动性风险的高低,以此作为基金投资的策略。(4)运营风险,是指因管理失当、人事失误或系统错误等因素而造成的损失程度。通常这类风险比较容易避免,哈佛管理公司通过明确易出现操作风险的具体部门和环节、提升员工管理实践能力、强化监督及优化内部管理程序和系统等途径最大限度地减少风险。此部分的风险管理仍由哈佛管理公司所主导,希望通过提高公司内控系统,确认各投资事业群在每一笔投资理财的运作上符合公司既有规范,并且善用外部审查过程,严密监督公司作业流程,以降低作业风险的发生率。为有效掌控上述四种风险,该公司亦使用矩阵式组织系统,定期审视及监督投资状况,并且设有明确的风险容许值,通过团队方式进行风险的管控、投资及规划,希望能有效地把握风险管控过程,减低风险发生的频率及程度,以提高基金投资的获利绩效。

在2009年遭遇史上最大单年亏损以来,哈佛捐赠基金采取了诸多积极措施调整资产配置用以控制捐赠资金的运作风险,扭转捐赠基金投资亏损的局面。其采取的措施主要包括以下几点:调整资产配置战略,将流动性管理视为资产配置的关键。哈佛捐赠基金在2009年年报中表示,将重新考虑流动性的匹配问题，并在充分顾及哈佛大学资金需求、总体收益率要求和风险容忍度的基础上，制定更为稳健的资产配置战略，降低流动性差的资产配置比例。调整内部投资管理结构，主要包括两个方面：一方面设立了自营投资总监和外包投资总监，分别牵头管理基金自营投资和外包投资。通过建立内外一致的投资平台，加强投资部门的沟通。另一方面增设首席运营官职位，提高公司运营效率。加强风险管理措施。金融危机后，哈佛捐赠基金继续提高了风险控制水平，站在哈佛大学的角度来衡量风险容忍度。

第二节　耶鲁大学基金会的投资管理与运作

一、概况

耶鲁大学（Yale University）是一所坐落于美国康涅狄格州纽黑文的私立研究型大学，以受赠的 40 本书为建校资本，创立于 1701 年。1718 年，耶鲁大学为了纪念英国东印度公司高级官员伊莱休·耶鲁（Elihu Yale）先生向学校捐赠的价值 562 英镑 12 先令的货物、474 本书和英王乔治一世的肖像纹章，将学校更名为耶鲁学院。[1] 在 2019 年 Times 世界大学排名中位列第 8 名，USNews 世界大学排名中位列第 11 名，ARWU 世界大学排名中位列第 12 名，QS 世界大学排名中位列第 15 名。

1890 年，耶鲁大学成立了全美第一个校友基金会（Yale Endowment），当年即获得校友捐款 11,000 美元。此后随着耶鲁校友基金会的不断发展，校友捐款规模也不断扩大，到了 1926 年，耶鲁大学校友捐赠的规模已经达到了 2000 万美元。随着校友捐赠规模的日益扩大，后来建立了校友捐赠基金本金，帮助耶鲁大学度过了 20 世纪 30 年代大萧条时期所引发的财政危机。早期的耶鲁基金会主要投资在债券领域，收益较低，基金发

---

[1] 参见许琳：《耶鲁大学捐赠基金资产配置策略研究》，华东政法大学 2012 年硕士学位论文，第 24 页。

展缓慢;20 世纪中叶,诺贝尔经济学奖得主哈里·马科维兹(Harry Markowitz)的“现代投资组合理论”为基金会的投资提供了新的思路,基金会调整了投资分配的比例,并且与基金管理与研究公司(Funds Management and Research Co.,FM&R)合作。但由于20世纪六七十年代股票市场的低迷和居高不下的通货膨胀,迫使耶鲁大学回归传统投资方式,将股票投资提高到60%,债券确定为40%。但保守的投资方式仍然没能带领耶鲁基金走出困境。

基金会迎来转折点是1985年大卫·斯文森(David F. Swensen)的加入,随后市值开始快速增长。此后,耶鲁大学一直以来因其基金投资的高收益而闻名,其中斯文森和迪安·高桥(Dean Takahsshi)两位金融学家发挥了重要作用。在他们的掌管之下,通过优化投资组合,耶鲁大学的基金获得了远高于同行的投资收益,市值在30年里增长了11倍之多,平均收益率达20%之多。2014年该校捐赠基金增长达到了17.4%,成为大学教育基金模式的典范,为大学取得了丰厚的经费支持。2018年,耶鲁大学基金会投资回报率为12.3%,使耶鲁的捐赠价值达到294亿美元。

二、高效的投资决策组织

(一)概况

耶鲁大学捐赠基金的管理自1975年起便由耶鲁大学投资办公室(Yale Investment Office)监督与管理。耶鲁大学投资办公室在首席投资官(Chief Investment Officer)斯文森与耶鲁投资委员会(Yale's Investment Committee)的监督指导之下,负责耶鲁大学捐赠基金与相关资产的管理工作。斯文森早年师从诺贝尔经济学奖得主詹姆斯·托宾(James Tobin),曾在华尔街崭露头角,于1985年加入耶鲁投资办公室任首席投资官,同时在耶鲁大学商学院任教,他培养出的人才不仅在耶鲁创造了佳绩,也在哈佛大学捐赠基金、麻省理工学院捐赠基金、普林斯顿大学捐赠基金、洛克菲勒基金会、希尔顿基金会、卡耐基基金会等重要投资机构创造价值。其出版的《机构投资的创新之路》(*Pioneering Portfolio*

Management:an Unconventional Approach to Institutional Investment)是投资领域的名作。耶鲁投资委员会是投资办公室的董事会,基金会的投资策略、基金使用计划等战略方向由董事会决定,每年的资产配置比例由董事会制定好之后,由投资办公室负责具体的执行。耶鲁投资委员会的成员来自美国各大投资银行、资产管理公司、基金公司的耶鲁大学金融界校友,董事会成员包括道格拉斯·A. 华纳三世(Douglas A. Warner Ⅲ),他是JP摩根(JP Morgan Chase & Co.)的前任董事长,委员彼得·沙洛维(Peter Salovey)是耶鲁大学现任校长,委员G. 伦纳德·贝克(G. Leonard Baker)是苏特希尔创投(Sutter Hill Venture)的董事总经理。耶鲁投资委员会实行季度会议,一年共召开投委会四次,届时所有委员会成员会对捐赠资金的投资策略、基金近期业绩表现与投资办公室提出的新晋投资策略进行讨论。

(二)耶鲁大学基金会对耶鲁大学的贡献

大学捐赠基金的壮大,对于学校的发展而言是有巨大影响的。从穆迪投资者服务公司(Moody's Investors Service)统计美国不同档次的大学捐赠基金的平均规模、学生人均享有的捐赠基金额、院校的平均历史等结果来看,捐赠基金的规模与高等院校的质量有着高度的相关性。首先,大学捐赠基金能支持大学的自主性和独立性。在耶鲁大学成立之初,康涅狄格州是大学资金的主要支持者,政府的资助并不是无偿的,州政府在1755年为了报复当时耶鲁大学校长对宗教在大学地位问题中持有相反的立场,便以战时支出否决了当年的拨款计划。所以来自大学捐赠基金的强有力资金支持可以使学术氛围更自由、健康地发展。其次,捐赠基金提供的庞大的资金支持可以使学校提供更优越的教学环境和资源,这些对于人才的培养和社会的进步都有着举足轻重的影响。

作为大学捐赠基金这一特殊的机构投资者,能否为耶鲁大学的教育使命提供充足的资金支持是衡量其是否成功的最重要指标。在斯文森初到耶鲁的1985年,捐赠基金对耶鲁大学的支出金额为4500万美元,占当年学校收入的10%,处于一个世纪以来的最低水平。但截至2019年6月

30日,耶鲁大学捐赠基金增加至303亿美元。大量捐赠基金用于捐赠者指定的奖教金、奖学金、奖助金、图书采购等事宜上,极大地促进了耶鲁大学各项事业的发展。

三、投资策略科学

(一)概况

耶鲁大学捐赠基金的投资组合是利用综合理论分析和市场判断相结合的方式配比成立的。运用均方差分析和数值逼近等统计方法对投资资本的预期回报、方差等进行综合,尽可能充分地分析和估算预期风险,从而测算出各种不同的资本组合有可能获得的投资回报,筛选相对理想化的资金组合预期。该理论框架依赖于均值方差分析,这是由诺贝尔奖获得者詹姆斯·托宾和哈里·马科维茨创设的一种方法,他们都在耶鲁大学考尔斯基金会上采取了这一重要的投资组合管理工具。使用统计技术并结合投资资产的预期收益、差异和协方差,耶鲁基金会采用均值—方差分析法来估计各种资产配置选择的预期风险和收益率,并测试结果对输入假设变化的敏感性。

由于投资管理涉及与科学一样复杂的艺术,因此定性考虑在投资组合决策中起着极其重要的作用。资产类别的定义是主观的,需要在不存在的情况下进行精确区分。虽然收益率和相关性很难被预测,但在历史数据指引下,进行修改以识别结构变化并考虑特殊时期。定量测量涉及很多因素,包括市场流动性或重大、低概率事件的影响等因素。尽管存在实操挑战,但进行均值—方差分析所需的严谨性为资产配置过程提供了重要的视角。

耶鲁基金会采纳定量分析和市场判断相结合,产生了以下投资组合(见表4-1)。

表 4－1　2018 年 6 月耶鲁大学基金会的投资回报率[1]

资产类别	2018 年 6 月实际	2018 年 6 月目标
绝对回报率	26.1%	26.0%
国内股票	3.5%	3.0%
固定收益	4.2%	5.0%
外国股票	15.3%	15.5%
杠杆收购	14.1%	15.0%
自然资源	7.0%	6.5%
房地产	10.3%	9.5%
风险投资	19.0%	18.0%
现金	0.5%	1.5%

目标资产的组合预期产生实际（通货膨胀后）6.9% 的长期增长率，风险（收益的标准差）为 13.9%。由于实际持有量与目标量略有差异，实际配置产生的投资组合的预期增长率和风险水平就略高。大学的通货膨胀指标是基于"一揽子"附着于高等教育的商品和服务，这些商品和服务往往超过消费物价指数约一个百分点。在 2018 年 6 月的会议上，耶鲁大学的投资委员会对大学的组合配置进行了修改。委员会批准绝对回报目标从 25.0% 增加到 26.0%，杠杆收购目标从 14.0% 增加到 15.0%，风险投资目标从 17.0% 增加到 18.0%。委员会批准国内股权目标从 4.0% 降至 3.0%，自然资源目标从 7.0% 降至 6.5%，房地产目标从 10.0% 降至 9.5%，现金目标从 2.5% 降至 1.5%。

从长期来看，耶鲁寻求将大约一半的投资组合分配给杠杆收购、风险投资、房地产和自然资源等非流动资产类别。自金融危机以来，捐赠基金在减少非流动性方面取得了重大进展。为保持资产购买力回报，捐赠基金偏向于股权。大学对通货膨胀的脆弱性进一步导致捐赠基金从固定收

〔1〕 See 2018 The Yale Endowment, at https://static1.squarespace.com/static/55db7b87e4b0dca22fba2438/t/5c8b09008165f55d4bec1a36/1552615684090/2018+Yale+Endowment.pdf, July 26, 2019.

益转向股权工具。因此,超过 90% 的捐赠基金的目标是通过持有国内和国际股票、绝对回报策略、房地产、自然资源、杠杆收购和风险资本来投资预期会产生类似股票回报的资产。

在过去 30 年中,耶鲁大幅减少了捐赠基金对国内有价证券的依赖,将资产重新分配给非传统资产类别。1988 年,65% 的捐赠基金针对美国股票和债券。今天,目标配置需要 9.5% 的国内有价证券和现金,而外国股权、绝对回报、房地产、自然资源、杠杆收购和风险投资的多元化资产在捐赠基金中占主导地位,占目标投资组合的 90.5%。对非传统资产类别的大量分配源于其回报潜力和多元化权力。今天的实际和目标投资组合的预期收益率明显高于 1988 年具有类似波动率的投资组合。就其本质而言,替代资产的价格往往低于传统的有价证券,从而提供了通过积极管理来利用市场不足的机会。捐赠基金的长期发展非常适合利用流动性较差市场、自然资源、杠杆收购和风险资本等市场。

(二)八大资产类别定义

耶鲁的 8 种资产类别是根据经济增长、价格通胀或利率变化等对经济状况的预期反应的差异来定义的,并通过考虑其风险调整后的收益和相关性在捐赠基金组合中加权。大学将资产类别结合起来,以便在给定基本多样化和流动性限制的情况下,为给定的风险水平提供最高的预期回报。

1. 绝对回报

1990 年 7 月,耶鲁成为第一个将绝对回报策略定义为独特资产类别的机构投资者,目标确定为 15.0%,旨在为捐赠基金提供显著的多样化,绝对回报投资有望通过利用市场不足而产生长期高额的实际回报。该投资组合分为两大类:事件驱动策略和价值驱动策略。事件驱动策略依赖于特定的公司事件,如合并、分拆或破产重组,以实现目标价格。价值驱动策略涉及资产或证券的对冲头寸,其价格偏离其潜在的经济价值。今天,绝对回报组合的目标是捐赠基金的 26.0%,高于平均教育机构对此类策略的 21.7% 的分配。预计绝对回报策略将产生 4.8% 的实际回报,风险为8.6%。巴克莱9~12个月国债指数作为投资组合基准。与传统的有价证券不同,绝对回报投资在历史上提供的回报在很大程度上与整体市场走势无关。在过去20年中,投资组合超出预期,每年回报率为8.3%,与国内股票和债券市场的相关性较低。

2. 国内股票

股权所有者合理地期望获得的回报优于债券和现金等风险较低的资产所产生的回报。作为大多数美国机构投资组合中的主要资产类别,国内股票代表了一个庞大、流动且研究深入的市场。虽然普通教育机构将20.4%的资产投资于国内股票,但耶鲁对该资产类别的目标分配仅为3.0%。国内股票投资组合的预期实际回报率为6.0%,标准差为18.0%。Wilshire 5000指数作为投资组合基准。尽管认识到美国股票市场具有高效率,但耶鲁选择采取积极的管理策略,有望以每年几个百分点(扣除费用)的方式超越市场指数。由于优秀的选股提供了最一致和最可靠的机会来产生有吸引力的回报,因此大学倾向于具有特殊自下而上的基础研究能力的管理者。寻找不受欢迎的证券的经理通常会发现与资产价值、未来收益或现金流等基本指标相关的廉价股票。耶鲁的国内股票投资组合在过去20年中的回报率为每年11.8%。

3. 固定收入

固定收益资产产生稳定的收入流,提供比任何其他捐赠资产更多的确定名义现金流。债券组合与其他资产类别的协调性较低,可用作对冲金融事故或意外通缩期间的对冲。虽然典型的教育机构对固定收益和现金工具的分配为12.1%,但耶鲁对固定收益和现金的目标分配为6.5%。债券的预期实际回报率为0.5%,风险为3.0%。巴克莱资本1年至3年期国债指数作为投资组合基准。耶鲁不会对固定收益资产特别感兴趣,因为他们拥有构成捐赠基金的8个资产类别的最低预期回报。此外,政府债券市场可以说是最具价格实力的资产类别,通过积极管理提供很少的机会来增加重要价值。基于对主动固定收益策略的怀疑,以及对高度结构化债券组合管理方法的有效性的信念,投资公司选择在内部管理捐赠债券。在过去20年中,固定收益投资组合每年产生3.9%的回报率。

4. 外国股权

外国股权投资使捐赠基金面向全球经济,提供多样化和通过积极管理获得超额回报的机会。耶鲁将其投资组合的7.0%分配给国外发达市场,8.5%分配给新兴市场。耶鲁的外国股票目标分配率为15.5%,低于平均捐赠基金的22.8%。新兴股票的预期实际回报率为7.5%,风险水平为23.0%,而发达股票预计将回报6.0%,风险为18.0%。该投资组合以明晟(MSCI)欧澳远东(EAFE)可投资市场指数、新兴市场衡量的综合发达市场为基准,以MSCI新兴市场可投资市场指数和MSCI中国A-的混合衡量分享可投资市场指数。耶鲁对外国股票的投资方式强调积极管理,旨在发现有吸引力的机会和利用市场的不足。与国内股票投资组合一样,耶鲁支持具有强大基础研究能力的管理人员。对个体经理的资本配置考虑了外国股权投资组合的国家分配、耶鲁在经理中拥有的信任程度,以及特定战略的适当规模。此外,耶鲁试图通过将资本分配给最具吸引力的国家行业来利用市场的错误定价。耶鲁大学的外国股票投资组合每年回报率为15.6%。

5. 杠杆收购

杠杆收购提供极具吸引力的长期风险调整回报,源于该大学强大的稳定管理者利用市场的不足。大学对杠杆收购的目标分配为15.0%,远远超过普通教育机构6.1%的实际分配。杠杆收购组合预计将产生10.0%的实际回报,风险为23.6%。耶鲁的杠杆收购战略强调与追求增值投资方法的公司建立伙伴关系。这些公司与投资组合公司密切合作,创造本质上更有价值的实体,仅依靠金融工程来产生回报。投资是在关注长期关系的情况下进行的,通常,承诺预计将成为几个中的第一个,并且与一般和有限合伙人的利益紧密结合。在过去20年中,杠杆收购计划每年赚取12.1%。

6. 自然资源

对自然资源(石油和天然气,林地和农业)的公平投资具有共同的风险和回报特征：防止意外通货膨胀，高水平和可见的现金流，以及利用不足之处的机会。在投资组合层面，自然资源投资提供了有吸引力的回报前景和显著的多样化。耶鲁对自然资源的长期政策分配为6.5%，预期实际回报率为6.4%，风险为23.9%。耶鲁的政策分配低于平均捐赠的8.2%自然资源分配。卓越的投资者已经证明了通过市场周期产生超额回报的能力。在过去20年里，耶鲁的自然资源组合每年产生了令人印象深刻的15.2%的回报率。

7. 不动产

房地产投资为捐赠基金提供多元化物质。在不牺牲预期回报的情况下，稳定的收益流动和股票上涨创造了对未预期通胀的自然对冲。耶鲁的9.5%政策拨款大大超过了平均捐赠3.2%的承诺。预期实际回报率为5.5%，风险为15.0%。虽然房地产市场有时会产生显著的周期性回报，但资产类别的定价不足和增值的机会使高级管理人员能够在长期视野中产生超额回报。投资组合的20年回报率为每年9.0%。

8. 风险投资

风险资本投资提供了令人信服的期权回报，因为大学的主要风险投资经理从早期阶段就接触到初创的创新型公司。耶鲁的目标风险资本配置为19.0%，超过了普通教育机构5.5%的实际配置。风险投资组合预计将产生16.0%的实际回报率，风险为37.8%。耶鲁大学的风险投资项目是此类项目中的首批项目之一，耶鲁被认为是机构投资界最好的项目之一；耶鲁大学经常被其他投资者视为榜样。耶鲁大学的风险投资管理人员拥有强大凝聚力且奋进的团队，他们有能力识别机会并支持有才华的企业家。该大学的风险投资组合包含无与伦比的经理人关系、重要的市场知识和广泛的网络。在过去20年里，风险投资计划每年收益率达到165.9%。耶鲁大学和全美教育机构的投资回报率情况如表4－2所示。

表4-2 耶鲁大学和全美教育机构的投资回报率
(资产配置截至2018年6月30日)[1]

	耶鲁大学	全美教育机构平均值
绝对回报率	26.1%	21.7%
国内股票	3.5%	20.4%
固定收益	4.2%	8.8%
外国股票	15.3%	22.8%
杠杆收购	14.1%	6.1%
自然资源	7.0%	8.2%
房地产	10.3%	3.2%
风险投资	19.0%	5.5%
现金	0.5%	3.3%

由于耶鲁大学确定了与资产类别之间的现金流量,因此可出售股票和绝对收益的经理业绩报告的收益是时间加权回报。杠杆收购、风险投资、房地产和自然资源的报告收益是美元加权内部收益率,因为非流动资产类别的管理者决定何时买卖资产。耶鲁在过去20年中的风险资本回报率为165.9%,受到互联网繁荣期间大量分销的影响。由于这样的计算假设在此期间以相同的回报率对投资组合的收益进行再投资,因此在20年的时间范围内复合165.9%的回报率是不合适的。作为参考,耶鲁风险投资组合的20年时间加权回报率为24.6%。其他非流动资产类别不会受到类似的大规模扭曲。

四、支出规则严明

支出规则是捐赠机构财政纪律的核心。支出政策定义了机构之间的妥协,为当前运营提供支持的冲突目标保持捐赠资产的购买力。支出规则必须明确界定并始终如一地应用预算平衡的概念才有意义。捐赠支出

[1] See 2018 The Yale Endowment, at https://static1.squarespace.com/static/55db7b87e4b0dca22fba2438/t/5c8b09008165f55d4bec1a36/1552615684090/2018+Yale+Endowment.pdf, July 26, 2019.

政策将捐赠收入分配给运营,平衡了为运营预算提供稳定收入流和保护捐赠基金实际价值的竞争目标。支出政策通过将长期支出率目标与平滑规则相结合来管理这两个目标之间的权衡,平滑规则随着捐赠市场价值的变化逐渐调整任何特定年份的支出。耶鲁公司批准的目标支出率目前为5.25%。根据平滑规则,特定年份的捐赠支出总和占前一年支出的80%,以及两年前应用于财政年终市值的目标占长期支出率的20%。据此确定的支出金额根据通货膨胀进行调整并受到约束,以使计算出的税率至少为两年前捐赠基金通胀调整后占市场价值的4.0%,且不超过6.5%。平滑规则和捐赠的多元化性质旨在减轻短期市场波动对支持耶鲁运营的资金流动的影响。

支出规则有两个含义。首先,通过纳入上一年的支出,该规则消除了大幅波动,使大学能够规划其运营预算需求。在过去20年中,实际支出年度变化的标准差约为捐赠回报标准差的70%。其次,通过调整支出以实现长期目标的支出水平,该规则确保支出对波动的捐赠市场价值敏感,从而提供长期购买力的稳定性。经营预算的分配从2008财年的8.5亿美元增加到2018财年的13亿美元。耶鲁大学2019财年捐赠基金的支出近14亿美元,约占收入的34%。

五、投资业绩出色

耶鲁已经产生了出色的长期投资回报。在截至2018年6月30日的10年期间,捐赠基金的年回报率为7.4%,扣除费用后,耶鲁大学成为高校的最高分位。同期,国内股票回报率为10.2%,国内债券回报率为3.7%。禀赋优异表现源于良好的资产配置政策和卓越的积极管理。耶鲁大学相对于同行和基准的长期优越表现为大学创造了巨大的财富。在截至2018年6月30日的10年间,耶鲁相对于一般大学和大学捐赠基金的平均回报多增45亿美元,相对于其被动基准,多增7.57亿美元。耶鲁大学和全美高校自2008年6月30日至2018年6月30日的投资业绩如图4－1所示。

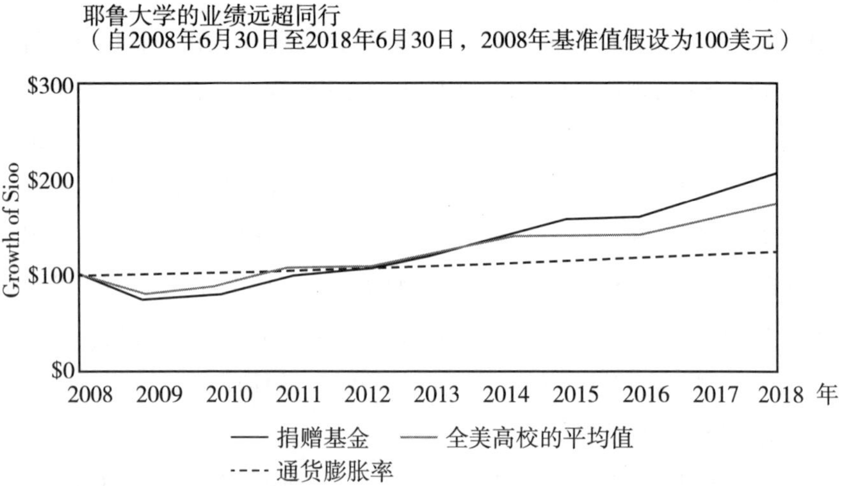

图 4-1 2008~2018 年耶鲁大学和全美高校的投资业绩[1]

耶鲁的长期资产类业绩继续表现突出。在过去 10 年中,几乎所有资产类别均表现出优异的回报,表现优于基准水平。在过去 10 年中,绝对回报组合的年回报率为 4.8%,超过被动巴克莱 9~12 个月国债指数每年 4.0%,并且其活跃基准每年上涨 3.5%。在 10 年期间,绝对回报结果与传统有价证券几乎没有相关性。截至 2018 年 6 月 30 日的 10 年间,国内股票投资组合的年回报率为 12.4%,优于 Wilshire 5000 每年 2.2%,而 BNY 中位数经理的回报(扣除估计费用)每年增长 3.0%。耶鲁的积极管理者主要通过选股来增加基准回报的价值。耶鲁的内部管理固定收益投资组合在过去 10 年中年收益率为 1.6%,略低于被动指数。

外国股票投资组合在 10 年期间产生了 14.0% 的年回报率,其复合被动基准的表现优于每年 10.6%,而 BNY 中位数经理的回报(扣除估计费用)每年增长 10.9%。投资组合的超额回报是由主动管理人员的精确安全选择和精明的国家分配所致。杠杆收购在过去 10 年中产生了 10.2%

---

〔1〕 See 2018 The Yale Endowment, at https://static1.squarespace.com/static/55db7b87e4b0dca22fba2438/t/5c8b09008165f55d4bec1a36/1552615684090/2018+Yale+Endowment.pdf, July 26, 2019.

的年回报率，超过复合被动基准每年0.7%，剑桥联合公司的收购经理人数每年增加0.2%。耶鲁的自然资源组合在过去10年中产生了1.7%的年回报率，超过其复合被动基准每年1.5%，但是剑桥联合自然资源经理人数每年下降2.3%。房地产在10年期间产生了2.7%的年化回报率，其MSCI美国房地产投资信托指数每年下跌3.9%，剑桥联合房地产经理人数每年下降2.1%。截至2018年6月30日的10年间，风险投资组合的年回报率为16.0%，超过其复合被动基准每年3.6%，剑桥协会风险投资经理人数每年增加5.1%。2008年6月30日至2018年6月30日耶鲁大学和多数市场基准年回报率的对比如图4-2所示。

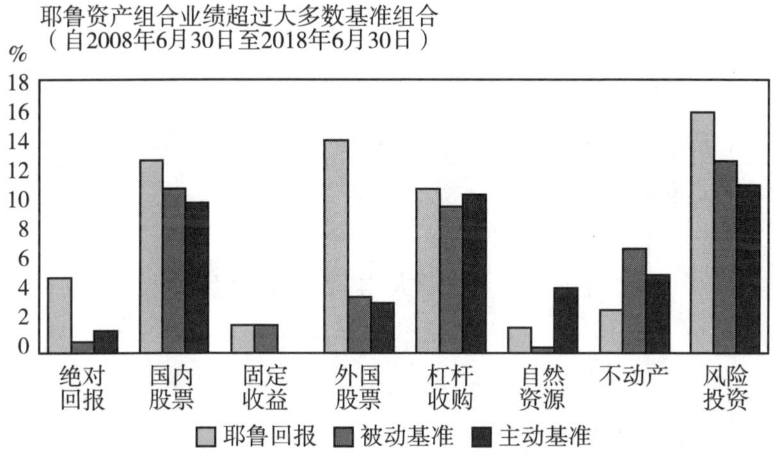

图4-2　2008~2018年耶鲁大学和多数市场基准年回报率[1]

六、监管机制有效

自1975年以来，耶鲁公司投资委员会一直负责监督捐赠基金，将高级投资经验纳入投资组合政策制定。投资委员会至少由三名公司研究员和其他具有特定投资专业知识的人士组成。委员会每季度举行一次会

[1] See 2018 The Yale Endowment, at https://static1.squarespace.com/static/55db7b87e4b0dca22fba2438/t/5c8b09008165f55d4bec1a36/1552615684090/2018+Yale+Endowment.pdf, July 26, 2019.

议，届时成员将审查投资员工提出的资产分配政策，捐赠业绩和战略。委员会批准捐赠基金投资指南，明确投资目标、支出政策和每种资产类别的投资方法。耶鲁的投资合作伙伴明确阐述并有效执行可持续的长期投资策略。耶鲁大学投资组合中各种策略的共同点是坚持以深度研究和知识诚实为后盾的第一原则的投资。除这些基本特征外，耶鲁大学基金会的资本管理者表现出对投资的热情，仅仅是因为他们的高度诚信。这些品质是投资合作伙伴组织的核心，使他们能够长期实现市场回报。耶鲁大学基金会通过清晰的逻辑、良好的投资理念和对投资的热情，寻求卓越的投资者。基金会的团队积极寻找专注于建立长期合作伙伴关系和建立可持续组织的合作伙伴。10 多年来，基金会与许多管理人员建立了合作关系，并且合作伙伴关系已经超过 20 年。初创经理在投资组合中发挥着核心作用。耶鲁大学基金会很乐意与没有正式业绩记录或大量资本基础的早期管理人员开展合作。基金会鼓励各类投资者与其联系，无论大小、传统还是非传统。

第三节　清华大学教育基金会的投资管理与运作

一、清华大学概况

清华大学（Tsinghua University），由中华人民共和国教育部直属管理，中央直管副部级建制，位列“211 工程”“985 工程”“世界一流大学和一流学科”，入选“基础学科拔尖学生培养试验计划”“高等学校创新能力提升计划”“高等学校学科创新引智计划”，为九校联盟、中国大学校长联谊会、东亚研究型大学协会、亚洲大学联盟、环太平洋大学联盟、清华—剑桥—MIT 低碳大学联盟成员，被誉为“红色工程师的摇篮”。清华大学的前身清华学堂，始建于 1911 年，因水木清华而得名，是清政府设立的留美预备学校，其建校的资金源于 1908 年美国退还的部分庚子赔款。1912 年更名为清华学校。1928 年更名为国立清华大学。1937 年抗日战争全面爆发后南迁长沙，与北京大学、南开大学组建国立长沙临时大学，1938 年迁至昆明改名为国立西南联合大学。1946 年迁回清华园。1949 年中华人民共和国成立，清华大学进入了新的发展阶段。1952 年全国高等学校院系调整后成为多科性工业大学。1978 年以来逐步恢复和发展为综合性的研究型大学。清华大学共设 20 个学院、58 个系，已成为一所具有理学、工学、文学、艺术学、历史学、哲学、经济学、管理学、法学、教育学和医学 11 个学科门类的综合性、研究型大学。QS2018/2019 年亚洲大学排行榜，清华大学与南洋理工大学并列第三。

清华大学的募捐组织结构类型为直线制，[1]其特点为管理结构简单，人员数量较少，组织结构扁平、单一。其组织分为清华大学校友总会和清华大学教育基金会两个部分，均隶属于清华大学。第一个部分是清华大学校友总会。清华大学校友总会的发展有着悠久的历史，其前身是清华大学留美同学会和清华大学同学会。1913 年，清华大学海外校友本着“振作校风、联络情意”的宗旨在美国的东部和西部发起了清华大学留美同学会，并下设美国东部和中西部两个支会。1920 年，随着校友规模的不断增大，清华大学校友总会在北京和上海分别设置了校友分会。其主要职责是编制同学录、联络校友、募集捐款、赞助母校等。1981 年，清华大学 70 周年校庆时，成立校友总会理事会，后在国家民政部登记注册。目前，清华大学校友总会在国内下设 140 余家校友组织，与海外 10 多个国家 40 多个地区的校友保持密切联系。这些校友构成了清华大学不可小觑的捐赠收入来源。清华大学校友总会有 8 个职能部门，由校友办公室、校友研究室、发展部、年级部、地区部、协会部等部门组成。第二个部分是清华大学教育基金会。该基金会是我国第一家大学教育基金会，它凭借清华大学的品牌影响力，已发展为筹资、管理、资金运作体系相对成熟的基金会。基金会的资本运营、人员管理与校友会、院系之间各自独立，

---

〔1〕 参见佟婧：《中美大学募捐组织结构、运行及特点分析——以清华大学和哈佛大学为例》，载《中国高教研究》2015 年第 3 期。

其宗旨是通过争取社会捐赠以推动清华大学的教学、科研与社会服务等方面的发展。

二、教育基金会概览

教育基金是由社会捐资设立,由专门机构进行资金运作,投资收益用于资助教育事业的新型基金。其社会属性为公益性基金,运作管理模式是以金融投资基金规则为蓝本。大学的教育基金会是大学社会化、国际化办学趋势的产物。从宏观上理解,其工作重点就是广泛联络社会人士,积极开拓筹资渠道,争取社会各界对高等教育发展的关心与支持。从微观上讲,其主要工作就是围绕大学发展从事策划捐赠项目、定制捐赠方案、实现捐赠意愿、体现捐赠价值、弘扬捐赠文化、做好资本运作等工作。

清华大学教育基金会于1994年正式成立,是中华人民共和国民政部批准成立的全国性非公募基金会,是新中国成立后最早正式注册的大学教育基金会。[1] 2013年6月被中华人民共和国民政部评为"5A级社会组织",这是国家对基金会给予的最高级别认证。该基金会的组织机构同样具有扁平化的特点,共设立三个层级:第一层级为理事会与监事会;第二层级为秘书长;第三层级为下设的8个业务部门,分别是大陆部、亚太部、欧美部、项目管理部、综合办公室、公共关系部、财务部、资金运作部。在境外设立基金会是清华大学教育基金会的主要特点之一。1998年以后,清华大学教育基金会先后在美国、我国香港地区、欧洲设立了分支机构,专门负责境外地区的筹款工作。除了在国内建立基金会,清华大学也是最早在国外建立基金会的大学。但是,这是一项长期的回报过程。清华大学调查发现20世纪80年代后期出国的校友比较多,在美国过着中产阶级的生活。他们可能自己生活有富余,但是想在他们那里获得捐款,还不到火候,他们毕竟还需要资金发展自己的事业。像邓峰等毕业生的

---

〔1〕 参见李洁:《大学捐赠基金运作问题研究》,华中科技大学2010年博士学位论文,第110页。

捐款不可能仅仅只有这些。世界一流大学有评价指标:毕业生的捐款率,短期来看国外的校友没有太多业绩,20年后会是一个遗赠的高潮,一定要长期跟踪一个人,国外的经典案例都是这样的。此外,清华大学教育基金会还聘请了专业的资金运作团队,其投资分布主要为理财类、证券类和一些长期投资产品等。但是,"稳妥"与"规避风险"一直是基金会投资的重要宗旨,主要是由于大学基金会资产的公益性属性决定其必须确保投资资产的安全性。

清华大学教育基金会是连接大学与外部社会的重要桥梁。这种"桥梁"的作用体现在两个方面:一方面,大学为全社会培养高素质、高层次的人才,以及产生前沿的学术成果与思想,是整个社会高端人力资源的重要提供者和科技发展的重要推动者。与之对应的是,社会通过教育基金会以捐赠的方式回报大学而且通过教育基金会影响大学的教学与科研,其中最简单的方法是设置奖学金、奖教金等。因此,社会通过教育基金会向大学捐赠,这是大学与社会互动和合作的一种重要形式。另一方面,大学充分运用其自身的资源,对其捐赠基金在社会中进行市场运作并使之增值,然后将增值投入大学的教学与科研中去,这同样也是大学与社会互动和合作的一种形式。[1]

清华大学教育基金会的宗旨是为推动我国教育事业的发展,提高教育质量和学术水平,弘扬清华大学的文化和理念,争取国内外组织和个人的支持和捐助。清华大学教育基金会公益活动的业务范围包括:[2]

1. 支持教学与研究设施的改善(包括建筑物、仪器设备和图书资料等);

2. 资助教学研究、科学与技术研究项目及著作出版;

3. 邀请或者聘任国际知名学者来华讲学及任教;

---

〔1〕 参见李锋亮、王云斌:《教育基金会的发展与世界一流大学建设》,载《复旦教育论坛》2016年第3期。

〔2〕 参见《清华大学教育基金会章程》,载清华大学教育基金会:http://www.tuef.tsinghua.edu.cn/column/jjhzcyglzd,最后访问日期:2019年7月24日。

4. 资助大学间国际合作项目的开展和国际学术会议；

5. 设立奖学金、助学金及奖教金；

6. 资助有益于学生综合素质拓展的各项活动；

7. 按照捐赠者意愿设立的资助项目；

8. 接受国际组织、国内外团体的委托，组织专家就专项课题进行研究、调查及培训；

9. 促进科学、文化、体育、环保事业的发展；

10. 以符合法律法规的方式，开展保值增值投资活动，投资取得的收益将全部用于慈善目的；

11. 作为慈善信托的受托人，在符合本基金会宗旨的前提下，开展慈善信托业务。

三、资金筹措多元

清华大学悠久的历史，独特的文化和一流的办学水平都为学校奠定了良好的捐赠基础，加之学校对筹资工作的日益重视，捐赠基金的数量有了较大幅度的提升。2018 年，清华大学教育基金会捐赠收入折合人民币达 21 亿元，累计项目支出逾亿元（见表 4－3）。

清华大学教育基金会接受国内外企业、社会团体和个人的自愿捐赠。清华大学教育基金会为非公募基金会，清华大学教育基金会的收入来源于自然人、法人或其他组织自愿捐赠，政府资助，在核准的业务范围内开展活动或提供服务的收入，投资收益，其他合法收入等。清华大学教育基金会以为清华大学的发展提供强有力的支持为使命，积极筹措各种社会资源，基金主要用于支持清华大学人才培养、教学科研、师资建设、校园基础设施建设等各方面工作，并发挥清华大学科技与人才的综合优势开展面向全社会的公益服务。对特定项目捐赠，可以按捐赠者的愿望定向使用。自 1994 年成立以来，经过 20 多年的探索发展，清华大学教育基金会在资金筹集、项目管理、资产运营、团队建设等方面日趋完善，社会声誉与

表 4-3　2018 年度清华大学教育基金会收支情况〔1〕

编制单位:清华大学教育基金会　　　2018 年度　　　单位:元

项目	行次	上年数			本年累计数		
		非限定性	限定性	合计	非限定性	限定性	合计
一、收入							
其中:捐赠收入	1	204, 314, 381.18	1, 359, 838, 785.91	1, 564, 153, 167.09	306, 237, 602.00	1, 829, 981, 218.34	2, 136, 218, 820.34
会费收入	2	0.00	0.00	0.00	0.00	0.00	0.00
提供服务收入	3	0.00	0.00	0.00	0.00	0.00	0.00
商品销售收入	4	0.00	0.00	0.00	0.00	0.00	0.00
政府补助收入	5	0.00	0.00	0.00	0.00	0.00	0.00
投资收益	6	0.00	314, 659, 099.36	314, 659, 099.36	0.00	421, 651, 876.34	421, 651, 876.34
其他收入	9	1, 394, 984.17	0.00	1, 394, 984.17	2, 444, 497.41	0.00	2, 444, 497.41
收入合计	11	205, 709, 365.35	1, 674, 497, 885.27	1, 880, 207, 250.62	308, 682, 099.41	2, 251, 633, 094.68	2, 560, 315, 194.09

〔1〕 参见《清华大学教育基金会 2018 年度工作报告》,载清华大学教育基金会:http://www. tuef. tsirghua. edu. cn/sites/pdf/infomation/2018ndgzbg. pdf,最后访问日期:2019 年 7 月 24 日。

续表

项目	行次	上年数			本年累计数		
		非限定性	限定性	合计	非限定性	限定性	合计
二、费用							
（一）业务活动成本	12	13,490.00	879,004,195.85	879,017,685.85	0.00	1,312,641,280.95	1,312,641,280.95
（二）管理费用	21	10,891,971.43	0.00	10,891,971.43	190,413,728.40	0.00	190,413,728.40
（三）筹资费用	24	0.00	11,845,559.40	11,845,559.40	0.00	-210,567.90	-210,567.90
（四）其他费用	28	0.00	0.00	0.00	489,507.87	0.00	489,507.87
费用合计	35	10,905,461.43	890,849,755.25	901,755,216.68	190,903,236.27	1,312,430,713.05	1,503,333,949.32
三、限定性净资产转为非限定性净资产	40	-83,519,522.74	83,519,522.74	0.00	188,458,738.86	-188,458,738.86	0.00
四、净资产变动额（若为净资产减少额，以“-”号填列）	45	111,284,381.18	867,167,652.76	978,452,033.94	306,237,602.00	750,743,642.77	1,056,981,244.77

品牌形象不断提升，名列中国高校基金会前茅，先后倡导举办“中国高校基金会年会”、发起成立“中国高等教育学会教育基金工作研究分会”并成为理事长单位，为中国大学教育基金会的可持续发展、为我国高等教育事业与公益慈善事业的改革发展发挥了积极作用。清华大学还在 1998 年发起成立了清华北美教育基金会[Tsinghua Education Foundation(North American),Inc.]；在 2003 年发起成立了清华大学(香港特别行政区)教育基金会有限公司(Tsinghua Univer)。

近年来，清华大学的社会捐赠呈现出逐年增长的态势，这与学校对筹资工作的重视和各种筹资活动的积极开展是密不可分的。通过对境内外捐赠资金的分类统计，可以看出捐赠资金大部分来源于境外，这与目前我国社会捐赠的整体状况具有相似度。在筹资渠道上，清华大学教育基金会针对不同群体制定了不同的筹资方案，实现了筹资渠道多元化。例如，对捐赠者颁发证书，对捐赠数额较大者或当捐赠资金累积一定数额时，将在清华大学校园内为其设立纪念物或刻碑纪念，对热心教育事业，捐赠数额较大者，可聘为本基金会理事单位或理事。在筹资方式上，通过一系列特别捐赠、专项捐赠的实施，顺利实现了各个阶段的筹资目标。例如，为庆祝百年校庆和实现建设世界一流大学的宏伟目标，清华大学在开展的百年校庆特别捐赠活动中就列出了各项需要捐赠的项目和具体支持办法，建立了百年校庆捐赠信息系统。值得一提的是，清华大学的校友卡捐赠方式。这是学校针对毕业生、在校教职工和毕业班的学生开发出的一种新型捐赠方式，使用清华龙卡可直接参与母校年度捐款，同时持卡消费金额也将作为持有人的本年度捐款。此外，基金会也加大了筹资宣传工作，积极为捐赠人服务，让他们在认识清华、了解清华、热爱清华的基础上提供帮助。同时，继续以基金会简讯、《新清华》专刊和基金会宣传栏等形式让更多的人了解基金会的工作，加强网站建设和网站维护，并将网站的所有内容翻译成英文，进一步扩大宣传面，进一步拓展境外筹资渠道。

四、组织架构合理

(一)理事会及专职人员建设

清华大学教育基金会由理事组成理事会,基金会理事每届任期为5年,任期届满,连选可以连任。理事长为基金会法定代表人,具有召集和主持理事会会议、检查理事会决议落实情况、代表基金会签署重要文件和决定其他重大事项的职权。副理事长、秘书长在理事长领导下开展工作,秘书长负责组织开展基金会日常工作。

清华大学教育基金会现有22名理事会成员,且其中仅有两个人(袁桅、李家强)向清华大学教育基金会收取报酬,其他人员的报酬均未跟清华大学教育基金会挂钩。在2018年度,清华大学教育基金会共召开三次理事会议。清华大学教育基金会于2018年6月28日召开五届三次理事会议,会议审议内容包括:(1)通过2018年度上半年工作报告;(2)通过2017年决算;(3)通过基金会2018年上半年资助计划;(4)同意依据司法判决退返黄金佳集团捐赠款5000万元人民币。清华大学教育基金会于2018年7月19日召开五届四次理事会议,会议审议内容包括:(1)增补袁桅为基金会理事;(2)选举袁桅为基金会秘书长;(3)杨斌对李家强作为秘书长在过去5年的工作做了总结,代表理事会感谢李家强5年来对基金会工作的坚持和努力。清华大学教育基金会于2018年12月17日召开五届五次理事会议,会议审议内容包括:(1)通过"恒大教育基金"支持学校建设发展的申请;(2)通过2018年资助计划;(3)通过资助北美教育基金会相关项目的申请;(4)通过设立全资子公司负责清华大学纪念品业务运营的申请。清华大学教育基金会现有39名专职工作人员,专职工作人员的年平均工资为233,283.91元。

人员配置以行政手段为主,且专业化程度不高。作为国内劝捐起步较早的大学,目前清华大学劝捐组织的人员配置方式一般以行政手段为主,市场机制为辅。由于近些年清华的募捐业务与市场联系得越来越紧密,部分工作人员常采用聘任制的方式。以清华大学教育基金会为例,它隶属于清华大学理事会,理事长由副校长担任。基金会成立伊始,其工作人员主要由清华大学的校领导及教师兼职担任。而今,机构不断发展壮大,拥有理事22人,他们分别由清华大学内部教职员工及校外人士构成。校外人士主要来自投资金融公司,如摩根大通投资银行首席执行官、北极光风险投资公司创始人等。具有清华大学正式编制的工作人员仅占其机构人员总数的1/3。由于基金会工作的分工越来越细化,急需专业人员的加盟成为清华大学教育基金会面临的问题。清华大学教育基金会现在的工作量逐年都在增加,在编人员不多,经常出现一个人干几个人的活的现象,所以基金会现在也开始招聘一些新员工帮忙。但是由于没有编制,相关待遇又跟不上,人员的流动性很大,不停地招聘新人,另外新员工从了解到熟悉业务需要一段时间,这又无疑增加了基金会的工作负担。

(二)内部制度建设

为了更好地规范清华大学教育基金会的运作,清华大学教育基金会制定了诸多内部制度,包括但不限于专项基金管理制度、分支(代表)机构管理制度、持有股权的实体机构管理制度、内设机构制度、证书印章管理(法人证书保管、使用管理制度,印章保管、使用管理制度)、工作人员管理(人事管理制度、奖惩制度、专职工作人员保险管理制度)、志愿者管理制度、财务和资产管理(财务管理制度、资产管理制度、人民币开户银行、人民币银行账号、外币开户银行、外币银行账号、税务登记)、信息公开制度“三重一大”决策制度、合同管理制度、新闻发言人制度、档案管理办法、投资决策办法、收文管理办法、出差管理规定、资产投资管理办法等。

从清华大学内部层面看,清华大学教育基金会资金的筹集主要是依托校友资源,资金的筹集及投资运作平台通常设立为高校层面,缺乏有效的激励机制。教育基金会与各院系是相对独立的、相同级别的组织,教育基金会资金筹集没有充分调动院系的力量,在高校、院、系之间没有形成有效的激励机制。另外,教育基金会还存在人员激励机制不健全的问题。因为教育基金会的投资运作人通常为高校的职工,其薪金通常按高校普通行政职员的薪酬标准发放,投资运作人员投资收益与个人薪金没有直接联系,使大部分高校教育基金会难以招募职业的资金投资人,更谈不上构建专业的投资团队。一般而言,教育基金会内部激励对象有不同类别的工作人员:一类是秘书处的一般工作人员,其工作内容相对单一,与基金投资决策和实施没有直接关联;另一类是具体负责高校教育基金会资金投资运营的、具有较强工作强度的专职投资运作人员。这两类人员从激励机制设计上应有所区分。[1]

(三)专项基金、代表机构及内设机构

清华大学教育基金会现有专项基金9个(人才基金、教育基金、研究基金、交流基金、图书基金、安老基金、社会公益基金、张光斗科技教育基金、校友基金),分支(代表)机构一个(张光斗科技教育基金管理委员会),内设机构6个(项目管理部、财务部、资金运作部、公共关系部、综合办公室、资源开发部)。

五、捐赠抵税规范

根据清华大学教育基金会的规定,凡为清华大学捐赠,无论金额大小,教育基金会均开具公益性单位接受捐赠统一发票用于抵税,捐赠金额达到10万元及以上时签订书面协议,明确捐赠金额、捐赠意向及基金会的承诺,同时将捐赠者名单列入名册存档纪念,并在尊重捐赠者的前提下通过媒体对捐赠事项进行宣传。对于部分捐赠项目,如建筑、园林等基础设施建设,讲席教授,研究基金,奖助学金等,若捐赠达到一定额度,可以捐赠者或者捐赠者指定的名字命名。对提供捐赠的海内外企事业单位、机关、团体及个人,在国家法律、法规和学校规章制度准许的范围内,可优先享用学校的教学、科研等优质资源,优先享有开展合作、共建等权利。

根据2007年3月第十届全国人民代表大会第五次会议通过的《中华人民共和国企业所得税法》第9条的规定,自2008年1月1日起,“企业发生的公益性捐赠支出,在年度利润总额12%以内的部分,准予在计算应

---

[1] 参见王志彬:《我国高校教育基金会投资运作研究》,载《当代经济》2015年第10期。

纳税所得额时扣除”。根据2008年2月国务院修改的《中华人民共和国个人所得税法实施条例》第24条的规定，“捐赠额未超过纳税义务人申报的应纳税所得额30%的部分，可以从其应纳税所得额中扣除”。根据2017年2月24日第十二届全国人民代表大会常务委员会第二十六次会议通过的《关于修改〈中华人民共和国企业所得税法〉的决定》，第9条修改为：“企业发生的公益性捐赠支出，在年度利润总额12%以内的部分，准予在计算应纳税所得额时扣除；超过年度利润总额12%的部分，准予结转以后三年内在计算应纳税所得额时扣除。”根据《关于公益性捐赠支出企业所得税税前结转扣除有关政策的通知》（财税〔2018〕15号）的规定，“企业通过公益性社会组织或者县级（含县级）以上人民政府及其组成部门和直属机构，用于慈善活动、公益事业的捐赠支出，在年度利润总额12%以内的部分，准予在计算应纳税所得额时扣除；超过年度利润总额12%的部分，准予结转以后三年内在计算应纳税所得额时扣除”。清华大学教育基金会自2008年度至2017年度均名列获得公益性捐赠税前扣除资格的公益性社会团体名单之中，由此可知，企业向清华大学教育基金会捐赠可以获得税收免除。

六、投资收益颇丰

《清华大学教育基金会章程》第35条明确指出，基金会按照合法、安全、有效的原则实现基金的保值、增值。清华大学教育基金会实行的是自行投资的方式。在2018年，基金会投资收益高达3亿元。我国大学基金会主要选择传统投资工具，如银行存款、国债、企业债券、基金等。[1] 清华大学教育基金会通过银行间拆借市场、证券市场进行了企业债券、央行票据、金融债、国债及国债回购、开放式基金、股票等组合投资，合理地配置资金，确保了资金的安全性、流通性。基金会加大了资金运作力度，取

---

〔1〕 参见莫蕾钰：《大学基金投资风险及其控制》，载《华北电力大学学报》（社会科学版）2018年第2期。

得了显著业绩。基金会投资效果好于沪深指数的同期表现。基金会自行进行投资已有10年,资金运作稳健增值,总体盈利情况良好,较好地支持了学校的建设与发展。

七、公益支出广泛

清华大学教育基金会成立的宗旨是为推动我国教育事业的发展,提高教育质量和学术水平,弘扬清华大学的文化和理念,争取国内外组织和个人的支持与捐助。《清华大学教育基金会章程》指出每年用于从事章程规定的公益事业支出,不得低于上一年基金余额。目前,基金会资助项目分为奖助学金、人才基金、研究基金、图书基金、基本建设基金、社会公益基金等15个大项,数百个子项目。累计资助百余种奖学金和助学金,金额达数千万元。先后新建了多所教学科研建筑,增添和更新科研和教学设备,为学科建设和发展、教学科研保持先进水平提供不可或缺的物质条件,工作和学习环境得到显著改善。基金会出资在清华大学设立"人才基金",专门支持学校的人才队伍建设,为学校制定《清华大学高层次人才队伍建设计划实施办法》和《在部分院系进行高水平学术团队青年人才引进及聘用试点工作的实施办法》创造了契机。通过"人才基金",清华大学协议年薪、特殊津贴等措施得以落实,先后有数十余位高层次人才受益。该基金的设立,不仅充分支持了清华大学人才培养工作,提高学校竞争力,而且对薪酬制度改革、创新人事管理等都有推动作用。

八、投资安全有效

由于资金具有时间价值,因此资金持有者看中的是其增值性。而资金是一种货币表现,是流通中价值的一种货币表现。在通货膨胀和货币贬值的大体趋势下,持有资金的机会成本很大。资金只有在运动中,才能保存价值并使原有的价值得到增值。所以,清华大学教育基金会通常利用投资让资金保值增值,可以在很大程度上维护并增加基金会的利益,实现其投资目标。对于基金会而言,当真实利率不可观时,把钱存在银行则是一种亏损。只有将资金用于生产经营、用于投资，才有可能实现其保值增值。

保值增值的手法主要有以下四种：第一种是储蓄国债。储蓄国债是财政部面向个人投资者发行，以吸收个人储蓄资金为目的，具有极强安全性的一种保值增值的手法。储蓄国债由财政部发行并还本付息，票面利率在发行时已经确定且免缴利息税，收益稳定，适合偏好低风险的投资者。第二种是货币型基金（准储蓄产品）。货币型基金是开放式基金之一，是安全性极高的短期金融产品，其优势在于：本金安全、活期便利、流动性好、投资成本低、按日计收、按月分红。总之，这些优势主要源于货币市场是一个低风险、流动性强的市场。货币型基金主要适合于偏好低风险、稳定收益、高流动性的投资者。第三种是固定收益产品。固定收益产品是指利率固定、以回避利率及汇率风险为目的、作为增加驾驭经济不稳定性和控制风险的手段的理财产品。固定收益产品满足了投资者获取超额收益的需求，适合于偏向稳定收益的投资者。第四种是保证收益理财计划。保证收益理财计划是指商业银行按约定条件向客户承诺支付固定利益、到期偿还本金和承担相关投资风险或按约定条件向客户承诺支付最低利益、到期偿还本金，其他投资收益由银行和客户按照合同约定分配，并共同承担相关投资风险的理财计划。

对于清华大学教育基金会而言，基金会在2018年度主要通过购买资产管理产品、持有其他实体股权、委托投资等方式实现保值增值的目的。

（一）购买资产管理产品情况

2018年度，清华大学教育基金会投资中国建设银行理财产品7.8亿元、中国工商银行理财产品24.4亿元、中国银行理财产品11.2亿元、上海浦东发展银行理财产品20.5亿元、上海银行理财产品5亿元、北京信托—稳健资本2014016号集合资金信托计划3000万元、北京信托单一信托臻萃理财2015001号—股权3.4894亿元、国投瑞银资本管理有限公司3.15亿余元、中信清华基金会定向资产管理计划3亿元、嘉实元和资产管理计划3号1.01亿元、国联证券清华教育基金会定向资产管理计划3亿元、泓德基金管理有限公司4亿元、合晟—清泉1号私募证券投资基金2.5亿元、涵德清源量化多策略1号私募证券投资基金3000万元、昀锦1号私募证券投资基金1亿元、第一创业恒宇83号单一资产管理计划2亿元、华泰柏瑞—清华基金会稳定收益资产管理计划3996余万元、瑞银证券有限责任公司4000万元、招商证券股份有限公司4.72余亿元、中信证券股份有限公司3.51余亿元。[1]

(二)持有实体股权情况

2018年度,清华大学教育基金会共计持有41家经济实体股权,包括但不限于文津时代文化创意(北京)股份有限公司(持股比例10%)、启迪创业投资有限公司(持股比例51.22%)、育泉资产管理有限责任公司(持股比例100%)、北京弘毅贰零壹零股权投资中心(有限合伙)(持股比例1%)、华清农业开发有限公司(持股比例8.5%)、上海信泽创业投资中心(有限合伙)(43.6%)、中信夹层(上海)投资中心(有限合伙)(持股比例0.98%)、天津鼎晖嘉鹏股权投资合伙企业(有限合伙)(持股比例23.08%)、石家庄融利山海股权投资基金中心(有限合伙)(持股比例10%)、天德华创文化传媒(北京)有限公司(持股比例66.67%)、北京科桥创业投资中心(有限合伙)(持股比例5.76%)、石家庄融鹏投资中心(有限合伙)(持股比例30%)、石家庄融磊投资中心(有限合伙)(持股比例4.52%)、财达证券有限责任公司(持股比例0.55%)、上海鼎晖闻广股权投资合伙企业(有限合伙)(持股比例9.99%)、宁波鼎一安盈股权投资合伙企业(有限合伙)(持股比例2.95%)、南京华泰瑞联并购基金一号(有限合伙)(持股比例0.37%)、苏州悦信一期创业投资合伙企业(有限合伙)(持股比例23.9%)、宁波梅山保税港区曜伟股权投资合伙企业(有限合伙)(持股比例2.78%)、深圳兴旺互联二号投资中心(有限合伙)(持股比例9.86%)、嘉兴华控股权投资基金合伙企业(有限合伙)(持股比例

---

[1] 参见《清华大学教育基金会2018年度工作报告》,载清华大学教育基金会:http://www.tuef.tsirghua.edu.cn/sites/pdf/infomation/2018ndgzbg.pdf,最后访问日期:2019年7月25日。

5.55%)、上海鼎晖晋永投资合伙企业(有限合伙)(持股比例100%)、复兴(深圳)三期股权投资中心(有限合伙)(持股比例22.41%)、磐信(上海)投资中心(有限合伙)(持股比例2.26%)、苏州元清本草股权投资中心(有限合伙)(持股比例6%)、综艺超导科技有限公司(持股比例13.55%)、深圳英诺厚德投资企业(有限合伙)(持股比例13.75%)、珠海融均投资管理合伙企业(有限合伙)(持股比例2.91%)、珠海融柏股权投资管理合伙企业(有限合伙)(持股比例87.72%)、嘉兴清银投资合伙企业(有限合伙)(持股比例50%)、杭州泰之有创业投资合伙企业(有限合伙)(持股比例25.64%)、苏州源渡成长投资合伙企业(有限合伙)(持股比例25.7%)、杭州清科和思投资管理合伙企业(有限合伙)(持股比例46.62%)、厦门清科和清一号投资合伙企业(有限合伙)(持股比例99.01%)、珠海高瓴天成二期股权投资基金(有限合伙)(持股比例1.09%)、苏州合一科文投资合伙企业(有限合伙)(持股比例99.01%)、南通同渡信康创业投资合伙企业(有限合伙)(持股比例30.67%)、珠海横琴灏睿华新投资合伙企业(有限合伙)珠海横琴灏睿华新投资合伙企业(有限合伙)(持股比例99.01%)、北京亿华通科技股份有限公司企业(有限合伙)(持股比例2.79%)、天津天堰科技股份有限公司(持股比例0.09%)、深圳市万佳安物联科技股份有限公司(持股比例0.01%)。[1]

清华大学教育基金会与其他高校教育基金会的不同之处在于,清华大学教育基金会全资设立育泉资产管理有限责任公司,通过育泉资产管理有限责任公司在市场上进行投资,其经营范围为:资产管理、投资及投资管理、投资咨询、技术服务、财务顾问。值得指出的是,该“经营范围”有8项禁令:(1)未经有关部门批准,不得以公开方式募集资金;(2)不得公开开展证券类产品和金融衍生品交易活动;(3)不得发放贷款;(4)不得对所投资企业以外的其他企业提供担保;(5)不得向投资者承诺投资本金

[1] 参见《清华大学教育基金会2018年度工作报告》,载清华大学教育基金会:http://www.tuef.tsirghua.edu.cn/sites/pdf/infomation/2018ndgzbg.pdf,最后访问日期:2020年3月20日。

不受损失或者承诺最低收益;(6)企业依法自主选择经营项目,开展经营活动;(7)依法须经批准的项目,经相关部门批准后依批准的内容开展经营活动;(8)不得从事本市产业政策禁止和限制类项目的经营活动。

(三)委托投资情况

清华大学教育基金会将200余万元委托江西省财政投资管理公司进行投资,其经营范围为:从事财政信用投资业务、办理财政管理的有偿使用的专项资金、财政拨款设立并由财政管理的各项基金(依法须经批准的项目,经相关部门批准后方可开展经营活动)。受托人江西省财政投资管理公司具有在中国境内从事投资管理业务的资格,两者约定的委托期限为长期,两者约定的收益确定方式为浮动。2018年度,实际收益金额为30余万元,实际收回金额为30余万元。

清华大学教育基金会将2000万元委托北京启迪华创投资咨询有限公司进行投资,其经营范围为:投资咨询;企业管理服务。值得指出的是,根据工商登记要求,该公司得遵守"8项禁令"。受托人北京启迪华创投资咨询有限公司不具有在中国境内从事投资管理业务的资格,两者约定的委托期限为5年,两者约定的收益确定方式为浮动。2018年度,实际收益金额为0元,实际收回金额为0元。

除此之外,清华大学教育基金会还投资黑石控股合伙有限公司(以下简称黑石集团)和凯辉私募股权投资基金(Cathay Capital Private Equity,以下简称凯辉)。前者总部位于美国纽约,是一家全球领先的另类资产管理和提供金融咨询服务的机构,是全世界最大的独立另类资产管理机构之一,系美国规模最大的上市投资管理公司,1985年由彼得·彼得森(Peter G. Peterson)和史蒂夫·施瓦茨曼(Steve Schwarzman)共同创建,于2007年6月22日在纽约证券交易所挂牌上市(NYSE:BX)。后者是一家国际领先的专注跨境投资的私募股权基金公司,由蔡明泼和爱德华·莫尔内特(Edouard Moinet)成立于2006年,致力于为来自中国、欧洲和北美的中小型企业的成长和国际化发展提供支持。凯辉目前共管理9只基金,分为凯辉中小企业基金、凯辉并购基金和凯辉创新基金三大系列。基金总资产管理规模达30亿美元，已在三大洲投资超过100家企业，主要投资领域包括消费品、TMT、医疗健康、汽车出行、高端制造等，已投资索菲亚、志邦家居、美年大健康、Moncler、博天环境、爱回收、精锐教育、欧华美科等数十个优质企业，以及Momenta、拼多多、Glovo、名堂、UShopal、Trifacta等明星初创项目。凯辉基金在巴黎、上海、北京、纽约、旧金山、慕尼黑和特拉维夫设有办公室，全球近80名专业投资团队成员为投资人和被投企业服务。

九、整体运作出色

第一，挖掘自身潜力，采取科学的筹款策略，积极开展多层次、多目标的筹款活动。清华大学充分利用自身优势，积极拓展筹资渠道，并且成立了清华北美教育基金会，争取海外有识之士对清华教育事业的支持与帮助。充分发挥校友会的作用，为学校发展奠定坚实的支持基础。此外，基金会还通过一系列专项筹款活动的开展，为推动学校的科研教学和国际交流合作等项目做出了积极贡献。

第二，基金会进行了较为稳健的资产管理，在保证基金本金安全的前提下，实现了基金收益的平稳增长，清华大学教育基金会进行了较为严谨的投资管理，在确保资金安全的基础上，基金会委派专业人员在资本市场上进行资金运作，确保资金增值。资金增值部分列支风险金、业务费和管理费等费用后的余额，自动增加到各留本基金的本金中，并且把在金融等领域进行的超过500万元人民币的各项投资行为列为重大投资活动。在对投资项目的经济技术指标进行可行性研究，对投资行业状况进行充分调研的基础上实施基金投资活动，确保基金的安全和收益。基金会的财务管理更加科学透明。针对各基金项目经办人频繁更换，项目负责人工作繁忙、不易掌握账目这一实际情况，基金会开展了校园网上查账项目体系，方便项目负责人对所管辖基金财务状况的了解，为各项目负责人了解和使用资金提供了极大的便利，使基金会财务管理工作在陆续实现财务电算化、外汇业务网上申报及管理后，再次迈上新台阶。

第三,积极开展公益项目资助活动,扩大了基金会影响力。清华大学教育基金会在积极配合学校中心工作开展的同时,也积极利用清华大学和清华大学教育基金会的综合优势,也积极关注社会热点,开展多项社会服务工作。通过“扶贫基金”“艾滋病专项基金”等一系列社会公益项目的实施,有力支持了贫困地区教育、卫生医疗工作的开展。为此,基金会正在加大对各类社会公益项目的募集和资助力度,在积极承担社会责任的同时,也扩大了基金会的社会影响力。

第五章　大学教育基金会资金管理的规制实效

第一节　国内大学教育基金会的收支实践
——以清华大学为例

清华大学教育基金会2018年度公益事业（慈善活动）支出和管理费用情况如下：

一、接受捐赠情况

清华大学教育基金会接受捐赠情况如表5-1所示。[1]

表5-1　清华大学教育基金会接受捐赠情况

单位：元

项目	现金	非现金	合计
一、本年捐赠收入（自动求和）	2,126,668,820.34	9,550,000.00	2,136,218,820.34
（一）来自境内的捐赠（自动求和）	1,916,627,973.27	9,550,000.00	1,926,177,973.27

〔1〕参见《清华大学教育基金会2018年度工作报告》，载清华大学教育基金会：http://www.tuef.tsirghua.edu.cn/sites/pdf/infomation/2018ndgzbg.pdf，最后访问日期：2019年7月24日。

续表

项目	现金	非现金	合计
其中:来自境内自然人的捐赠	67,997,842.64	9,550,000.00	77,547,842.64
来自境内法人或者其他组织的捐赠	1,263,256,690.85	0.00	1,263,256,690.85
来自其他基金会的捐赠	585,373,439.78	0.00	585,373,439.78
(二)来自境外的捐赠(自动求和)	210,040,847.07	0.00	210,040,847.07
其中:来自境外自然人的捐赠	25,328,047.75	0.00	25,328,047.75
来自境外法人或者其他组织的捐赠	184,712,799.32	0.00	184,712,799.32
二、大额捐赠收入情况			
捐赠人	本年捐赠额		用途
	现金	非现金	
清华控股有限公司	307,560,000.00	0.00	支持清华大学发展建设
广东省国强公益基金会	450,150,000.00	0.00	设立清华大学航空发动机研究基金、国强科技基金、惠妍人才基金及清华大学其他发展建设
合计	1,763,337,040.91	9,550,000.00	

二、公开募捐情况

清华大学教育基金会公开募捐情况如表5－2所示。[1]

表5－2　清华大学教育基金会公开募捐情况

单位:元

项　　目	现金	非现金	合计
本年度组织通过公开募捐取得的捐赠收入	0.00	0.00	0.00
(一)来自境内的捐赠(自动求和)	0.00	0.00	0.00
其中:来自境内自然人的捐赠	0.00	0.00	0.00
来自境内法人或者其他组织的捐赠	0.00	0.00	0.00
(二)来自境外的捐赠(自动求和)	0.00	0.00	0.00
其中:来自境外自然人的捐赠	0.00	0.00	0.00
来自境外法人或者其他组织的捐赠	0.00	0.00	0.00

由表5－2可知,2018年清华大学教育基金会并未开展过公开募捐活动。

2018年度,有众多捐赠人向清华大学教育基金会捐赠,具体情况如表5－3所示。[2]

表5－3　清华大学教育基金会捐赠情况

单位:元

捐赠人	本年捐赠额		用途
	现金	非现金	
清华北美基金会	79,666,146.41	0.00	支持苏世民学者项目及学校教学、科研及学生奖励等

---

〔1〕 参见《清华大学教育基金会2018年度工作报告》,载清华大学教育基金会:http://www.tuef.tsirghua.edu.cn/sites/pdf/infomation/2018ndgzbg.pdf,最后访问日期:2019年7月24日。

〔2〕 参见《清华大学教育基金会2018年度工作报告》,载清华大学教育基金会:http://www.tuef.tsirghua.edu.cn/sites/pdf/infomation/2018ndgzbg.pdf,最后访问日期:2019年7月24日。

续表

捐赠人	本年捐赠额		用途
	现金	非现金	
华夏幸福基业股份有限公司	65,702,400.00	0.00	支持清华大学发展建设
北京搜狗科技发展有限公司	50,309,390.00	0.00	支持清华大学计算机系新系馆建设
比尔及梅琳达盖茨基金会(美国)北京代表处	47,364,410.00	0.00	支持全球健康药物研发中心(GHDDI)
泛海公益基金会	32,153,000.00	0.00	支持苏世民学者项目
周大福慈善基金会	30,000,000.00	0.00	支持清华大学郑裕彤法学发展基金
恒力集团有限公司	30,000,000.00	0.00	支持经管学院教学楼项目A楼
苏世民教育基金会	29,770,409.54	0.00	支持苏世民学者项目
伟新教育基金有限公司	29,287,068.80	0.00	支持清华大学德育教育基金
深圳鹏瑞集团有限公司	20,000,000.00	0.00	支持清华大学未来实验室基金
深圳前海卓越汇康投资有限公司	20,000,000.00	0.00	支持经管学院新教学楼
泰禾集团股份有限公司	20,000,000.00	0.00	支持清华大学深圳研究生院教育基金
鸿富锦精密工业(深圳)有限公司	19,500,000.00	0.00	支持纳米基金
清华香港基金会	19,017,674.95	0.00	支持清华大学中国新型城镇化研究院发展基金
黄廷方慈善基金有限公司	18,500,000.00	0.00	支持清华大学公共管理学院黄廷方奖学金及黄廷方慈善基金

续表

捐赠人	本年捐赠额		用途
	现金	非现金	
能源基金会(美国)北京办事处汇款	15,494,839.78	0.00	支持中国低碳发展转型战略及路径项目
北京市正大慈善基金会	15,000,000.00	0.00	支持清华正大环球基金等
诚志股份有限公司	15,000,000.00	0.00	支持清华诚志能动学科建设基金及清华诚志化学学科建设基金
北京华彬文化基金会	12,700,000.00	0.00	支持苏世民学者项目
华扬联众数字技术股份有限公司	12,000,000.00	0.00	支持清华大学深圳研究生院教育基金
紫光集团有限公司	11,250,000.00	0.00	支持学生艺术团活动及体育部篮球专项基金等
李兆基基金有限公司	10,301,004.00	0.00	支持清华法学百年基金
云南世纪长水教育信息咨询有限公司	10,000,000.00	0.00	支持清华大学长水基础教育研究基金
启迪控股股份有限公司	10,000,000.00	0.00	支持校友工作基金
北京英才房地产开发有限公司	10,000,000.00	0.00	支持新英才教育基金
熊家炯	0.00	9,550,000.00	支持物理系发展基金——综艺超导股权捐赠
中国平安保险(集团)股份有限公司捐款	9,500,000.00	0.00	支持清华大学全球共同发展研究院

续表

捐赠人	本年捐赠额		用途
	现金	非现金	
北京华宇信息技术有限公司	9, 160, 000. 00	0. 00	支持华宇政务研究基金及华宇法律大数据研究基金等
Deephi 控股有限公司	9, 150, 931. 05	0. 00	支持孟昭英讲席教授基金及刘润生励教励学基金
阿里巴巴公益基金会	8, 511, 600. 00	0. 00	支持阿里巴巴讲席教授基金等
全美测评软件系统(北京)有限公司	8, 000, 000. 00	0. 00	支持清华大学未来教育与评价研究基金
日本基金会	7, 664, 382. 17	0. 00	支持清华—日本中心
大众汽车(中国)投资有限公司	7, 265, 100. 00	0. 00	支持苏世民学者项目等
霍尔果斯华控创业投资有限公司	7, 000, 000. 00	0. 00	支持清华大学全球私募股权研究院基金
远景能源(江苏)有限公司	6, 830, 900. 00	0. 00	支持苏世民学者项目
中国教育发展基金会	6, 364, 000. 00	0. 00	支持清华大学中国经学发展基金
博世汽车柴油系统有限公司	6, 272, 700. 00	0. 00	支持苏世民学者项目
百融金融信息服务股份有限公司	6, 000, 000. 00	0. 00	支持清华五道口金融大数据发展基金
北京润博房地产开发有限公司	6, 000, 000. 00	0. 00	支持清华五道口润博数字金融发展基金等
方欣科技有限公司	6, 000, 000. 00	0. 00	支持清华五道口金融科技发展基金

续表

捐赠人	本年捐赠额		用途
	现金	非现金	
玖富金科控股集团有限责任公司	6,000,000.00	0.00	支持清华五道口智慧金融发展基金
马力创业投资有限公司	6,000,000.00	0.00	支持马力教育基金
金光纸业(中国)投资有限公司	6,000,000.00	0.00	支持清华五道口金融科技发展基金及清华五道口金光教育发展基金
生活·读书·新知三联书店有限公司	5,851,416.78	0.00	支持清华大学好读书奖学金
华联企业基金	5,039,667.43	0.00	支持全研院新加坡研究基金
北京京东公益基金会	5,000,000.00	0.00	支持京东全球胜任力发展基金
北京市阳光保险爱心基金会	5,000,000.00	0.00	支持五金学院阳光基金
和平文化发展有限公司	5,000,000.00	0.00	支持世界和平论坛基金
中欧基金管理有限公司	5,000,000.00	0.00	支持清华大学老龄研究中心发展基金
北京市信中利公益基金会	5,000,000.00	0.00	支持清华大学信中利公益基金
京师远望(青岛)投资发展有限公司	200,000,000.00	0.00	支持清华长庚医院发展基金
南京诚志清洁能源有限公司	15,000,000.00	0.00	支持诚志辅导员发展基金
合计	1,763,337,040.91	9,550,000.00	

三、公益项目情况

2018 年度清华大学教育基金会共开展了 19 项公益慈善项目,项目总支出为 1,312,641,280.95 元人民币,具体情况如下。

(一)恒大教育基金

恒大教育基金开展情况如表 5-4 所示。[1]

表 5-4 恒大教育基金开展情况

项目名称:恒大教育基金
本年度是否为该项目开展了公开募捐:否
本年度是否对该项目进行了专项审计:否
项目本年度收入:人民币 0.00 元
项目本年度支出:人民币 320,000,000.00 元
项目介绍: 2013 年,恒大集团与清华大学教育基金会、清华大学签署捐赠协议,设立"清华大学恒大教育基金",用于支持清华大学的建设与发展,教育教学、科学研究和学生培养等各方面工作。一、设立"恒大讲席教授基金"。教师是大学发展最关键的要素,一流大学师资队伍建设的根本任务是吸引全世界最优秀的人才来校任教。学校在实施人事制度改革,助推世界一流大学建设实践的同时,先后制定了《清华大学全职讲席教授管理办法》(试行)、《清华大学讲席教授、冠名教授管理办法》(试行)等文件,全面推动和促进学校讲席、冠名教授制度的建设与管理。设立"恒大讲席教授基金",每年聘请国际顶尖学者,作为学科发展的带头人,制订相关学科的建设规划,为相关学科向世界一流水平发展做出贡献。二、支持丘成桐数学科学中心人才引进。根据国家发展的要求和学校长远发展规划,2009 年底清华大学成立了数学科学中心,邀请国际数学大师丘成桐先生担任中心主任。经教育部批准,2015 年中心正式更名为丘成桐数学科学中心。在丘成桐先生的领导下,数学科学中心以培养数学界的新一代学术领袖为己任,组建了由一流数学家组成的研究队伍。中心以发展成为世界一流数学中心为目标,全面加强基础数学学科的人才引进和队伍建设,希望能在 10 年内取得菲尔兹奖级别的研究成果。三、支持清华大学海外创新基地建设。清华大学全球创新学院(GIX)是清华大学和美国华盛顿大学、微软公司于

〔1〕 参见《清华大学教育基金会 2018 年度工作报告》,载清华大学教育基金会:http://www.tuef.tsirghua.edu.cn/sites/pdf/infomation/2018ndgzbg.pdf,最后访问日期:2019 年 7 月 28 日。

续表

2015年联合创建的，是中国高校第一次到美国办学，也标志着中国高校在美国设立的第一个实体校区和综合性教育科研平台正式建立。全球创新学院（GIX）配套先进教育资源，采用创新项目驱动、团队合作的硕士项目培养模式，建立起多元化、跨界融合的创新教育平台。GIX汇集世界各地的学生、师资以及各领域人才，助力激发创新思维，培养具有全球视野的新一代创新领军人才。四、支持清华大学国际化学生培养。清华大学统筹规划校内、国内和海外一体化的国际化和跨文化人才培养过程，建立全学程贯通、全球培养的人才培养模式。根据“着眼于全球、立足于本土、成体系规划、全学程贯通”的思路，学校推进高水平课程和项目建设，努力在校内实现国际化培养，并统筹规划和开发海内外培养项目，推动学生全球流动学习。通过联合学位、学期交换、海外实习、暑期实验室研修、暑期课程、国际会议和国际竞赛等多种形式，为学生创造更多的赴海外学习交流的机会，构筑长短期项目相结合、学期派出与暑期项目相衔接、专业课程及文化交流并举的本科生海外培养体系。五、支持本科生公共英语和第二外语教学专项行动计划。为全面提升学生全球胜任力，加快培养“一精多会、一专多能”高层次国际化复合型人才，清华大学以语言教学中心为平台，大力加强本科生公共英语和第二外语教学的改革，制订了本科生公共外语课程体系优化提升计划、本科生第二外语能力快速提升计划、公共外语教师教学能力持续提升计划、公共外语品牌课程建设计划等，大力促进学生语言能力的提升。六、支持清华大学“2020计划”。“2020计划”是清华大学推动实施全球战略的重要核心项目，项目以提升学校国际化办学能力为目标，通过学校层面的统筹推进，解决校园国际化建设工作理念、教育教学、服务管理、校园环境等方面存在的突出问题，努力实现“在2020年达到世界一流大学水平”

（二）清华长庚医院发展基金（京师远望）

清华长庚医院发展基金（京师远望）开展情况如表5－5所示。[1]

表5－5　清华长庚医院发展基金（京师远望）开展情况

项目名称：清华长庚医院发展基金（京师远望）
本年度是否为该项目开展了公开募捐：否
本年度是否对该项目进行了专项审计：否
项目本年度收入：人民币200,000,000.00元
项目本年度支出：人民币0.00元

〔1〕参见《清华大学教育基金会2018年度工作报告》，载清华大学教育基金会：http://www.tuef.tsirghua.edu.cn/sites/pdf/infomation/2018ndgzbg.pdf，最后访问日期：2019年7月28日。

续表

项目介绍： 2018年1月，京师远望(青岛)投资发展有限公司捐赠2亿元人民币，支持清华大学附属北京清华长庚医院的学科建设、人才培养、公益服务、董家鸿院士工作站和清华大学精准医学研究院的建设

(三)苏世民学者项目

苏世民学者项目开展情况如表5－6所示。[1]

表5－6 苏世民学者项目开展情况

项目名称：苏世民学者项目
本年度是否为该项目开展了公开募捐：否
本年度是否对该项目进行了专项审计：是
项目本年度收入：人民币224,915,862.40元
项目本年度支出：人民币86,826,822.48元
项目介绍： 一、项目背景介绍。清华大学苏世民学者项目于2013年4月21日正式宣布启动。书院秉承"立足中国、面向世界"的原则，旨在培养具有宽广的国际视野、优秀的综合素质和卓越的领导能力，并了解中国社会、理解中国文化，有志于为促进人类文明与进步、世界和平与发展贡献聪明才智的未来领袖，努力为崛起中的中国与变化中的世界做出重要贡献。2018年，书院各项工作稳步推进，在人才培养、师资力量、社会影响等方面收获颇丰。书院定期举办各类讲座、论坛等活动，邀请国际组织机构负责人、国内外知名教授、企业领袖、前政要等分享各自观点、研究成果及经验体会，与苏世民学者和清华学子们进行零距离互动。二、项目执行情况。1.招生工作；2018年初，第四届学者的招生工作紧锣密鼓地展开，2018年11月顺利完成第四届学者录取工作，录取和申请比例约为5%。选拔和录取严格按照清华大学和教育部相关规定和要求进行，流程严谨、科学、透明。书院邀请国内外近200位评阅官对来自全球的逾2800份有效申请进行评阅，最终选拔出435人分别在北京、曼谷、伦敦及纽约四地参加面试。书院招生委员会以候选人综合表现排名为依据，在全球范围内择优选拔出145名青年领袖成为苏世民学者。2.学术动态；2013年4月启动后，书院组成了由国际知名专家学者组成的全球学术顾问委员会，参与项目初期设计

〔1〕 参见《清华大学教育基金会2018年度工作报告》，载清华大学教育基金会：http://www.tuef.tsirghua.edu.cn/sites/pdf/infomation/2018ndgzbg.pdf，最后访问日期：2019年7月28日。

续表

每年召开会议，深入探讨书院的学术及课程设计、招生及学生生活等方面问题，提出相关完善建议。此外，校领导高度重视项目发展，校长以及一名副校长亲自参加理事会会议，推进项目进展。书院在世界范围内选聘最优师资，为书院开设课程。除聘请到了清华校内各相关学科领域的知名教授到书院授课外，书院还邀请到了诺贝尔经济学奖获得者迈克尔·斯宾塞(Michael Spence)等十多位全球顶尖学者参与书院的教学工作。除课程学习外，书院结合课程设置，每学期均举办数十场研讨会、讲座等学术交流活动，为学者们提供了一个与全球政治、商业、学术、科技、艺术等各界领导者们面对面交流的机会。3. 学生生活；入学指导：为期两周的入学指导使学生们了解清华大学、北京周边及中国各方面概况。(笔者略)业界导师：导师项目是苏世民学者项目体验式学习的核心组成部分。通过导师项目，学生可以更好地体会不同的领导风格，并理解中国独特的领导内涵。实践学习(PTP)：是一门有学分的实习课程，学生们将与合作机构共同开展120小时研究咨询类的实践项目。2018年有超过70家机构提供多达250个实践项目。4. 社会评价；苏世民书院自2013年4月21日正式宣布启动以来，中国国家主席习近平和时任美国总统奥巴马分别两次发来贺信。随着办学的不断深入，书院取得了更加广泛且深远的国内外影响。2018年1月10日，国务院副总理刘延东考察了解了苏世民书院的发展近况，观看了“中国社会实践课程”的学生成果展示，与实践指导教师及学生代表互动交流。(笔者略)在过去的一年里，书院接待了来自哈佛大学、麻省理工、哥伦比亚大学、香港大学等学府的教授以及访问团，他们不仅为学者们带来了全球最新的理念和资讯，也为彼此搭建了合作的平台。书院的各项活动也得到了各大媒体的关注。过去一年，包括中青在线、央广网、新浪、搜狐、环球网和人民网等主流媒体的报道，扩大了书院的社会影响力

(四)清华大学航空发动机研究基金

清华大学航空发动机研究基金开展情况如表5-7所示。[1]

表5-7　清华大学航空发动机研究基金开展情况

项目名称：清华大学航空发动机研究基金
本年度是否为该项目开展了公开募捐：否
本年度是否对该项目进行了专项审计：否
项目本年度收入：人民币200,000,000.00元
项目本年度支出：人民币0.00元

---

〔1〕参见《清华大学教育基金会2018年度工作报告》，载清华大学教育基金会：http://www.tuef.tsirghua.edu.cn/sites/pdf/infomation/2018ndgzbg.pdf，最后访问日期：2019年7月28日。

续表

项目介绍： 航空发动机被誉为“工业皇冠上的明珠”，是世界上公认的核心技术门槛最高、整体结构最复杂的工业产品，反映了一个国家的科技、工业和国防的综合实力。清华大学航空发动机研究院于2018年12月18日成立，是清华大学在新时代深度参与创新驱动发展战略实施、响应国家军民融合发展战略的重大举措，也是清华大学在新百年做出的重大战略布局。清华大学航空发动机研究基金将用于支持清华大学航空发动机研究院探寻我国航空发动机自主研发技术路线，为实现下一代“高、远、快、智”航空发动机提供基础理论和核心技术，力争成为具有国际一流水准的航空发动机理论技术创新基地和高端人才培养基地

（五）清华大学国强科技基金

清华大学国强科技基金开展情况如表5－8所示。[1]

表5－8　清华大学国强科技基金开展情况

项目名称：清华大学国强科技基金
本年度是否为该项目开展了公开募捐：否
本年度是否对该项目进行了专项审计：否
项目本年度收入：人民币100,000,000.00元
项目本年度支出：人民币0.00元
项目介绍： 2018年10月，广东省国强公益基金会捐赠设立清华大学国强科技基金，全面支持清华大学教育教学、科学研究水平的提升，支持清华大学“双一流”建设和全球化战略的全面推进，特别支持清华大学在人工智能、机器人、数据科学等领域的人才培养和研究工作

（六）清华大学惠妍人才基金

清华大学惠研人才基金开展情况如表5－9所示。[2]

〔1〕参见《清华大学教育基金会2018年度工作报告》，载清华大学教育基金会：http://www.tuef.tsirghua.edu.cn/sites/pdf/infomation/2018ndgzbg.pdf，最后访问日期：2019年7月28日。

〔2〕参见《清华大学教育基金会2018年度工作报告》，载清华大学教育基金会：http://www.tuef.tsirghua.edu.cn/sites/pdf/infomation/2018ndgzbg.pdf，最后访问日期：2019年7月28日。

表 5－9 清华大学惠妍人才基金开展情况

项目名称：清华大学惠妍人才基金
本年度是否为该项目开展了公开募捐：否
本年度是否对该项目进行了专项审计：否
项目本年度收入：人民币 100,000,000.00 元
项目本年度支出：人民币 0.00 元
项目介绍： 2018 年 10 月，广东省国强公益基金会捐赠设立清华大学惠妍人才基金，支持清华大学教育教学、科学研究水平的提升，支持清华大学“双一流”建设和全球化战略的全面推进，特别支持清华大学高水平教师队伍的建设。本基金为留本基金，本金不动，每年以运作收益支持清华大学聘请顶尖人才，包括但不限于人工智能、机器人、数据科学等学科领域的全球顶尖学者

（七）人才基金

人才基金开展情况如表 5－10 所示。[1]

表 5－10 人才基金开展情况

项目名称：人才基金
本年度是否为该项目开展了公开募捐：否
本年度是否对该项目进行了专项审计：否
项目本年度收入：人民币 41,048,925.70 元
项目本年度支出：人民币 16,087,807.44 元
项目介绍： 聘请讲席教授，吸引国内外优秀学者来校任教，支持学校人才培养工作，提高学校的竞争力，且对学校人事制度改革、创新人事管理等起到推动作用。2018 年，人才基金下设 30 个子项目，主要项目有：清华大学公共管理学院华宇冠名教授基金、孟昭英讲席教授基金、计算机系冠名教师基金、仲英青年学者项目、大成国学人才奖励基金、圣辉基金、汽车系大众讲席教授等

〔1〕 参见《清华大学教育基金会 2018 年度工作报告》，载清华大学教育基金会：http://www. tuef. tsirghua. edu. cn/sites/pdf/infomation/2018ndgzbg. pdf，最后访问日期：2019 年 7 月 28 日。

(八)教育基金

教育基金开展情况如表 5－11 所示。[1]

表 5－11 教育基金开展情况

项目名称:教育基金
本年度是否为该项目开展了公开募捐:否
本年度是否对该项目进行了专项审计:否
项目本年度收入:人民币 650,171,905.32 元
项目本年度支出:人民币 493,860,097.25 元
项目介绍: 为推动清华大学教育事业的发展,提高教育质量和学术水平,设立各类教育基金支持各学科和各院系的建设。2018 年,教育基金下设 356 个子项目,主要项目有:清华大学发展基金、清华大学深圳研究生院教育基金、郑裕彤法学发展基金、清华法学百年基金、清华大学全球共同发展研究院、清华大学中国新型城镇化研究院发展基金、新英才教育基金、诚志辅导员发展基金、清华诚志能动学科建设基金、清华诚志化学学科建设基金、经管学院发展基金、世界和平论坛基金、清华大学中国经济思想与实践研究院、清华大学全球产业 4.5 研究院基金、航天航空学院发展基金、教育研究院发展基金、五金学院阳光基金、清华五道口金融科技发展基金、清华大学中国经学发展基金、清华大学清控银杏辅导员发展基金、学生全球胜任力培养基金

(九)研究基金

研究基金开展情况如表 5－12 所示。[2]

表 5－12 研究基金开展情况

项目名称:研究基金
本年度是否为该项目开展了公开募捐:否
本年度是否对该项目进行了专项审计:否
项目本年度收入:人民币 227,480,367.33 元

〔1〕 参见《清华大学教育基金会 2018 年度工作报告》,载清华大学教育基金会:http://www.tuef.tsirghua.edu.cn/sites/pdf/infomation/2018ndgzbg.pdf,最后访问日期:2019 年 7 月 28 日。

〔2〕 参见《清华大学教育基金会 2018 年度工作报告》,载清华大学教育基金会:http://www.tuef.tsirghua.edu.cn/sites/pdf/infomation/2018ndgzbg.pdf,最后访问日期:2019 年 7 月 28 日。

续表

项目本年度支出:人民币 165,924,560.57 元
项目介绍: 研究基金的设立旨在支持清华大学科学研究工作,推进科技振兴,为经济发展和社会进步做贡献,同时将创新成果转化为教学资源培养人才,将学生的学习纳入科研的环节之中,通过实践来磨砺人才,提升学生的科研能力。2018 年,研究基金下设 256 个子项目,主要项目有:纳米基金、中国货物运输节能减排关键战略及行动方案研究、清华大学水质与水生态研究基金、清华大学唐仲英结构超润滑创新研究基金、脑与智能实验室脑科学研究基金、中国城市空气质量城市双达标项目研究基金、清华大学互联网产业研究基金、清华大学中国现代国有企业研究基金、清华大学未来教育与评价研究基金、中国低碳发展转型战略及路径项目、清华大学文化经济研究基金、清华大学全球私募股权研究院基金、清华大学 G20 创业研究基金、日本中心、全研院新加坡研究基金、清华大学"一带一路"研究基金、IDG/麦戈文脑科学研究所基金、唐仲英医学研究基金、文学创作与研究基金、社科学院积极心理学研究基金、清华大学港澳中心研究基金

(十)交流基金

交流基金开展情况如表 5－13 所示。[1]

表 5－13　交流基金开展情况

项目名称:交流基金
本年度是否为该项目开展了公开募捐:否
本年度是否对该项目进行了专项审计:否
项目本年度收入:人民币 9,393,318.29 元
项目本年度支出:人民币 5,169,092.25 元
项目介绍: "国际交流基金"的设立旨在以学生国际化培养为中心,带动国际化师资队伍建设,推进国际拓展与形象建设。在学生培养方面,通过联合学位培养、海外实习、学分互认及学生交换、合作办学等多种形式,与世界名校加强合作与交流。交流基金下设 20 个子项目,主要项目有:黄廷方慈善基金、清华大学行政管理骨干国际化能力提升计划、清华—新加坡国立大学创新创业学生交换项目、清华大学 Inditex 师生海外交流基金、创新创业清华课堂项目等

---

〔1〕 参见《清华大学教育基金会 2018 年度工作报告》,载清华大学教育基金会:http://www.tuef.tsirghua.edu.cn/sites/pdf/infomation/2018ndgzbg.pdf,最后访问日期:2019 年 7 月 28 日。

(十一)图书基金

图书基金开展情况如表5－14所示。[1]

表5－14 图书基金开展情况

项目名称:图书基金
本年度是否为该项目开展了公开募捐:否
本年度是否对该项目进行了专项审计:否
项目本年度收入:人民币2,773,302.15元
项目本年度支出:人民币3,119,216.96元
项目介绍: 图书基金的设立旨在充实清华大学图书馆及下属分馆采购图书、期刊之经费,及时掌握国际科技前沿动态,并着力提高学生的人文素养。图书基金下设4个子项目,主要项目有:羽心图书基金、高英士图书基金、图书馆图书基金等

(十二)奖助(励)学金

奖助(励)学金开展情况如表5－15所示。[2]

表5－15 奖助(励)学金开展情况

项目名称:奖助(励)学金
本年度是否为该项目开展了公开募捐:否
本年度是否对该项目进行了专项审计:否
项目本年度收入:人民币67,899,216.62元
项目本年度支出:人民币51,452,957.49元
项目介绍: 奖学金的设立,旨在鼓励学生勤奋学习、全面成长,并充分发挥其特长及创造才能,实现培养高素质、高层次、多样化、创造性骨干人才的目标。助学金的设立,旨在体现国家、社会各界对家庭经济困难学生的关心,帮助其解决在校期间部分基本生活、学习费用,保证同学不因家庭经济困难而辍学。清华校友励

〔1〕 参见《清华大学教育基金会2018年度工作报告》,载清华大学教育基金会:http://www.tuef.tsirghua.edu.cn/sites/pdf/infomation/2018ndgzbg.pdf,最后访问日期:2019年7月28日。

〔2〕 参见《清华大学教育基金会2018年度工作报告》,载清华大学教育基金会:http://www.tuef.tsirghua.edu.cn/sites/pdf/infomation/2018ndgzbg.pdf,最后访问日期:2019年7月28日。

续表

学金倡导“助困励学、爱校育人”的理念，专项资助由学校认定的家庭经济困难的在校学生，使学生在获得经济资助的同时直接感受来自社会各界和校友的精神激励，是校友参与和支持母校人才培养的直接渠道。2018 年颁发各类奖、助、励学金 310 项，奖励、资助同学近 5000 人次。主要项目有：清华大学好读书奖学金、“一二·九”奖学基金、西贝尔奖学金、林枫奖基金、王汉斌法学基金、清华之友——张明为奖学助学基金、高通奖学金、桑坦德奖学金、黄奕聪伉俪助学金、龙门希望基金、张荣发助学金、清华大学建管系清介有守 PPP 奖学金、雷志栋奖学基金、范钦珊材料力学奖学金、清华大学 Inditex“一带一路”国际本科生奖学金、碧桂园国际学生奖学金及冠名励学金等

（十三）奖教金

奖教金开展情况如表 5 – 16 所示。[1]

表 5 – 16　奖教金开展情况

项目名称：奖教金
本年度是否为该项目开展了公开募捐：否
本年度是否对该项目进行了专项审计：否
项目本年度收入：人民币 12, 978, 845. 46 元
项目本年度支出：人民币 6, 319, 000. 00 元
项目介绍： 优秀教师奖励金，鼓励教师爱岗敬业，改革创新，培养优秀人才。2018 年，奖教金下设 20 个子项目，主要项目：清华大学人事处奖教金、五道口奖教金、刘润生励教励学基金、李传信励教励学基金、孟昭英励教励学基金、清华大学教学管理优秀奖基金、郑昌学教学奖励基金等

（十四）基本建设项目

基本建设项目开展情况如表 5 – 17 所示。[2]

〔1〕 参见《清华大学教育基金会 2018 年度工作报告》，载清华大学教育基金会：http://www.tuef.tsirghua.edu.cn/sites/pdf/infomation/2018ndgzbg.pdf，最后访问日期：2019 年 7 月 28 日。

〔2〕 参见《清华大学教育基金会 2018 年度工作报告》，载清华大学教育基金会：http://www.tuef.tsirghua.edu.cn/sites/pdf/infomation/2018ndgzbg.pdf，最后访问日期：2019 年 7 月 28 日。

表 5－17 基本建设项目开展情况

项目名称:基本建设项目
本年度是否为该项目开展了公开募捐:否
本年度是否对该项目进行了专项审计:否
项目本年度收入:人民币 152,558,593.22 元
项目本年度支出:人民币 70,273,607.85 元
项目介绍: 基本建设项目基金旨在改善校园环境、改善师生工作学习和生活条件,夯实后勤保障基础。2018 年,基本建设项目下设 14 个子项目,主要项目有:经管学院新教学楼、计算机系新系馆建设基金、化学系新系馆建设基金、新图书馆基建款、建筑馆北楼修缮基金、9003 大楼修缮、清华大学教学楼改建修缮基金等

（十五）安老基金

安老基金开展情况如表 5－18 所示。[1]

表 5－18 安老基金开展情况

项目名称:安老基金
本年度是否为该项目开展了公开募捐:否
本年度是否对该项目进行了专项审计:否
项目本年度收入:人民币 6,298,556.44 元
项目本年度支出:人民币 4,304,758.92 元
项目介绍: 安老基金的设立旨在体现党和国家对离退休老同志的关怀,专项资助在离退休老同志中开展老有所养、老有所助、老有所医等相关活动。2018 年,安老基金下设 8 个子项目,主要项目有:中国科协安老基金、清华大学退休基金、土木建管系离退休基金、水利系离退休基金、清华老年文化养生基金等

（十六）社会公益基金

社会公益基金开展情况如表 5－19 所示。[2]

---

〔1〕 参见《清华大学教育基金会 2018 年度工作报告》,载清华大学教育基金会:http://www.tuef.tsirghua.edu.cn/sites/pdf/infomation/2018ndgzbg.pdf,最后访问日期:2019 年 7 月 28 日。

〔2〕 参见《清华大学教育基金会 2018 年度工作报告》,载清华大学教育基金会:http://www.tuef.tsirghua.edu.cn/sites/pdf/infomation/2018ndgzbg.pdf,最后访问日期:2019 年 7 月 28 日。

表 5－19 社会公益基金开展情况

项目名称:社会公益基金
本年度是否为该项目开展了公开募捐:否
本年度是否对该项目进行了专项审计:否
项目本年度收入:人民币 5,097,392.37 元
项目本年度支出:人民币 3,184,889.32 元
项目介绍: 清华大学教育基金会通过发挥自身的教育资源及优势,成为社会各界关心、支持公益事业的坚实桥梁。2018 年,社会公益基金下设 16 个子项目,主要项目有:清华大学教育扶贫基金、伟新教育扶贫基金、伟新教育基金、美丽乡村公益基金、土木系无止桥项目等。清华大学本着“教育服务社会”的理念,2003 年自筹资金启动教育扶贫工作,以“传播知识,消除贫困”为宗旨,以继续教育学院为主体,成立教育扶贫办公室,以国家扶贫开发工作重点县和集中连片特困地区为主要对象,构建覆盖广大欠发达地区的教育扶贫网络。十余年来,在清华大学党委的直接领导下,学校发挥人才和教育优势,整合校内外资源,已经累计在全国 27 个省、市、自治区建立了 1100 多个县级现代远程教学站,通过现代信息技术为当地无偿输送优质教育与培训资源,240 余万基层党政干部、校长、中小学师生从中受益。教育扶贫工作不仅让贫困地区的各类人群收获了知识和智慧,更重要的是提高了他们的自身发展能力,取得了显著的社会效益。清华大学教育扶贫工作得到社会各界的广泛关注和资助,在清华大学教育基金会的指导和支持下,伟新教育基金从 2007 年 12 月开始支持清华大学伟新教育扶贫教师培训项目。该项目针对贫困地区中小学校长、班主任、心理教师、学前管理者、教研员和部分学科骨干教师,着力提升教师专业能力,促进贫困地区教育事业发展,很多边远贫困地区把该项目作为提升当地教师素质水平,促进教师成长进步的重要方式。2018 年教育扶贫办公室共计开展 13 期伟新教育扶贫教师培训项目,主要项目有:清华伟新教育扶贫中学校长培训、中学班主任培训、小学班主任培训、乡村美术教师培训,乡村体育教师培训、乡村音乐教师培训、乡村英语教师培训(赴京和赴港各一期),面向贫困地区学生高考考前辅导培训和中学校长驻校培训。参加培训的贫困地区有山西(汾阳市)、内蒙古(乌拉特前旗、乌拉特后旗、磴口县、鄂托克旗、翁牛特旗、商都县、克什克腾旗、察右中旗)、河北(蔚县、武强县、大名县、宣化区、唐县、平乡县、承德县、饶阳县、肃宁县、唐县、曲阳县)、河南(滑县、信阳市、社旗县)、陕西(白河县、镇坪县、宜君县)、湖南(冷水江市、新邵县、桃源县、益阳市)等地区,共计 628 名中小学校长、班主任、英语教师、美术教师、体育教师、音乐教师来清华参加面授学习,多个地区组织远程直播学习和学习资源下载组织学习,超过 5 万名教师通过远程参加学习。学校积极搭建教育扶贫工作平台,扩大教育扶贫工作的参与面。自 2006 年起,清华每年暑期组织清华师生及国外大学生志愿者,赴贫困地区中小学开展学习方法、健康教育、视野开阔、英语计算机等学科知识辅导及交流活动。2018 年 7 月中外师生暑期社会实践的志愿者奔赴安徽含山,湖南慈利、福建浦城、贵州红花岗、内蒙古乌拉特后旗、宁夏隆德、四川古蔺等 15 个地区,万余名贫困地区中小学生受益,为这些孩子尤其是留守儿童带来关爱与新知,激发其改变命运、走出贫困的勇气与内生力量

(十七)校友基金

校友基金开展情况如表5-20所示。[1]

表5-20 校友基金开展情况

项目名称:校友基金
本年度是否为该项目开展了公开募捐:否
本年度是否对该项目进行了专项审计:否
项目本年度收入:人民币17,560,949.76元
项目本年度支出:人民币3,094,740.90元
项目介绍: 校友自发组织筹款,所筹资金用于校友所在年级秩年纪念及相关活动、回馈母校建设发展,并在校友中开展各类联谊、互助等活动。下设30个子项目,主要项目有:校友工作基金、83级校友基金、88级校友基金、93级校友基金、清华电子系校友工作基金、房地产行业校友基金等

(十八)张光斗科技教育基金

张光斗科技教育基金开展情况如表5-21所示。[2]

表5-21 张光斗科技教育基金开展情况

项目名称:张光斗科技教育基金
本年度是否为该项目开展了公开募捐:否
本年度是否对该项目进行了专项审计:是
项目本年度收入:人民币1,065,000.00元
项目本年度支出:人民币508,689.00元
项目介绍: 为宣传、弘扬张光斗先生爱国、奉献、敬业精神,支持、鼓励在水利水电事业中取得突出成绩的科技工作者、教育工作者和优秀学生,张先生的弟子和相关机构捐赠设立了"张光斗科技教育基金",作为清华大学教育基金会的不开立银行账户的分支机构,依托清华大学教育基金会管理和运作。基金本金不动,每年以利息支持我国水利水电行业的大学和研究机构,奖励全国水利专业的优秀学生。2018年度支出主要用于发放张光斗优秀学生奖学金以及支持获奖学生来京参加颁奖典礼等

---

〔1〕 参见《清华大学教育基金会2018年度工作报告》,载清华大学教育基金会:http://www.tuef.tsirghua.edu.cn/sites/pdf/infomation/2018ndgzbg.pdf,最后访问日期:2019年7月28日。

〔2〕 参见《清华大学教育基金会2018年度工作报告》,载清华大学教育基金会:http://www.tuef.tsirghua.edu.cn/sites/pdf/infomation/2018ndgzbg.pdf,最后访问日期:2019年7月28日。

（十九）其他

其他项目开展情况如表5－22所示。[1]

表5－22　其他项目开展情况

项目名称：其他
本年度是否为该项目开展了公开募捐：否
本年度是否对该项目进行了专项审计：否
项目本年度收入：人民币116，976，585.28元
项目本年度支出：人民币82，515，040.52元
项目介绍： 其他类基金项目主要是经基金会理事会通过的资助项目，包括29个子项目，主要项目有：全球健康药物研发中心（GHDDI）、世界华人数学家联盟基金、中国廉洁创新奖基金、清华老年书画摄影展览出版基金、幼儿园发展基金及学生艺术团活动、学生赛艇队比赛等

四、扶贫活动情况

（一）2018年度实际开展情况

2018年度社会公益基金援助“三区三州”等深度贫困地区和其他扶贫活动实际开展情况如表5－23所示。[2]

表5－23　2018年度社会公益基金实际开展扶贫情况

1	项目名称	社会公益基金——伟新教育扶贫基金
	项目支出	人民币1，756，178.55元，受益建档立卡贫困户100户1161人
	项目受益地点	甘肃省临夏回族自治州和政县、新疆阿克苏地区沙雅县、四川甘孜藏族自治州甘孜县、云南迪庆藏族自治州香格里拉市

〔1〕参见《清华大学教育基金会2018年度工作报告》，载清华大学教育基金会：http://www.tuef.tsirghua.edu.cn/sites/pdf/infomation/2018ndgzbg.pdf，最后访问日期：2019年7月28日。

〔2〕参见《清华大学教育基金会2018年度工作报告》，载清华大学教育基金会：http://www.tuef.tsirghua.edu.cn/sites/pdf/infomation/2018ndgzbg.pdf，最后访问日期：2019年7月28日。

续表

1	项目内容简述	2018 年教育扶贫办公室根据贫困地区的需求反馈和专业老师的指导,进一步创新清华伟新教育扶贫项目培训模式和内容,共计开展 13 期伟新教育扶贫教师培训项目,主要项目有:清华伟新教育扶贫中学校长培训、中学班主任培训、小学班主任培训、乡村美术教师培训、乡村体育教师培训、乡村音乐教师培训、乡村英语教师培训(赴京和赴港各一期),面向贫困地区学生高考考前辅导培训和中学校长驻校培训。通过远程加面授的方式,“三区三州”等深度贫困地区参加培训的当地干部和教师合计 1161 人。2018 年组织的清华伟新教育扶贫体育教师培养计划——乡村体育课活动,邀请专家赴甘肃临夏和政县调研地方基础教育发展现状,开展乡村体育教师的培训。(本项目支出为伟新教育扶贫基金 2018 年的所有支出,“三区三州”等深度贫困地区的干部和教师参加了相关培训)
2	项目名称	社会公益基金——律动宝贝基金
	项目支出	人民币 206,000.00 元,受益建档立卡贫困户 300 户 300 人
	项目受益地点	四川省甘孜藏族自治州甘孜县、甘肃省甘南藏族自治州迭部县、四川省阿坝藏族羌族自治州阿坝县
	项目内容简述	清华大学第一附属医院多年来一直致力于云、贵、川等经济欠发达地区的贫困家庭先心病患儿的筛查救治工作。2018 年 5 月和 7 月清华大学第一附属医院先后派医疗专家 6 名分别到四川省汶川县、甘肃甘南藏族自治州迭部县、甘肃甘南藏族自治州人民医院及周边寺院开展义诊和先心病患儿的筛查确诊工作,先后为 300 余名患者进行义诊和对 30 余名先心病疑似患儿进行确诊。2018 年 11 月,4 名先心病患儿在清华大学第一附属医院完成检查和手术治疗,其中来自四川阿坝藏族羌族自治州阿坝县的患有复杂先心病的索州卓玛,在一附院成功完成了第二次手术的情况,被多家媒体以“跨越三年的救治 - 让她获得心生”为题进行报道,体现了党和政府、清华的专家学者对藏族孩子的记挂和帮助。2018 年清华大学第一附属医院还接收来自四川甘孜藏族自治州人民医院妇产科和眼科的 2 名医务人员的免费进修,提高了当地的医疗技术水平

（二）2019 年度计划开展情况

2019 年度社会公益基金计划开展援助“三区三州”等深度贫困地区和其他扶贫活动情况如表 5 – 24 所示。[1]

表 5 – 24　2019 年度社会公益基金计划开展扶贫情况

1	项目名称	社会公益基金——伟新教育扶贫基金
	项目支出	人民币 300,000.00 元，受益建档立卡贫困户 100 户 1500 人
	项目地点	甘肃省临夏回族自治州和政县、新疆阿克苏地区、四川甘孜藏族自治州、云南迪庆藏族自治州
	项目内容简述	香港伟新教育基金从 2007 年 12 月开始支持清华大学伟新教育扶贫教师培训项目。该项目针对贫困地区中小学校长、班主任、心理教师、学前管理者、教研员和部分学科骨干教师，着力提升教师专业能力，促进贫困地区教育事业发展，很多边远贫困地区把该项目作为提升当地教师素质水平，促进教师成长进步的重要方式。2019 年，继续加大对“三区三州”等深度贫困地区干部和教师的培训力度，特别是短缺学科师资的培训，促进地方社会发展和教育事业进步
2	项目名称	社会公益基金——律动宝贝基金
	项目支出	人民币 200,000.00 元，受益建档立卡贫困户 300 户 300 人
	项目地点	四川省阿坝藏族自治州甘孜县、四川省阿坝藏族自治州阿坝县、汶川县、甘肃省甘南藏族自治州迭部县等
	项目内容简述	2019 年在脱贫攻坚进入关键时期，全国上下聚焦深度贫困地区，清华大学第一附属医院将继续走进青海、云南藏区持续开展义诊下基层和先心病筛查救治工作。将最大限度地改善深度贫困家庭先心病患儿的生存状况，还给他们一个健康的身体。同时，清华大学第一附属医院将继续免费接收来自“三区三州”地区的医务工作者来院进修

〔1〕 参见《清华大学教育基金会 2018 年度工作报告》，载清华大学教育基金会：http://www.tuef.tsirghua.edu.cn/sites/pdf/infomation/2018ndgzbg.pdf，最后访问日期：2019 年 7 月 28 日。

第二节　国外大学教育基金会的收支实践

一、概况

全美高校商务官协会(National Association of College and University Business Officers,NACUBO)成立于1962年,是一个非营利性专业组织,代表美国1900多所大学和行政学院的首席行政和财务官员。NACUBO的使命是推动经济活力,促成商业实践和高等教育机构的合作,以实现他们的使命。教师保险和养老金协会(Teachers Insurance and Annuity Association,TIAA)是学术、研究、医疗、文化和政府领域金融服务的领先提供商。TIAA拥有近1万亿美元的管理资产(截至2018年12月31日),并提供广泛的金融解决方案,包括投资、银行、咨询和教育及退休服务。两者每个财会年度都会发布NACUBO-TIAA捐赠研究报告(NACUBO-TIAA Study of Endowments,NTSE),来揭示该会计年度美国大学基金会运作情况。

从美国802所大学收集的2018年NTSE数据显示,2018财年参与机构的捐赠平均回报率为8.2%(扣除费用)(2017年7月1日至2018年6月30日),与2017财年的12.2%相比,美国大学和大学捐赠基金的同比业绩下降主要是由于美国和国际股市的下跌。虽然关键任务的10年平均年回报率于2018年增加了1.2个百分点,达到5.8%,但仍低于7.2%(研究机构的长期回报目标)。

参与的学院和大学报告说他们的捐赠超过216亿美元用于校园运营,并且在2018年该研究首次引入新数据,显示机构如何分配他们的捐赠支出。平均而言,学校使用49%的捐赠总额来支持学生奖学金和其他经济援助计划,16%用于学术辅导和其他相关职能。NACUBO总裁兼首席执行官苏珊·惠勒·约翰斯顿(Susan Whealler Johnston)表示:“今年研究中的新捐赠基金数据清楚地表明了学院和大学为支持经济援助和学生成功做出的承诺。”“这些数据表明,学生及其家人是机构捐赠资金的最终受益者。然而,我们仍然关注低于目标的长期回报率,这使得大学和学院更难以增加捐赠支出来支持他们的任务。"

尽管长期回报率仍低于6%,但各机构继续增加捐赠支出。在2018财年,66%的NTSE参与机构提高了支出,其中中间增长率为6.6%,远高于通货膨胀率2.8%。"捐赠基金在机构的运营中发挥着更大的作用,在2018年平均提供运营预算资金的10%,"TIAA捐赠和慈善服务首席执行官凯文·奥利里(Kevin O'Leary)说。"鉴于捐赠基金在履行机构使命方面的作用,以及他们对政策和管理决策的敏感性,更全面的养老管理方法已成为高等教育机构成功的关键。"

年度研究分析了从美国公立和私立大学,以及他们支持的基金会收集的返回数据和广泛的相关信息。该研究的规模和范围使其成为全美高等教育机构投资管理和治理实践及政策的最全面的年度报告。2018年研究中的802家机构代表了6165亿美元的捐赠资产。虽然中位数的捐赠规模约为1.420亿美元,但41%的研究参与者的捐赠额为1.01亿美元或更少。

二、捐赠总额大且投资回报可观

(一)机构受访者数量和受访者的总捐赠市场价值

根据表5－25可知,全美高校捐赠基金和附属基金会一年回报率最高,其次是五年回报率,再次是三年回报率,最少的是十年回报率。其中,当属超过10亿美元的一年回报率最高。相较之下,私立学院和大学的总体回报率高于公共机构。近10年,美国大学捐赠收入呈现出稳定的增长趋势,大学基金会资产规模扩张速度更加明显。除了在经济危机期间,大学基金资产急速缩水,其余年份美国大学基金资产规模保持逐年扩张趋势。资产规模的扩大离不开长期良好的投资效益。就投资收益而言,单年收益率波动起伏明显,而长期收益率较为稳定,以2018年为基准,过去3年、5年、10年美国大学基金平均收益率分别为6.2%、7.3%、5.7%。从2018年的数据看,公立大学和私立大学的长短期收益几乎一致;不同资产规模的大学基金会长短期收益率呈现一定差距,资产规模超过10亿美元资产的大学,其单年收益和长短期(3 年、5 年、10 年)收益都明显高于资产规模逊于其的大学基金会。这样的规模间收益差异可以从投资管理和投资策略中找到原因。捐赠收入的增加速度明显不如资产规模扩张速度的情况下,美国大学基金的资产规模总体上一直保持扩张,这归因于投资效益及其开支政策。

表 5-25 2018 年 NACUBO-TIAA 捐赠研究报告[1]

截至 2018 年 6 月 30 日,全美高校捐赠基金和附属基金会的平均 1 年、3 年、5 年和 10 年回报				
捐赠规模	1 年	3 年	5 年	10 年
	%	%	%	%
	N = 802	N = 749	N = 732	N = 627
超过 10 亿美元	9.7	6.8	8.2	6.0
5.01 亿~10 亿美元	8.7	6.2	7.4	5.6
2.51 亿~5 亿美元	8.5	6.1	7.3	5.7
1.01 亿~2.5 亿美元	7.9	6.0	7.1	5.6
5100 万~1 亿美元	7.7	6.0	7.0	5.7
2500 万~5000 万美元	7.5	6.0	7.0	6.1
2500 万美元以下	7.6	6.2	7.5	5.8
机构类型				
所有公共机构	8.1	6.2	7.3	5.7
公立学院、大学或系统	8.5	6.6	7.5	5.8
与机构有关的基金会	7.8	6.1	7.2	5.8
联合捐赠/基金	8.3	6.1	7.2	5.5
所有私立学院和大学	8.3	6.1	7.3	5.8
平均数(所有机构)	8.2	6.2	7.3	5.8
中位数(所有机构)	8.0	6.1	7.2	5.7

〔1〕 See 2018 Average Net Total Rates of Return, at https://www.nacubo.org/Research/2019/Public-NTSE-Tables, July 8, 2019.

续表

捐赠规模	1 年	3 年	5 年	10 年
	%	%	%	%
	N = 802	N = 749	N = 732	N = 627
相对指标				
标准普尔 500 指数	14.4	11.9	13.4	10.2
罗素 3000	14.8	11.6	13.3	10.2
MSCI World ex U. S. (in U. S.)	7.0	4.9	6.2	2.6
巴克莱美国总债券	-0.4	1.7	2.3	3.7
消费者价格指数	2.3	1.6	1.5	1.7

(二)市场价值变化百分比

美国有许多基金会,最有权的基金会是大学基金会。[1] 根据表5-26可知,美国大学基金会资产庞大,部分大学的平均捐赠基金已经达到百万美元,但即使资产雄厚的大学其开支比例也并没有明显增加,与此同时美国大学学费依然保持上涨,这引发了社会质疑:"大学基金会是否很好地发挥了慈善作用"。根据表 5-27 可知,美国大学基金投资虽然取得了显著的成绩,但管理者并没有完全满意,他们最终追求的是保持大学基金的购买力,并且实现"代际平等"。所谓"代际平等",即"为每一代师生提供相同的支持服务"。譬如,一个 500 万美元的大学基金,若今年开支 4%,用 2 万美元买 2 万本书,"代际平等"意味着即使 50 年后该大学基金会也要保证每年能购买 2 万本书,也就意味着要赚回开支部分的同时还要考虑通货膨胀问题。美国大学基金的可持续发展关系到大学发展的未来,大学基金会作为经费补充渠道保障大学高水平发展的需求,给予大学自主性发展的可能性,减少对政府经费的依赖。同时,大学基金可以解决政府职能缺失问题,如大学生入学、大学生求职等问题,更重要的是帮助大学抵御未来经济冲击。只有保持提升大学基金的市场购买力,才能最大

[1] 参见基金会中心网编:《美国社区基金会》,社会科学文献出版社 2013 年版,总序第 3 页。

化地发挥大学基金会的慈善功能。秉持这样战略性的长远发展宗旨,意味着大学基金会如何科学运营成为关键。美国大学基金会以"永久性基金,收入用于支持某个特殊目的"作为定位。大学基金充当了大学财政预算的一部分,必然要考虑收入和支出问题,成功的大学基金会在管理中无一例外地做到了平衡大学当下发展需求和基金永久性发展的关系。大学基金会的投资收益在实际管理操作上,"代际平等"需要开支政策和投资政策联合起来才能实现。基于大学基金会的永久性特质,大学基金会可以进行复杂、非流动性的或长期性的投资。开支政策既要满足大学优先发展项目也要保证不影响其资产配置。要实现"代际平等",大学基金的投资就必须考虑通货膨胀,逐年保持资产的同等购买力,这给不同背景特征的大学基金资产配置策略带来一定考验。

表 5-26 2017~2018 财年全美高校捐赠十强[1]

排名	机构名称	2018 财年捐赠(1000 美元)	2017 财年捐赠(1000 美元)	市场价值变动(%)	2017 年秋季全日制等效(FTE)学生	2018 财年每位 FTE 学生的捐赠价值(美元)
1	哈佛大学	38, 303, 383	36, 021, 516	6.3	N/A	N/A
2	得克萨斯大学	30, 886, 018	26, 535, 095	16.4	185, 768	166, 261
3	耶鲁大学	29, 351, 100	27, 176, 100	8.0	12, 926	2, 270, 702
4	斯坦福大学	26, 464, 912	24, 784, 943	6.8	16, 472	1, 606, 661
5	普林斯顿大学	25, 917, 199	23, 812, 241	8.8	8184	3, 166, 813
6	麻省理工学院	16, 529, 432	14, 967, 983	10.4	11, 276	1, 465, 895
7	宾夕法尼亚大学	13, 777, 441	12, 213, 202	12.8	22, 855	602, 820
8	德州农工大学	13, 524, 947	11, 556, 260	17.0	151, 897	89, 040
9	密歇根大学	11, 901, 760	10, 936, 014	8.8	56, 741	209, 756
10	西北大学	11, 087, 659	10, 436, 692	6.2	19, 112	580, 141

---

〔1〕 See 2018 Endowment Market Values for Media—FINAL—Revised June 11, 2019, at https://www.nacubo.org/Research/2019/Public-NTSE-Tables, July 8, 2019.

表5－27　2009～2018财年全美高校捐赠基金及附属基金会年平均和年净投资回报率[1]

	2018年	2017年	2016年	2015年	2014年	2013年	2012年	2011年	2010年	2009年
	%	%	%	%	%	%	%	%	%	%
平均值	8.2	12.2	－1.9	2.4	15.5	11.7	－0.3	19.2	11.9	－18.7
中间值	8.0	12.5	－2.1	2.2	15.8	11.7	－0.5	19.8	12.1	－19.1

三、知名大学基金会收支情况

(一)耶鲁大学基金会收支情况

1.概况

(1)长期资产类别表现

耶鲁的10年资产类表现仍然强劲。国内股市回报率为12.4%，每年超过基准2.2%。外国股票的回报率为14.0%，每年超过复合基准10.6%。绝对回报产生的年回报率为4.8%。杠杆收购回报率为10.2%，风险资本回报率为16.0%。房地产和自然资源的年回报率分别为2.7%和1.7%。

耶鲁的20年资产类表现仍然强劲。国内股市回报率为11.8%，基准指数每年上涨4.9%。外国股票的回报率为15.6%，超过综合基准年率8.5%。绝对回报产生的年回报率为8.3%。杠杆收购回报率为12.1%，风险资本回报率为165.9%。房地产和自然资源的年回报率分别为9.0%和15.2%。

(2)资产分配

耶鲁继续保持多元化，股权导向的投资组合，2019财年的资产配置目标如表5－28所示。

〔1〕 See 2018 NTSE Public Tables—Annual Rates of Return—FINAL—Revised June 11,2019, at https://www.nacubo.org/Research/2019/Public-NTSE-Tables,July 9,2019.

表 5－28　2019 财年耶鲁大学基金会的投资回报率目标

资产类别	回报率(%)
绝对回报率	26.0
风险投资	18.0
外资股权	15.5
杠杆收购	15.0
房地产	9.5
债券和现金	6.5
自然资源	6.5
国内股权	30.0

耶鲁的目标是将最低 30% 的捐赠分配给对市场不敏感的资产(现金、债券和绝对回报)。该大学进一步寻求将非流动资产(风险资本、杠杆收购、房地产和自然资源)限制在投资组合的 50%。耶鲁大学的支出和投资政策为现有学者提供了大量的现金流量,同时为后代保留了捐赠购买力。捐赠者指定约 1/4 的捐赠支出用于支持教授和教学。近 1/5 致力于奖学金、奖教金和奖品。1/4 可用于一般大学目的。剩余的捐赠基金是捐助者指定的,以支持特定的部门或计划。

2. 收入情况

耶鲁捐赠基金在 2018 年 6 月 30 日总计 294 亿美元,包含数千个具有各种目的和限制的基金。大约 83% 的基金构成真正的捐赠,某些捐赠者提供长期资金但限制捐赠基金的使用,以达到某些指定目的。捐赠者经常指定所赠基金的特定目的。例如,为教授职业提供资金,教学和讲师(23%);奖学金,奖助金和奖金(18%);维持大学运作(4%);购买图书(3%);其他特定目的(28%)。24% 的捐赠基金不受限制。19% 的捐赠基金使整个耶鲁大学受益,其余资金集中在特定部门,包括艺术与科学学院(34%)、艺术学院(25%)、图书馆(7%)和其他实体(15%)。虽然目的或限制不同,但捐赠基金均混合在一个投资池中,并被相关机关所掌控,就像一个大型共同基金一样。现金、证券或财产的捐赠礼品往往会被重点关注。在2018财年,捐赠基金提供了13亿美元,约占该大学39亿美元营业收入的33%。其他主要收入来源是9.62亿美元的医疗服务(25%);7.9亿美元的赠款和合同款(20%);净学费、租金和董事会3.74亿美元(10%);1.56亿美元的捐赠(4%);其他收入和转款3.12亿美元(8%)。[1]

3. 收益情况

截至2018年6月30日,耶鲁大学的捐赠收益率为12.3%(扣除所有费用)。捐赠额从2017年6月30日的272亿美元增加到2018年6月30日的294亿美元。来自捐赠基金的支出,即耶鲁大学2019财年的最大收入来源,用以支持学生的学费、学生奖学金和其他费用,却达到14亿美元,约占该大学净收入的34%。在过去20年中,经营预算的捐赠分配以年均8.7%的速度增长。除其他优先事项之外,这些开支还支持耶鲁致力于满足在耶鲁大学注册的每个学生的全部经济需求,耶鲁大学的长期业绩仍然处于机构投资者中的顶级水平。截至2018年6月30日的10年间,耶鲁的捐赠年回报率为7.4%。相对于大学和大学捐赠的平均回报率估计为5.5%,在过去10年中,耶鲁的投资业绩已增加了45亿美元的价值。与此同时,也增加了相应的支出。在10年期间,捐赠额从229亿美元增长到294亿美元。截至2018年6月30日的20年间,耶鲁的捐赠年回报率为11.8%。相对于大学和大学捐赠的平均回报率估计为6.8%,在过去20年中,耶鲁的投资业绩增加了271亿美元的价值。在这20年期间,捐赠额从66亿美元增长到294亿美元。

(二)哈佛大学基金会收支情况

1. 概况

截至2018年6月30日的最近一个财政年度,哈佛大学基金会的回报率为10.0%,捐赠的价值为392亿美元。根据表5－29可知,收益主要来

[1] See 2018 The Yale Endowment, at https://static1.squarespace.com/static/55db7b87e4b0dca22fba2438/t/5c8b09008165f55d4bec1a36/1552615684090/2018+Yale+Endowment.pdf, July 26, 2019.

自私募股权和公共股权投资。该基金会还为该大学分配了超过18亿美元的运营预算。[1]

表5-29 哈佛大学基金会的投资回报率[2]

资产类别	截至2017年7月1日分配率(%)	回报率(%)
公共股权	31	14
私募股权	16	21
对冲基金	21	6
房地产	13	9
自然资源	6	2
其他实际资产和私人债务	2	1
现金	3	0
债券/TIPS	8	1

虽然哈佛资产管理公司对这种表现不满意,但公司注意到其是一个组织和投资组合。快速浏览一下公司的资产组回报可以清楚地看到两个问题。首先,投资组合的某些部分需要重新调整。公司花一年多时间才明白这个缺陷,并且正努力改善未来的资产类别,并且将始终如此。其次,超越个别资产类别的回报,资产配置或风险水平是整体回报的主导因素。一般而言,风险等级越高,回报越高。

2.2018年度进展回顾

高质量的人才、文化和投资流程可以带来最高的长期回报,短期回报永远不应该推动长期战略。因此,除专注于投资组合外,哈佛资产管理公司的员工、文化和流程也得到了极大的关注。接下来将简要介绍哈佛资产管理公司在组织方面取得的进展。

---

〔1〕 See FY18_HMC_Annual_Reportt, at http://www.hmc.harvard.edu/content/uploads/2019/03/FY18_HMC_Annual_Report.pdf, July 29, 2019.

〔2〕 See FY18_HMC_Annual_Reportt, at http://www.hmc.harvard.edu/content/uploads/2019/03/FY18_HMC_Annual_Report.pdf, July 29, 2019.

(1)内部平台改革

• 在2018财年初期,哈佛资产管理公司分拆出两个相对价值平台,同时支持投资。

• 正如2018年财报公布的那样,哈佛资产管理公司将其庞大的内部房地产平台分拆给了贝恩资本,并由两者共同负责哈佛资产管理公司的资金池。

• 2018年春天,哈佛资产管理公司还分拆了其信贷平台,并通过投资支持它。

• 自然资源团队现在是哈佛资产管理公司的唯一内部平台。多年来该团队在重新定位投资组合,出售某些资产和改善其他人的管理方面取得了很大进展。

(2)全能型人才培养团队

哈佛资产管理公司全能型人才团队在2018财年开始之前正式成立,并且已经运作了两年多。一些团队成员已经接受过相关培训,其他人带来了深厚的专业经验。公司正在开发的投资框架和相关分析是其共同语言。虽然天才型专家需要几年时间才能完全成为全能型人才,但公司的早期进步已经超出了董事长的预期。此外,哈佛资产管理公司的投资和组织文化也在不断发展,以促进支持深思熟虑的投资决策所需的内部讨论和辩论。

第六章　我国大学教育基金会投资行为的规制方略

目前,我国关于大学教育基金会的投资管理并没有直接的专项规定,而是相对分散地体现在多个相关法律文件中。例如,属于法律层级的法律规范有2018年《中华人民共和国高等教育法》、2016年《中华人民共和国慈善法》、1999年《中华人民共和国公益事业捐赠法》;属于行政法规层级的法律规范有国务院令(2018)第707号《中华人民共和国个人所得税法实施条例》、国务院令(2004)第400号《基金会管理条例》;属于部门规章层级的法律规范有财政部财会〔2004〕7号《民间非营利组织会计制度》、民政部《关于规范基金会行为的若干规定(试行)》、民政部令(2006)第30号《基金会年度检查办法》、民政部令(2006)第31号《基金会信息公布办法》、民政部令(2018)第62号《慈善组织保值增值投资活动管理暂行办法》;属于部门政策的法规有教财〔2014〕3号《教育部　财政部　民政部关于加强中央部门所属高校教育基金会财务管理的若干意见》等。

这些法律法规对大学教育基金会的投资管理没有厘清符合现代投资逻辑的体系化规则,但通过对上述法律规范及规范领域具有相似性和参考价值的法律规范的剖析,可以梳理出目前我国对大学教育基金会的投资管理活动进行管理规范的相关制度。经过梳理,我国法律对于大学教育基金会投资管理行为的规制方略可以分为以下几个方面。

第一节　明确投资管理的基本理念

由于大学教育基金会的慈善组织属性，投资管理都是以增值保值为前提条件，例如考虑到大学教育基金在投资管理过程中可能会遇到的各种市场风险，如前文所说的利率风险、汇率风险等，结合不同投资工具的收益性与风险性的高低做出选择。涉及的相关法律规定如表 6－1 所示。

表 6－1　我国大学教育基金会涉投资行为的法律规定

《中华人民共和国慈善法》	第 54 条："慈善组织为实现财产保值、增值进行投资的，应当遵循合法、安全、有效的原则，投资取得的收益应当全部用于慈善目的。""政府资助的财产和捐赠协议约定不得投资的财产，不得用于投资……"
《中华人民共和国高等教育法》	第 38 条："高等学校对举办者提供的财产、国家财政性资助、受捐赠财产依法自主管理和使用。"
《基金会管理条例》	第 28 条："基金会应当按照合法、安全、有效的原则实现基金的保值、增值。"
	第 29 条："公募基金会每年用于从事章程规定的公益事业支出，不得低于上一年总收入的 70%；非公募基金会每年用于从事章程规定的公益事业支出，不得低于上一年基金余额的 8%。"
《慈善组织保值增值投资活动管理暂行办法》	第 3 条："慈善组织应当以面向社会开展慈善活动为宗旨，充分、高效运用慈善财产，在确保年度慈善活动支出符合法定要求和捐赠财产及时足额拨付的前提下，可以开展投资活动。慈善组织开展投资活动应当遵循合法、安全、有效的原则，投资取得的收益应当全部用于慈善目的。"
	第 6 条："慈善在投资资产管理产品时，应当审慎选择，购买与本组织风险识别能力和风险承担能力相匹配的产品。""慈善组织开展委托投资的，应当选择中国境内有资质从事投资管理业务，且管理审慎、信誉较高的机构。"

续表

《慈善组织保值增值投资活动管理暂行办法》	第4条及第7条规定，直接购买银行、信托、证券、基金、期货、保险资产管理机构、金融资产投资公司等金融机构发行的资产管理产品，通过发起设立、并购、参股等方式直接进行股权投资，将财产委托给受金融监督管理部门监管的机构进行投资等都是属于可以投资的领域范围；直接买卖股票，直接购买商品及金融衍生品类产品，投资人身保险产品，以投资名义向个人、企业提供借款，不符合国家产业政策的投资，可能使本组织承担无限责任的投资，违背本组织宗旨、可能损害信誉的投资，非法集资等国家法律法规禁止的其他活动等都属于慈善组织不得进行的投资活动
《关于规范基金会行为的若干规定（试行）》	第2部分第6款规定，基金会进行保值增值活动时，应当遵守以下规定：基金会进行保值增值应当遵守合法、安全、有效的原则。符合基金会的宗旨，维护基金会的信誉，遵守与捐赠人和受助人的约定，保证公益支出的实现；基金会可用于保值增值的资产限于非限定性资产、在保值增值期间暂不需要拨付的限定性资产；基金会进行委托投资，应当委托银行或者其他金融机构进行
《教育部 财政部 民政部关于加强中央部门所属高校教育基金会财务管理的若干意见》	第26条：“基金会资产保值增值应当遵循合法、安全、有效的原则，建立投资责任体系和追踪问责机制，明确投资止损原则，通过有效的过程管理控制投资风险。”
	第27条：“基金会可用于保值增值的资产限于非限定性资产和在保值增值期间暂不需要拨付的限定性资产。捐赠人对于其捐赠款投资有限制性意见的，基金会不能违背捐赠人意愿开展投资活动。基金会应保持资金的流动性，投资活动不得影响公益支出的实现。”
	第29条：“基金会进行委托投资的，应当委托银行或者其他金融机构进行。”
	第30条：“基金会的资金不得投向期货、期权等衍生金融工具，不得提供任何形式的经济担保或财产担保。”
	第31条：“基金会投资收益必须全部足额纳入统一账户进行管理，并确保用于符合公益宗旨的方向。”
	第32条：“基金会应当将接受的捐赠财产用于资助符合其宗旨和业务范围的活动和事业。基金会与捐赠人订立了捐赠协议的，应当按照协议约定使用。如需改变用途，应当征得捐赠人书面同意。”

一、对于投资的态度

通过上述分析,我们可以发现,目前我国对于大学教育基金会开展投资管理活动持积极态度,高校对受捐赠财产享有依法自主管理和使用的权利,强调在保证教育支出资金充足性和流动性的基础上,要以合法、安全、有效为原则,以面向社会开展慈善活动为宗旨,提高资金利用效率,做到慈善资产的增值保值,并且所获收益应当继续使用在发展教育的公益目的中。

原本在《慈善组织保值增值投资活动管理暂行办法(征求意见稿)》中将流动性进一步细化,从资产类型和期限方面都进行了明确,规定慈善组织应当保持足够的现金类资产,以保证连续三年的慈善活动支出符合法定要求和待拨捐赠财产及时足额拨付。这就要求大学教育基金会在开展保值增值活动时,既要考虑当年支出的需求,又要做好充分规划,对于未来三年的支出活动要有具体的、可量化的科学的预期,避免因流动性不足带来的风险。但是在《慈善组织保值增值投资活动管理暂行办法》中取消了这一规定,取而代之的是"充分、高效运用慈善财产,在确保年度慈善活动支出符合法定要求和捐赠财产及时足额拨付的前提下,可以开展投资活动",体现出国家对于基金会投资的态度更加积极,以及投资前提的进一步放宽。

二、关于可投资资产

关于可投资资产采用的列举式和除外式结合的规定,可用于保值增值的资产限于非限定性资产和在保值增值期间暂不需要拨付的限定性资产,如《关于规范基金会行为的若干规定(试行)》;而不得用于投资的资产为政府资助的财产和捐赠协议约定不得投资的财产,具体参见《中华人民共和国慈善法》的规定。由此可以推断出,大学教育基金会所获的政府配比资金、政府其他拨款等均不得用于投资。

此外,在《教育部　财政部　民政部关于加强中央部门所属高校教育基金会财务管理的若干意见》中规定了两个条件。一是捐赠人对于其捐赠款投资有限制性意见的,基金会不能违背捐赠人意愿开展投资活动。此处所规定的捐赠人的限制性意见,应该体现为捐赠协议,即大学教育基金会在接受捐赠时,可提醒捐赠人注意相关条款,如无反对意见,则可以进行投资。二是基金会应保持资金的流动性,投资活动不得影响公益支出的实现。这就要求大学教育基金会在投资时,要充分考虑到公益支出的需求,不能盲目为追求投资收益而影响公益活动的开展。

三、关于投资范围

1988 年制定的《基金会管理办法》对基金会的投资范围有较为细致的规定,例如,可以存款,也可以购买债券、股票等有价证券,不得经营管理企业等。但是《基金会管理条例》实施后,取消了对投资范围的相关规定。《关于规范基金会行为的若干规定(试行)》中延续了条例的做法,并未规定具体的投资范围。《教育部　财政部　民政部关于加强中央部门所属高校教育基金会财务管理的若干意见》中规定,基金会的资金不得投向期货、期权等衍生金融工具,即除期货、期权等衍生金融工具以外,其他的金融产品,大学教育基金会都可以进行投资。《慈善组织保值增值投资活动管理暂行办法》在投资范围方面进行了细化的规定,具体如下。

一是从合法、安全、有效的原则出发,借助金融领域的行政和行业监管,规定慈善组织开展投资可以购买金融机构发行发售的产品,或者委托专业管理机构进行。法律要求大学教育基金会应当选择与其风险承担能力及风险识别能力相匹配的投资对象,对于委托机构投资的,也应当选择具有相应资质的机构进行委托,以降低投资风险,提高资金安全性。其中直接购买的产品包括商业银行、证券公司、基金管理公司、信托公司、保险资产管理公司等金融机构发行发售的理财产品、债券、证券投资基金、信托产品等投资品种,可以通过发起设立、并购、参股等方式直接进行股权投资,但是股权投资的范围应当与自身的营业范围相一致,也可以委托给合法机构进行投资等。同时,对理财产品、债券、信托产品等从信用等级方面进行了细化的规定。

就股权投资可委托的合法机构包括哪些而言,在《慈善组织保值增值投资活动管理暂行办法》政策问答中,有关部门回答:“国内负责金融监督管理的部门为中国人民银行、中国银行保险监督管理委员会、中国证券监督管理委员会。这三个部门监管的机构主要包括银行、信托、证券、基金、期货、保险资产管理机构、金融资产投资公司及私募基金管理人,具体的机构名单可以在相关金融监督管理部门的官网上查询。”[1]可见,“受金融监督管理部门监管的机构”是以具体名单为准。

二是对直接股权投资进行了限制性规定,将其限定在可以直接进行与慈善组织宗旨和业务范围直接相关的股权投资。这是除被投资方的经营范围与慈善组织的宗旨和业务范围直接相关的情形,即开展扶贫济困、支持困难群体就业创业等慈善活动所需要进行的股权投资以外,慈善组织不得进行其他直接的股权投资。这既减少了慈善组织通过直接成立营利性企业进行利益输送的可能,也防止捐赠财产转变为长期股权后丧失其流动性,影响慈善活动支出。但法律禁止大学教育基金直接购买商品或买卖金融衍生品类产品、向企业提供借款等或者其他不符合国家产业政策的投资。大学教育基金的对外投资不应使基金背负无限责任,不能违背大学教育基金会的宗旨和原则,不能损害大学教育基金会的声誉。

三是规定了禁止慈善组织开展的活动。《慈善组织保值增值投资活动管理暂行办法》对风险过高背离保值增值目的,或者有悖于慈善宗旨的行为予以禁止。这 12 种情形中有的不是投资行为,但在实践中经常以“投资”的名义出现,一并予以禁止,具体为:在非银行金融机构存款;直接投资二级市场股票;投资人身保险产品;投资期货、期权、远期、互换等金融衍生产品,用于对冲风险的除外;不具有稳定现金流回报预期或者资产增值价值的投资;向个人、企业直接提供本组织宗旨和业务范围规定的慈

---

〔1〕 参见《〈慈善组织保值增值活动管理暂行办法〉政策问答》,载民政部:http://www.mca.gov.cn/article/gk/jd/shzzgl/201811/20181100012706.shtml,最后访问日期:2020 年 3 月 20 日。

善活动无关的借款；违法开展保证、抵押，以及将慈善组织的财产用于与组织宗旨和业务范围规定的慈善活动无关的质押；将慈善组织的财产以明显不公允的价格低价折股或者出售；高污染等不符合国家产业政策项目的投资；可能使本组织承担无限责任的投资；违背本组织宗旨、可能损害信誉的投资；参与非法集资等国家法规政策禁止的其他活动。[1]

第二节 严守投资管理的风险防控

大学教育基金会为实现财产保值增值开展投资活动时首先要确保使命第一，投资次之。大学教育基金会的宗旨是资助高校开展教育活动而不是牟利，大学教育基金会开展投资必须服从服务于教育财产的保值增值，而不能是其他目的，大学教育基金会的财产作为高校教育财产，其安全性在投资活动中应当被放在首要位置。大学教育基金也不同于一般企业基金，其公益性及教育支出必须保证有充足的资金流动性，任何投资管理活动也都必须以保本作为重要考虑。涉及的相关法律规定如表6－2所示。

表6－2 我国大学教育基金会涉投资安全性的法律规定

《慈善组织保值增值投资活动管理暂行办法》	第6条："慈善组织在投资资产管理产品时，应当审慎选择，购买与本组织风险识别能力和风险承担能力相匹配的产品。慈善组织直接进行股权投资的，被投资方的经营范围应当与慈善组织的宗旨和业务范围相关。慈善组织开展委托投资的，应当选择中国境内有资质从事投资管理业务，且管理审慎、信誉较高的机构。"
	第8条："慈善组织应当在财务和资产管理制度中规定以下内容：(1)投资遵循的基本原则；(2)投资决策程序和管理流程；(3)决策机构、执行机构、监督机构在投资活动中的相关职责；(4)投资负面清单；(5)重大投资的标准；(6)投资风险管控制度；(7)投资活动中止、终止或者退出机制；(8)违规投资责任追究制度。"

〔1〕 参见黎颖露、韩佼：《大学教育基金会的法制环境》，载《中国大学教育基金会发展报告》编写组编：《中国大学教育基金会发展报告》(2018)，社会科学文献出版社2018年版，第253页。

续表

《慈善组织保值增值投资活动管理暂行办法》	第10条:"慈善组织的发起人、主要捐赠人、负责人、理事、理事来源单位以及其他与慈善组织之间存在控制、共同控制或者重大影响关系的个人或者组织,当其利益与慈善组织投资行为关联时,不得利用关联关系损害慈善组织利益。"
	第13条:"慈善组织应当根据投资活动的风险水平以及所能承受的损失程度,合理建立止损机制。慈善组织可以建立风险准备金制度。"
《关于规范基金会行为的若干规定(试行)》	第3部分第7款:"基金会应当建立健全内部制度,将所有分支机构、代表机构、专项基金以及各项业务活动纳入统一管理。基金会应当在内部制度中对下列问题做出规定:1. 各项工作人员工资福利和行政办公支出(以下简称日常运作费用)的支付标准、列支原则、审批程序,以及占基金会总支出的比例;2. 开展公益项目所发生的与该项目直接相关的运行成本(以下简称项目直接成本)的支付标准、列支原则、审批程序,以及占该项目总支出的比例;3. 资产管理和处置的原则、风险控制机制、审批程序,以及用于投资的资产占基金会总资产的比例。"
《教育部 财政部 民政部关于加强中央部门所属高校教育基金会财务管理的若干意见》	第5条:"基金会应当建立健全内部控制体系,严格执行不相容职务的分离制度,严格贯彻决策、执行和监督相分离制度,有效控制各类风险。"
	第25条:"基金会应当加强资产管理,配备资产管理人员,建立定期盘点制度,对非现金资产应该进行登记和管理,做到账实相符、账表相符。"
	第26条:"基金会资产保值增值应当遵循合法、安全、有效的原则,建立投资责任体系和追踪问责机制,明确投资止损原则,通过有效的过程管理控制投资风险。"

一、产品选择与风险识别和承担能力相匹配

关于大学教育基金会投资管理的风险防控,目前我国规定大学教育基金会应当选择本组织风险识别能力和风险承担能力相匹配的产品。在制度设计上应当确定投资原则和标准,设计投资决策程序、管理流程、风险控制制度及终止退出等程序,划分各相关人员的职责范围与关联关系,

禁止关联交易。具体而言，大学教育基金会运用社会捐赠的慈善财产进行投资，与一般企业追求高收益的目的不同，应当在确保操作稳健、风险合理的基础上实现保值增值，务必要将财产的安全性放在首要位置。为了最大限度地控制投资风险，法律除了将股票、商品及金融衍生品类产品、人身保险产品等高风险品种列入禁止直接投资的范畴，还通过要求慈善组织在开展投资活动时建立相应的决策机制来进一步控制投资风险。

二、建立投资责任体系和追踪问责机制

国家要求大学教育基金会应当在财务和资产管理制度中建立投资风险管控制度，投资活动中止、终止或者退出机制和违规投资责任追究制度，如《慈善组织保值增值投资活动管理暂行办法》第 8 条。法律规定大学教育基金会的财务和资产管理制度及重大投资方案应当经过决策机构组成人员 2/3 以上同意，如《慈善组织保值增值投资活动管理暂行办法》第 9 条。大学教育基金会应当根据投资活动的风险水平及所能承受的损失程度，建立合理止损机制，并可以建立风险准备金制度等，如《慈善组织保值增值投资活动管理暂行办法》第 13 条。对于大学教育基金会投资出现损失时的责任承担问题，《慈善组织保值增值投资活动管理暂行办法》第 14 条规定，慈善组织在开展投资活动时有违法违规行为，致使慈善组织财产损失的，相关人员应当承担相应责任。由此可见，只有当大学教育基金会在进行投资决策或开展投资活动时未依法依规且造成损失的，相关人员才会被追究责任，至于承担什么样的责任，可以参照有关法律法规规章及慈善组织自身制度的具体要求。以基金会为例，根据《基金会管理条例》第 43 条的规定，基金会理事会违反本条例和章程规定决策不当，致使基金会遭受财产损失的，参与决策的理事应当承担相应的赔偿责任。

在《慈善组织保值增值投资活动管理暂行办法(征求意见稿)》中，还规定有以下几项制度：一是投资可行性论证制度，即在做出投资决策前，慈善组织应当对投资项目进行可行性论证，必要时可聘请专家或者专业机构论证；二是经常性关注要求，即慈善组织应当经常、全面了解投资项

目和被投资方的经营情况，及时回收到期的本金、利息和分红等应得收益；三是集中度风险防范制度，即慈善组织的投资应注重防范集中度风险。投资权益类和固定收益类等资产，单个投资项目的投资金额不超过慈善组织总资产的30%。综合运用这些相关制度来确保慈善组织在投资活动中将风险控制在可承受的范围之内。[1] 但在《慈善组织保值增值投资活动管理暂行办法》中删除了征求意见稿内的上述内容，可能是国家基于目前国内基金会的管理水平考虑，认为目前国内基金会的投资多以保守投资为主，基金会投资管理以增值保值功能得不到发挥，若再加以过于严格的限制，与国家鼓励慈善组织充分发挥自主能动性与决策水平进行投资管理的初衷相违背。但大学教育基金会为实现财产保值增值开展投资活动时首先要确保使命第一，投资次之。大学教育基金会的宗旨是资助高校开展教育活动而不是牟利，大学教育基金会开展投资必须服从服务于教育财产的保值增值，而不能是其他目的，虽然《慈善组织保值增值投资活动管理暂行办法》中没有关于投资可行性论证制度、经常性关注要求制度及集中度风险防范制度，但随着大学教育基金会投资管理的日益成熟，上述制度在合适时机有可能继续出台。

此外，《教育部　财政部　民政部关于加强中央部门所属高校教育基金会财务管理的若干意见》中明确规定了资产管理的相关规定，如基金会应当加强资产管理，配备资产管理人员，建立定期盘点制度，对非现金资产应该进行登记和管理，做到账实相符、账表相符。总体而言，大学教育基金会的资产保值增值应当遵循合法、安全、有效的原则，建立投资责任体系和追踪问责机制，明确投资止损原则，通过有效的过程管理控制投资风险。

---

[1] 参见黎颖露、韩佼：《大学教育基金会的法制环境》，载《中国大学教育基金会发展报告》编写组编：《中国大学教育基金会发展报告》(2018)，社会科学文献出版社2018年版，第254页。

第三节 明晰投资管理的决策机制

科学合理的决策机制,不仅可以预防大学教育基金会投资过程中可能的操作及道德风险,并且可以更好地利用市场机遇,实现增值保值。对于投资管理过程中应该做到的规范,我国法律规定如表 6 - 3 所示。

表 6 - 3 我国大学教育基金会涉投资决策的法律规定

《中华人民共和国慈善法》	第 54 条:"慈善组织的重大投资方案应当经决策机构组成人员 2/3 以上同意。政府资助的财产和捐赠协议约定不得投资的财产,不得用于投资。慈善组织的负责人和工作人员不得在慈善组织投资的企业兼职或者领取报酬。"
《基金会管理条例》	第 20 条:"基金会设理事会,理事为 5 人至 25 人,理事任期由章程规定,但每届任期不得超过 5 年。理事任期届满,连选可以连任。""理事会设理事长、副理事长和秘书长,从理事中选举产生,理事长是基金会的法定代表人。"
	第 21 条:"理事会是基金会的决策机构,依法行使章程规定的职权。理事会每年至少召开 2 次会议。理事会会议须有 2/3 以上理事出席方能召开;理事会决议须经出席理事过半数通过方为有效。下列重要事项的决议,须经出席理事表决,2/3 以上通过方为有效:(1)章程的修改;(2)选举或者罢免理事长、副理事长、秘书长;(3)章程规定的重大募捐、投资活动;(4)基金会的分立、合并。理事会会议应当制作会议记录,并由出席理事审阅、签名。"
	第 22 条:"基金会设监事。监事任期与理事任期相同。理事、理事的近亲属和基金会财会人员不得兼任监事。监事依照章程规定的程序检查基金会财务和会计资料,监督理事会遵守法律和章程的情况。监事列席理事会会议,有权向理事会提出质询和建议,并应当向登记管理机关、业务主管单位以及税务、会计主管部门反映情况。"
《慈善组织保值增值投资活动管理暂行办法》	第 9 条:"慈善组织的财务和资产管理制度以及重大投资方案应当经决策机构组成人员 2/3 以上同意。"
	第 12 条:"慈善组织应当为投资活动建立专项档案,完整保存投资的决策、执行、管理等资料。专项档案的保存时间不少于 20 年。"

续表

《教育部　财政部　民政部关于加强中央部门所属高校教育基金会财务管理的若干意见》	第3条:"基金会资金的募集、管理和使用计划、基金会财务收支预算、决算等重大事项,应当经理事会讨论决定。"
	第8条:"基金会应当支持监事依照章程规定的程序检查财务和会计资料,列席理事会会议,向理事会提出质询和建议,并向登记管理机关、业务主管单位以及税务、会计主管部门反映情况。"
	第28条:"基金会投资决策与执行应当分离。建立规范的投资决策议事规则,投资计划必须经过理事会决策同意方可执行。理事会授权投资委员会开展投资活动的,投资计划也必须报理事会决策,投资结果必须向理事会汇报,投资责任仍由理事会承担。每一项投资决策都必须经过表决,决策记录应载明投资事项、提请投资人的意见和签名、参与表决人的意见和签名,表决结果存书面档案。"
	第29条:"基金会进行委托投资的,应当委托银行或者其他金融机构进行。"
	第30条:"基金会的资金不得投向期货、期权等衍生金融工具,不得提供任何形式的经济担保或财产担保。"
	第31条:"基金会投资收益必须全部足额纳入统一账户进行管理,并确保用于符合公益宗旨的方向。"

一、投资事项列入重大表决事项

通过分析上述法律规范,我们可以看出,我国法律规定大学教育基金会的决策机构是理事会,职权和任期由大学教育基金会章程规定,但任期最长不得超过5年。理事会每年召开两次会议,理事会成员2/3以上成员参加方可召开,一般事项表决需要出席理事过半数通过方为有效,涉及对外投资等重大事项表决需要出席理事2/3以上通过方为有效。

二、设立内部监督机构

大学教育基金会的内部监督机构是监事会,监事会成员与理事会成员任期一致,监事有权检察理事会的财务和会计资料,有权列席理事会,提出质询和建议,同时也应当向有关部门反映情况。理事会会议应当制作会议记录,尤其是关于投资的决策、执行、管理等资料应当建立档案,且保存时间不低于20年。但是目前我国法律对于理事会成员的选举方法没有做出具体规定。

第四节　规范投资管理的会计监管

会计监管,有助于大学基金会遵守设立宗旨,规范其投资行为。我国法律做出的相关规定如表6-4所示。

表6-4　我国大学教育基金会涉投资会计监管的法律规定

《中华人民共和国高等教育法》	第65条:“高等学校应当依法建立、健全财务管理制度,合理使用、严格管理教育经费,提高教育投资效益。”
《中华人民共和国慈善法》	第12条:“慈善组织应当执行国家统一的会计制度,依法进行会计核算,建立健全会计监督制度,并接受政府有关部门的监督管理。”
	第86条:“国家为慈善事业提供金融政策支持,鼓励金融机构为慈善组织、慈善信托提供融资和结算等金融服务。”
《基金会管理条例》	第32条:“基金会应当执行国家统一的会计制度,依法进行会计核算、建立健全内部会计监督制度。”
《慈善组织保值增值投资活动管理暂行办法》	第11条:“慈善组织应当及时回收到期的本金和收益,依法依规及时进行会计核算。”
《教育部　财政部　民政部关于加强中央部门所属高校教育基金会财务管理的若干意见》	第6条:“基金会应当配备具有专业资格的专职财会人员。财会人员数量应当满足不相容职务分离的要求。会计岗位、出纳岗位和投资岗位的人员不得相互兼任。”
	第8条:“基金会应当支持监事依照章程规定的程序检查财务和会计资料,列席理事会会议,向理事会提出质询和建议,并向登记管理机关、业务主管单位以及税务、会计主管部门反映情况。”

续表

《教育部　财政部　民政部关于加强中央部门所属高校教育基金会财务管理的若干意见》	第25条："基金会应当加强资产管理，配备资产管理人员，建立定期盘点制度，对非现金资产应该进行登记和管理，做到账实相符、账表相符。"
	第31条："基金会投资收益必须全部足额纳入统一账户进行管理，并确保用于符合公益宗旨的方向。"

一、执行国家统一的会计制度

通过梳理以上法律，我们可以看出，我国法律规定大学教育基金会投资管理涉及的会计核算要执行国家统一的会计制度，依法依规及时进行会计核算，提高资金使用效率，并且要加强资产管理，配备资产管理人员，财会人员数量应当满足不相容职务分离的要求，会计岗位、出纳岗位和投资岗位的人员不得相互兼任。并且建立定期盘点制度，对非现金资产应该进行登记和管理，做到账实相符、账表相符。

二、加强对投资管理财会工作的监督

《教育部　财政部　民政部关于加强中央部门所属高校教育基金会财务管理的若干意见》中规定，基金会投资收益必须全部足额纳入统一账户进行管理，并确保用于符合公益宗旨的方向，并对内赋予监事依照章程规定的程序检查财务和会计资料的权利，对外要求登记管理机关、业务主管单位，以及税务、会计主管部门依法对大学教育基金会开展监督检查。

第五节　健全投资管理的内控制度

一、建立健全内部制度

基金会提前做好风险防控，规避或者及时终止投资管理过程中的损失，是投资管理所需具备的准备措施。我国法律做出的相关规定如表6-5所示。

表6－5 我国基金会涉内部控制的法律规定

《慈善组织保值增值投资活动管理暂行办法》	第13条："慈善组织应当根据投资活动的风险水平以及所能承受的损失程度，合理建立止损机制。慈善组织可以建立风险准备金制度。"
《关于规范基金会行为的若干规定(试行)》	第3部分第7款："基金会应当建立健全内部制度，将所有分支机构、代表机构、专项基金以及各项业务活动纳入统一管理。基金会应当在内部制度中对下列问题做出规定：1.各项工作人员工资福利和行政办公支出(以下简称日常运作费用)的支付标准、列支原则、审批程序，以及占基金会总支出的比例；2.开展公益项目所发生的与该项目直接相关的运行成本(以下简称项目直接成本)的支付标准、列支原则、审批程序，以及占该项目总支出的比例；3.资产管理和处置的原则、风险控制机制、审批程序，以及用于投资的资产占基金会总资产的比例。"
《教育部 财政部 民政部关于加强中央部门所属高校教育基金会财务管理的若干意见》	第5条："基金会应当建立健全内部控制体系，严格执行不相容职务的分离制度，严格贯彻决策、执行和监督相分离制度，有效控制各类风险。"
	第25条："基金会应当加强资产管理，配备资产管理人员，建立定期盘点制度，对非现金资产应该进行登记和管理，做到账实相符、账表相符。"

关于大学教育基金会的风险防控，我国法律并没有做出具体规定，只是做出一些原则性规定，要求应当根据投资活动的风险水平及所能承受的损失程度，合理建立止损机制，要求内部制度对资产管理和处置的原则、风险控制机制、审批程序做出规定，规定可以建立风险准备金制度。具体而言，基金会应当建立健全内部控制体系，将所有分支机构、代表机构、专项基金及各项业务活动纳入统一管理。严格执行不相容职务的分离制度，严格贯彻决策、执行和监督相分离制度。

二、明确人员资质与要求

人员是大学教育基金会投资管理过程中最灵活机动的部分，是所有投资管理主观性的体现，规定好主要人员的权责界限，是规范大学教育基金会投资管理的第一步。目前我国法律关于大学教育基金会投资管理人员的规定具体如表 6－6 所示。

表 6－6　我国大学教育基金会涉投资管理者的法律规定

《中华人民共和国慈善法》	第 14 条:“慈善组织的发起人、主要捐赠人以及管理人员,不得利用其关联关系损害慈善组织、受益人的利益和社会公共利益。”
	第 16 条:“有下列情形之一的,不得担任慈善组织的负责人:(1)无民事行为能力或者限制民事行为能力的;(2)因故意犯罪被判处刑罚,自刑罚执行完毕之日起未逾五年的;(3)在被吊销登记证书或者被取缔的组织担任负责人,自该组织被吊销登记证书或者被取缔之日起未逾五年的;(4)法律、行政法规规定的其他情形。”
	第 95 条:“县级以上人民政府民政部门应当建立慈善组织及其负责人信用记录制度,并向社会公布。”
《慈善组织保值增值投资活动管理暂行办法》	第 14 条:“慈善组织在开展投资活动时,其负责人、理事和工作人员应当遵守法律法规和本组织章程的规定,严格履行忠实、谨慎、勤勉义务。慈善组织在开展投资活动时有违法违规行为,致使慈善组织财产损失的,相关人员应当承担相应责任。”
	第 15 条:“慈善组织的负责人和工作人员不得在慈善组织投资的企业兼职或者领取报酬,但受慈善组织委托可以作为股东代表、董事或者监事参与被投资企业的股东会、董事会。”

通过梳理以上法律,我们可以发现,我国法律对大学教育基金会内部人员的规制较多。其规制内容主要从以下几个方面着手:一是人员资质标准。大学教育基金会的投资管理活动负责人不能是无民事能力行为人或者限制民事能力行为人,不能处于刑罚期或者结束刑罚尚未满 5 年,不能在被吊销登记证书或者被取缔的组织担任负责人,自该组织被吊销登记证书或者被取缔之日起未逾 5 年的,或者法律规定的其他情形。二是人员诚信标准。大学教育基金会的投资管理活动负责人的诚信状况需要向社会公布。三是人员勤勉标准。大学教育基金会的投资管理活动负责人应该严格履行忠实、谨慎、勤勉义务。在开展投资活动时有违法违规行

为,致使慈善组织财产损失的,大学教育基金会的投资管理活动负责人应当承担相应责任。大学教育基金会的投资管理活动负责人和工作人员不得在慈善组织投资的企业兼职或者领取报酬,但接受大学教育基金会委托可以作为股东代表、董事或者监事参与被投资企业的股东会、董事会。四是关联交易。大学教育基金会的内部相关人员开展投资活动禁止关联交易。

第六节　完善投资管理的信息公开

关于民政部门及社会大众对大学教育基金会投资管理的监督,我国当前的法律规定如表6－7所示。

表6－7　我国大学教育基金会涉监管的法律规定

《中华人民共和国慈善法》	第6条:"国务院民政部门主管全国慈善工作,县级以上地方各级人民政府民政部门主管本行政区域内的慈善工作;县级以上人民政府有关部门依照本法和其他有关法律法规,在各自的职责范围内做好相关工作。"
	第13条:"慈善组织应当每年向其登记的民政部门报送年度工作报告和财务会计报告。报告应当包括年度开展募捐和接受捐赠情况、慈善财产的管理使用情况、慈善项目实施情况以及慈善组织工作人员的工资福利情况。"
	第54条:"前款规定事项的具体办法,由国务院民政部门制定。"
	第72条:"慈善组织应当向社会公开组织章程和决策、执行、监督机构成员信息以及国务院民政部门要求公开的其他信息。上述信息有重大变更的,慈善组织应当及时向社会公开。慈善组织应当每年向社会公开其年度工作报告和财务会计报告。具有公开募捐资格的慈善组织的财务会计报告须经审计。"

续表

《中华人民共和国慈善法》	第93条:“县级以上人民政府民政部门对涉嫌违反本法规定的慈善组织,有权采取下列措施:(1)对慈善组织的住所和慈善活动发生地进行现场检查;(2)要求慈善组织作出说明,查阅、复制有关资料;(3)向与慈善活动有关的单位和个人调查与监督管理有关的情况;(4)经本级人民政府批准,可以查询慈善组织的金融账户;(5)法律、行政法规规定的其他措施。”
	第97条:“任何单位和个人发现慈善组织、慈善信托有违法行为的,可以向民政部门、其他有关部门或者慈善行业组织投诉、举报。民政部门、其他有关部门或者慈善行业组织接到投诉、举报后,应当及时调查处理。国家鼓励公众、媒体对慈善活动进行监督,对假借慈善名义或者假冒慈善组织骗取财产以及慈善组织、慈善信托的违法违规行为予以曝光,发挥舆论和社会监督作用。”
	第99条:“慈善组织有下列情形之一的,由民政部门予以警告、责令限期改正;逾期不改正的,责令限期停止活动并进行整改:(1)违反本法第十四条规定造成慈善财产损失的;(2)将不得用于投资的财产用于投资的;(3)擅自改变捐赠财产用途的;(4)开展慈善活动的年度支出或者管理费用的标准违反本法第六十条规定的;(5)未依法履行信息公开义务的;(6)未依法报送年度工作报告、财务会计报告或者报备募捐方案的;(7)泄露捐赠人、志愿者、受益人个人隐私以及捐赠人、慈善信托的委托人不同意公开的姓名、名称、住所、通讯方式等信息的。慈善组织违反本法规定泄露国家秘密、商业秘密的,依照有关法律的规定予以处罚。慈善组织有前两款规定的情形,经依法处理后一年内再出现前款规定的情形,或者有其他情节严重情形的,由民政部门吊销登记证书并予以公告。”
《基金会信息公布办法》	第4条:“信息公布义务人应当向社会公布的信息包括:(1)基金会、境外基金会代表机构的年度工作报告;(2)公募基金会组织募捐活动的信息;(3)基金会开展公益资助项目的信息。”
	第11条:“信息公布义务人应当建立健全信息公布活动的内部管理制度,并指定专人负责处理信息公布活动的有关事务。对于已经公布的信息,应当制作信息公布档案,妥善保管。”

续表

《基金会管理条例》	第5条:"基金会依照章程从事公益活动,应当遵循公开、透明的原则。"
	第34条:"基金会登记管理机关履行下列监督管理职责:(1)对基金会、境外基金会代表机构实施年度检查;(2)对基金会、境外基金会代表机构依照本条例及其章程开展活动的情况进行日常监督管理;(3)对基金会、境外基金会代表机构违反本条例的行为依法进行处罚。"
	第35条:"基金会业务主管单位履行下列监督管理职责:(1)指导、监督基金会、境外基金会代表机构依据法律和章程开展公益活动;(2)负责基金会、境外基金会代表机构年度检查的初审;(3)配合登记管理机关、其他执法部门查处基金会、境外基金会代表机构的违法行为。"
	第36条:"基金会、境外基金会代表机构应当于每年3月31日前向登记管理机关报送上一年度工作报告,接受年度检查。年度工作报告在报送登记管理机关前应当经业务主管单位审查同意。年度工作报告应当包括:财务会计报告、注册会计师审计报告,开展募捐、接受捐赠、提供资助等活动的情况以及人员和机构的变动情况等。"
	第37条:"基金会应当接受税务、会计主管部门依法实施的税务监督和会计监督。基金会在换届和更换法定代表人之前,应当进行财务审计。"
	第38条:"基金会、境外基金会代表机构应当在通过登记管理机关的年度检查后,将年度工作报告在登记管理机关指定的媒体上公布,接受社会公众的查询、监督。"
	第39条:"捐赠人有权向基金会查询捐赠财产的使用、管理情况,并提出意见和建议。对于捐赠人的查询,基金会应当及时如实答复。基金会违反捐赠协议使用捐赠财产的,捐赠人有权要求基金会遵守捐赠协议或者向人民法院申请撤销捐赠行为、解除捐赠协议。"

续表

《慈善组织保值增值投资活动管理暂行办法》	第 16 条:“民政部门可以要求慈善组织就投资活动、风险控制、内部管理等事项作出说明,必要时可以进行约谈。”
	第 17 条:“慈善组织将不得用于投资的财产用于投资,民政部门依据《慈善法》第九十九条的有关规定进行处罚。慈善组织违反本办法规定,民政部门可以给予警告,并责令限期改正。”
	第 18 条:“慈善组织的财务和资产管理制度、重大投资情况应当依法依规向社会公开,接受社会监督。”
《关于规范基金会行为的若干规定(试行)》	第 3 部分第 7 款:“基金会的内部制度,应当在登记管理机关指定的媒体或者本组织网站等其他便于社会公众查询的媒体上予以公开。”
《基金会年度检查办法》	第 4 条:“年度工作报告的内容应当包括:财务会计报告、注册会计师审计报告,开展募捐、接受捐赠、提供资助等活动的情况以及人员和机构的变动情况等。财务会计报告应当符合《民间非营利组织会计制度》规定的内容和要求;注册会计师审计报告,应当有注册会计师事务所统一受理并与被审计的基金会、境外基金会代表机构签订委托合同的证明;开展募捐、接受捐赠、提供资助等活动情况应当有基金会履行信息公布义务的情况;人员和机构变动情况应当有按照规定办理变更登记情况以及基金会换届的会议纪要和更换法定代表人之前进行财务审计的情况等。”
《教育部　财政部　民政部关于加强中央部门所属高校教育基金会财务管理的若干意见》	第 39 条:“基金会应当按照登记管理机关、业务主管单位的要求进行审计,并自觉接受税务、会计等主管部门的监督。”
	第 40 条:“基金会应当于每年 3 月 31 日前向登记管理机关报送上一年度工作报告,接受年度检查,同时抄报业务主管单位;通过登记管理机关年度检查后,要将年度工作报告在登记管理机关指定的媒体及基金会网站上公布。”

一、信息公开的范围及要求

我国法律对于大学教育基金会的投资管理,明确其进行信息公开的程度、时间、内容等标准。例如,《中华人民共和国慈善法》中明确大学教育基金会应当每年向其登记的民政部门报送年度工作报告和财务会计报告。报告内容应当包括年度开展募捐和接受捐赠情况、慈善财产的管理使用情况、慈善项目实施情况,以及慈善组织工作人员的工资福利情况。财务会计报告应当符合《民间非营利组织会计制度》规定的内容和要求;注册会计师审计报告,应当有注册会计师事务所统一受理并与被审计的基金会、境外基金会代表机构签订委托合同的证明;开展募捐、接受捐赠、提供资助等活动情况应当有基金会履行信息公布义务的情况;人员和机构变动情况应当有按照规定办理变更登记情况,以及基金会换届的会议纪要和更换法定代表人之前进行财务审计的情况等。对于信息公开的时间和场所则要求大学教育基金会应当于每年 3 月 31 日前向登记管理机关报送上一年度工作报告,接受年度检查,同时抄报业务主管单位;通过登记管理机关年度检查后,要将年度工作报告在登记管理机关指定的媒体及基金会网站上公布。

二、外部监督的主体和责任

通过梳理以上法律,我们发现,目前我国对于大学教育基金会的外部监督做了大量的规定。对大学教育基金会的监督有两种用法:一种是民政部门基于行政职权依法对大学教育基金会是否遵守规范情况进行的监督检查;另一种是民政部门对内容控制的监督检查,是对主要人员的监督。公众监督主要是通过大学教育基金会对自身投资管理活动内容的信息公开获得的监督。

规定国务院民政部门负责全国大学教育基金会的监管工作,各大学教育基金会登记的部门负责本部门监管职责范围内的大学教育基金会工作,对监管职责范围内的大学教育基金会实施年度检查及日常监督管理。

大学教育基金会的增值保值投资活动的主管单位负责大学教育基金会增值保值活动的年度检查的初审，并且配合登记管理机关、其他执法部门查处基金会、境外基金会代表机构的违法行为。大学教育基金会应当每年3月31日前向登记管理机关报送包含大学教育基金财产的管理使用情况且经大学教育基金会的增值保值投资活动的主管单位初审的年度工作报告和财务会计报告，并在通过登记管理机关的年度检查后向社会公众公告。大学教育基金会的财务和资产管理制度、重大投资情况也应当依法依规向社会公开。

各级民政部门有权对大学教育基金会将不得用于投资的财产用于投资的投资管理行为予以警告、责令限期改正甚至责令限期停止活动并进行整改，若大学教育基金会一年内再出现将不得用于投资的财产用于投资的投资管理行为的，民政部门可以吊销大学教育基金会的登记证书并予以公告。

法律规定大学教育基金会的投资管理活动应当公开、透明，建立健全信息公布活动的内部管理制度，并由专人负责。大学教育基金会关于增值保值投资活动的相关内部制度应当在登记管理机关指定的媒体或者本组织网站等其他便于社会公众查询的媒体上予以公开。

第七节　厘定投资管理的税收优惠

一、税收优惠框架已初步形成

我国法律不仅规定了个人或者企业实施捐赠，可以减少税收，享受税收优惠，也规定了大学教育基金会收入可获得相应的税收优惠，其具体法律规定如表6－8所示。

表 6－8 我国大学教育基金会涉税收优惠的法律规定

《中华人民共和国企业所得税法实施条例》	第 51 条："企业所得税法第 9 条所称公益性捐赠，是指企业通过公益性社会组织或者县级以上人民政府及其部门，用于符合法律规定的慈善活动、公益事业的捐赠。"
	第 53 条："企业当年发生以及以前年度结转的公益性捐赠支出，不超过年度利润总额 12% 的部分，准予扣除。年度利润总额，是指企业依照国家统一会计制度的规定计算的年度会计利润。"
《中华人民共和国个人所得税法实施条例》	第 19 条："个人所得税法第 6 条第 3 款所称个人将其所得对教育、扶贫、济困等公益慈善事业进行捐赠，是指个人将其所得通过中国境内的公益性社会组织、国家机关向教育、扶贫、济困等公益慈善事业的捐赠；所称应纳税所得额，是指计算扣除捐赠额之前的应纳税所得额。"
《中华人民共和国慈善法》	第 79 条："慈善组织及其取得的收入依法享受税收优惠。"
	第 84 条："国家对开展扶贫济困的慈善活动，实行特殊的优惠政策。"
	第 103 条："慈善组织弄虚作假骗取税收优惠的，由税务机关依法查处；情节严重的，由民政部门吊销登记证书并予以公告。"

通过以上法律可知，我国法律鼓励大学教育基金会进行增值保值投资活动，对于增值保值投资活动收入依法提供免税优惠，但对于弄虚作假骗取税收优惠的，将由有关部门依法查处；情节严重的，由民政部门吊销登记证书并予以公告。

二、投资管理收入可享受税收优惠

从法律地位角度说，因为大学教育基金会是接受社会各界对大学的捐赠，属于社会公益事业，所以大学教育基金会可以申请免税。同时对于捐赠者来说，也可以得到税收减免。具体地说，现有税收优惠政策主要有基金会的存款利息免缴企业所得税；企业用于公益、救济性的捐赠，在年度应纳税所得额 3% 以内的部分，免缴企业所得税；外资企业用于中国境内公益、救济性质以外的捐赠，全部免缴企业所得税；个人捐赠额未超过应纳税所得额30%的部分，免缴个人收入所得税；用于公益事业的捐赠物资，可以减征或者免征关税；社会团体（包括基金会）接受土地、房屋，用于办公、教学、医疗、科研和军事设施的，免征契税。根据2004年2月5日下发的《财政部　国家税务总局关于教育税收政策的通知》的规定，“纳税人通过中国境内非营利的社会团体、国家机关向教育事业的捐赠，准予在企业所得税和个人所得税前全额扣除”。

第七章　完善我国大学教育基金会投资管理制度的规制体系

第一节　建构有效的大学教育基金会管理运行机制

一、大学教育基金会运行机制的本质特征

大学教育基金会运行机制是指大学教育基金会在完成自己社会使命的运行过程中，其内部各要素相互联系、相互作用而产生的促进、维持、制约大学教育基金会运行的内在工作方式和机理。大学教育基金会运行机制的本质特征可以概括为内部结构合理、资源配置科学、运行程序规范，具体如下。

（一）内部结构合理

大学教育基金会内部结构合理主要表现为内部治理结构科学有效和内部组织架构简约集成。大学教育基金会内都组织架构简约集成主要表现在：(1)组织结构高度扁平化。相对于政府组织，大学教育基金会内部应尽可能地减少管理层级。这一特征缩短了大学教育基金会内部上下方向信息传递的时空，实现了决策层和操作层的直接沟通，在信息的准确性、及时性和全面性上保证了上层决策质量的提高，减少了下属对决策理

解和执行上的偏差，从而降低了组织上下层面监督和控制管理的交易成本。(2)组织结构高度柔性化。大学教育基金会要与社会各界经常接触，其成员间形成纵横交错关系和更复杂的多项联结关系。信息的流动主要依赖现代网络通信技术，实现大学教育基金会运作的灵活高效。

(二)资源配置科学

大学教育基金会资源配置科学主要指大学教育基金会资源筹集特定捐款科学有效。目前，我国大学教育基金会对高校的依赖性比较强，自己到竞争激烈的公益市场上筹款的能力较弱。这主要是由于我国绝大部分大学教育基金会缺乏先进的筹款理念和筹款方法。如何有效地开展筹款，我国大学教育基金会可大胆借鉴与运用营销理论的知识。从整体看，我国绝大部分大学教育基金会的筹款还停留在募捐的"产品导向阶段"和"推销导向阶段"。前者的根本理念是"我们有一个很好的点子，人们应该支持我们"。大部分款项是由该大学教育基金会管理层在社会人士访问高校时或者出访筹得。后者的理念是"有许多捐款意向的人们，我们必须走出去发现他们，说服他们提供捐赠"。[1] 处于此阶段的大学教育基金会往往任命一个主管，再由主管雇佣一批员工采用"强行推销"的方式去筹款。很明显，本着上述两种理念的大学教育基金会，其筹款业绩肯定不如美国等西方发达国家的已处于"捐赠者导向阶段"的大学教育基金会的筹款业绩。所谓"捐赠者导向"，是指大学教育基金会必须分析自己在公益市场中的位置，关注那些兴趣和自己一致的捐款人，设计使捐款人满意的募捐计划。这种方式要求大学教育基金会细分捐款人市场，测量潜在的捐款人市场，为市场开发分配责任，为潜在的市场制订计划和预算等。同时要求大学教育基金会不把捐赠人或潜在的捐赠人作为目标，而是作为潜在的合作伙伴，并且和目标市场保持长久的联系。比如，中国青少年发展基金会的著名公益项目品牌"希望工程"之所以获得巨大成绩并

---

〔1〕 参见[美]菲利普·科特勒、艾伦·R.安德里亚森：《非营利组织战略营销》，孟延春等译，中国人民大学出版社2003年版，第66页。

为社会各界所瞩目,就是因为它早在1992年就借鉴并完善了“以需求为导向”的筹款救助机制。通过向“希望工程”捐款,个人的心灵需求与精神需求得到满足;而企业则在实现社会公益目标的同时赢得了社会赞誉,提高了知名度,达到了“一箭双雕”的效果。[1]

(三)运行程序规范

大学教育基金会能否正常运行,这种运行能否使大学教育基金会获得最佳绩效——运行的经济效率与社会效益,关键取决于其运行机理。所谓运行机理就是人们想方设法建立的以达成某种目标实现某种愿望和需求为出发点和终点的机制。运行机理是大学教育基金会运行有效的“调节器”,机制到位,就会对大学教育基金会的行为产生有效协调、约束和激励,从而使其处于良好的运行状态;反之,大学教育基金会的行为就会发生紊乱,最终导致效率低下。因此,要保证大学教育基金会系统的成功运作,实现预定目标,就必须使其动力机制、整体协调机制、控制机制和保障机制之间建立严密有效的运行秩序。

二、大学教育基金会有效运行的必要条件

(一)明确组织使命和价值观

大学教育基金会作为一种特定性质的组织形式,有其价值取向、行为规则以及文化体系。其中,组织的使命和价值观至关重要。一个大学教育基金会从其初创时起,就应把它的使命和价值观的确立放在最优先的位置。大学教育基金会首先应有自己的价值观,在这种价值观的指导下,应有组织对未来的设想,确立组织活动所应达到的目标,以及应如何去实现这些目标。促使大学教育基金会运行的动力来源包括:(1)高校管理部门希望大学教育基金会成长,为构建和谐社会贡献力量;私营部门希望与有影响力的大学教育基金会实施“慈善营销战略”,追求社会效益与经济

---

[1] 参见李科:《对非营利组织运行机制“黑箱”的剖析》,载《长沙民政职业技术学院学报》2009年第3期。

效益的完美统一;社会公众希望大学教育基金会尽快提高公信度与运作效率,为自己有效参与社会公益活动搭建一个值得信赖的平台。(2)大学教育基金会公益市场资源抢夺的竞争越来越激烈,迫使大学教育基金会不得不加强自身建设从而打造出能更加吸引捐赠者眼球的“品牌”。(3)中产阶级队伍的日益壮大与民主参与意识的增强为大学教育基金会创造了更好的环境,大学教育基金会自身的使命意识与不甘于扮演“拾遗补阙”角色的意识所产生的内力。尽管各大学教育基金会组织的这些指导思想和意识形态相互之间的差异很大,它们在公益性和利他精神方面却是一致的。因此,作为大学教育基金会,要实现自己既定的组织目标,也必须进行与外部环境的整合协调及组织内部的整合协调。[1]

(二)确立基本战略

大学教育基金会组织的活动需要确立其基本战略。一般而言,大学教育基金会的基本战略所涉及的内容包括:如何对其活动的目标进行定义,如某项捐赠的含义是什么等;是采取单一方式还是多种方式开展活动,即是只搞操作性活动,或者只搞倡议、游说活动,还是采用多种方式;是只在当地或者本国进行活动,还是在本国活动的基础上开展跨国活动,在全球范围积极发挥作用;是制订有战略计划,从长期和宏观的角度规划组织的活动,还是只采取一些随机抉择。大学教育基金会的活动职能是提供特定的产品或服务,确定组织的产出是大学教育基金会组织活动战略的基本内容之一。大学教育基金会组织的产出可以是处理、加工和提供信息,提供专家咨询和建议,提供资助,提供特定的物质产品或社会服务,影响大众和决策者的观点等。作为大学教育基金会,其战略制定应该与其设立和运作管理的宗旨相一致。

(三)合理的组织结构和决策机制

大学教育基金会的有效治理依托于合理的组织结构和决策机制的设

---

〔1〕 参见冯亚波:《基金会管理运行机制研究》,青岛海洋大学2002年硕士学位论文,第8页。

立。一个大学教育基金会组织如要治理得好,应在组织内建立和维持适当的治理结构与决策程序。大学教育基金会组织应根据实现自己使命需要去设置组织机制,如确立组织内的选举程序,确立理事会的组成和运作程序等。通常在大学教育基金会组织建立之初,其理事会的构成和职能较为非正式和自然,而在组织的发展与巩固时期,理事会在结构和程序方面则需要制度化和专业化。大学教育基金会理事会的构成,对组织的使命实现和有效治理至关重要。确立一个适当的理事会结构,需要考虑到多种因素,如大学教育基金会要保持持久的活力,在理事会中就需要有特别热心于公益事业的具有理想和奉献精神的人士的位置;大学教育基金会如要有效地开展活动,就需要有专业知识和能力的专业人员参加理事会;为使大学教育基金会向其服务对象负责,吸收服务对象的代表参加理事会也是必要的;而吸收资助者的代表参加理事会则可有助于向资助者负责。

决策控制机制是通过运用一系列手段对大学教育基金会的运行进行规范和监督,防止出现失控的恶性运行状况的机制。对于大学教育基金会来说,控制机制可分为三个层面:第一个层面是构建科学的内部监督机制。它至少应包括监事会的监督、董事会的监督、组织规章制度的监督和组织的使命信念的监督。第二个层面是自我监督,即大学教育基金会内部管理者和执行人员的自律。第三个层面是大学教育基金会外部监督机制。它们包括政府监督、行业自律、社会公众、媒体、捐赠者监督和独立的第三方评估。大学教育基金会需要有独特的行政管理风格,要能够通过内部管理将其工作人员的积极性充分调动起来,使每一个人都能够扬其所长、避其所短。这样才能发挥组织的实施潜力,实现组织在发展活动中的整体效率。

(四)高素质的大学教育基金会管理者

一个卓有成效开展活动的大学教育基金会,其管理者的素质也须满足一定要求。管理者的行事风格、素质,以及他们的社会声誉等对其组织的生存和治理效率至关重要。在发展中国家,大学教育基金会的领导层多是由知识分子、前政府官员，以及其他社会中上层人士担任，这些人同政府官员和政府政策有着密切联系。这些社会中上层人士受过良好教育，有管理经验，也具有创新精神。但是，他们对大学教育基金会领导权的掌握也会对组织的健康发展造成一些问题。大学教育基金会领导层也会出现派别斗争和权力之争。在大学教育基金会内部，会出现因对组织使命的不同理解、对组织的活动方式的不同主张，以及对组织内各部门不同职能的意见分歧而引起的争论。对这些问题，如处置不当会削弱组织的行动能力，危及组织的发展乃至生存。我国大学教育基金会的管理者基本上是由学校领导兼任，这种制度保证了大学教育基金会的捐赠资金使用方向和重大决策的贯彻实施。

（五）政府对大学教育基金会运行的必要保障

政府保障机制主要是指政府有责任有义务为大学教育基金会的正常运行提供必要的条件和创造良好的外部环境。主要包括：

1. 政府必须每年保证一定比例的社会公益基金的财政投入。这是因为：其一，我国绝大部分大学教育基金会目前经费筹集能力弱。迄今为止，中国慈善事业所能配置的资源十分有限，就拿公益事业中的著名品牌“希望工程”来说，30 年来捐款总额 152 亿多元，算经济账这些钱只够在上海修 20 公里地铁。为了避免出现“慈善不足”，政府有责任对大学教育基金会提供适度的财政支持。其二，大学教育基金会开展的活动多为公益活动，且提供满足人们心灵需求或精神需求的准公共产品，为政府分担了部分社会职能。给全社会带来了较大的正外部收益。因此，政府理应把一部分资源提供给大学教育基金会。

2. 政府应对大学教育基金会事业的发展做出科学筹划。倡导提高民营企业家参与慈善事业的积极性，倡导“企业公民”理念；支持创办慈善福利机构采取“民办公助”和“公办民营”等形式，推进社会福利社会化进程；进一步落实法律法规关于自然人、法人或其他组织向慈善事业捐赠按规定享有个人所得税、企业所得税方面的优惠政策和外企用于中国境内公益、救济性质的捐赠可在税前列支等措施，积极促进劝募市场的形成与壮大等。政府要把慈善事业纳入经济社会发展规划，切实加强对慈善工作的指导与协调。关心慈善事业、重视慈善发展，是各级领导班子和领导者应有的素质和责任。要把发展慈善事业提高到社会建设的战略高度来认识，把这方面工作纳入各级党委和政府的工作日程，进一步健全慈善政策法规，切实做到责任到位、政策到位、措施到位，促进我国慈善事业全面健康发展。

3. 政府要培育对大学教育基金会绩效进行评价的超前意识。当前，我国各类大学教育基金会的绩效评价进程并不统一，一些依然承担政府行政管理职能的大学教育基金会如“自上而下”型的行业协会就不太重视绩效评价，而自负盈亏或依托社会慈善捐赠的大学教育基金会则较为重视绩效评价。基于此，政府要加强引导，使大学教育基金会意识到自己不仅要具有社会性、公益性，也需要具有经济性，让大学教育基金会懂得在完成自己社会使命的过程中，可以而且应该大胆借鉴现代化企业的运作方式与方法，大力提高运行效率，从而不断提高自身的财务实力，为其承担与实现更多更大的社会责任打下坚实的物质。

三、我国大学教育基金会投资管理模式亟待优化

目前，我国大学教育基金会的投资管理主要有以下几种模式：一是以清华大学、北京大学为代表的市场运作型；二是以浙江大学为代表的行政管理型；三是以南京大学为代表的委员会型；四是以上海交通大学为代表的海外拓展型；五是以中国矿业大学和中国石油大学为代表的行业依赖性等。[1] 要警惕大学行政化的同质属性也使大学基金会千篇一律，缺少特色。[2]

---

〔1〕 参见黎颖露、韩佼：《大学教育基金会的法制环境》，载《中国大学教育基金会发展报告》编写组编：《中国大学教育基金会发展报告》(2018)，社会科学文献出版社 2018 年版，第 232 页。

〔2〕 参见杨维东：《中国大学基金会治理问题研究》，中国政法大学出版社 2015 年版，第 158 页。

(一)市场运作型

该模式的组织结构是,理事会和监事会是最高权力机构,下设秘书处,秘书处直接管理其下的各个部门和办公室。在我国,典型的市场运作型基金会的代表院校包括北京大学和清华大学等,在此以这两所高校为例进行分析。北京大学和清华大学的教育基金会具有相同的特点:一是机构独立,管理自主;二是设有海外基金会,注重国际化的发展;三是人员配置合理、专业,投入大。北京大学、清华大学基金会是目前为止我国大陆高校基金会中规模最大的,它们代表着我国高校基金会筹资管理和未来发展的方向。北京大学和清华大学的教育基金会分别成立于 1995 年和 1994 年,是经过教育部(原教委)同意、中国人民银行批准成立的,也是民政部门正式登记注册的非营利性质的组织。北京大学教育基金会是相对独立的管理机构,主要负责高校内包含奖学金在内的所有基金的管理。北京大学教育基金会秘书处下设的部门主要包括亚洲事务部、欧美事务部、项目管理部、品牌文化部、财务部、投资事业部、行政部和法务信息室,共有专职人员 39 名,其中包括秘书长 1 名,副秘书长 6 名。据北京大学教育基金会 2018 年度工作报告显示,该年流动资产为 37.38 亿元人民币,由 9 人组成的投资委员会制定投资方案,经由校长审核并批准执行。[1] 北京大学每年为基金会制定的预算为 5000 万元人民币,学校预算中也会将基金会的办公经费一并囊括。2001 年 4 月,北京大学曾在美国成立了海外教育基金会,专门派任一人负责主要管理事务。2018 年北京大学教育基金会募集到的社会捐赠金额高达 12.7 亿元人民币。这些赠款对北京大学自身的基础设施建设、人才培养等方面提供了有力的资金支持。

清华大学教育基金会是独立于学校其他部门的负责基金管理的机构,基金会理事会由 22 名理事组成,每届任期为 5 年,可以连任。同样也

---

〔1〕 参见《北京大学教育基金会 2018 年度报告》,载北京大学教育基金会:http://www.pkuef.org/2018.pdf,最后访问日期:2020 年 3 月 20 日。

由秘书处负责基金会理事会的日常事务,在秘书处下设项目管理部、资源开发部、综合办公室、财务部、资金运作部、公共关系战略部、法务风控部和理事会秘书处。基金会的专职人员有10人,其中秘书长1名,副秘书长3名,由35名合同工负责日常事务等工作,2018年年底清华大学基金会的长期投资合计49.3亿元,其中部分收益会被作为办公经费使用。[1]清华大学在海外成立了北美基金会和清华大学(香港特别行政区)基金会有限公司。清华北美基金会聘请了一位知名校友和美国专业基金会的资深人士共同管理基金会。[2]据中国基金会中心网数据显示,清华大学教育基金会在2018年获得的捐赠为21.36亿元人民币,2018年年底其基金会净资产突破了72.79亿元,这标志着清华大学基金会的筹款工作取得了重大的进展。

(二)行政管理型

该类型下的基金会多数曾挂靠在学校发展委员会、行政办公室、对外联络办公室或财务处等。以浙江大学教育基金会为例,该基金会(前身是竺可桢教育基金会)属于行政管理型,成立于1994年,经浙江省教育厅同意、中国人民银行审查批准成立,并经由省民政厅正式注册为非营利性组织。其理事会的组成成员主要是政界、企业界和学术界知名人士。浙江大学教育基金会的主要优势包括:(1)浙江大学的校友分布广泛,人数众多,高达40多万,在其规范的管理之下,浙江大学在全国各省市均有校友会,海外校友会也在蓬勃发展,每年校庆都会开展杰出海外校友论坛;(2)浙江大学具有一百多年的发展历史,"求是"校训和西迁历史系紧了老中青三代校友的情感,知校、爱校、荣校的传统极大地激发了校友积极为母校捐赠的热情;(3)浙江大学地处我国经济发达的浙江省,其民营经

[1] 参见《清华大学教育基金会2018年度工作报告》,载清华大学教育基金会:http://www.tuef.tsinghua.edu.cn/sites/pdf/infomation/2018ndgzbg.pdf,最后访问日期:2020年3月20日。

[2] 参见尤玉军:《中国高校基金会治理结构:理论与实践》,人民出版社2018年版,第134页。

济发达，拥有众多的海外侨胞。2008 年浙江大学教育基金会在改组原北美竺可桢基金会后，又在中国香港特别行政区成立了基金会，至此形成了内地—香港—北美的战略格局，资金的来源变得更加多元和广泛，既有中国香港特别行政区、我国台湾地区和其他省份的捐赠，又有日本、新加坡、俄罗斯、丹麦、英国、德国、西班牙、意大利、加拿大等国家的捐赠。基金会对筹款进行了增值和保值的工作，到 2018 年年底，基金会规模达到了 27.77 亿元，该年的年度捐赠收入为 4.54 亿元。

浙江大学教育基金会隶属于浙江大学发展联络办公室之下，基金会的投资理财主要委托校内外的金融机构打理，基金会则运用投资收益支持学校各项事业的发展。浙江大学教育基金会的特点包括：(1)发挥自身优势，集中力量合理利用校友资源；(2)基金会仍没有完全摆脱直线式、传统的行政管理模式，各有利弊。2006 年 9 月 21 日，网易公司总裁丁磊、段永平为浙江大学教育基金会捐赠 4000 万美元，其中段永平为浙江大学校友，这也是浙江大学教育基金会 2006 年收到的最大一笔捐款。2017 年恰逢浙江大学建校 120 周年，由浙江大学校友成立的上海遂真投资管理有限公司，于 5 月 3 日捐赠成立“浙江大学教育基金会遂真教育发展基金”，向母校共计捐赠 11 亿元人民币。浙江大学此次获捐，打破了电子科技大学校友熊新翔开创性地向母校捐款 10.3 亿元的纪录，成为当年国内高校获赠的最大单笔捐款。浙江大学还十分重视与海外校友的联系，特成立海外基金会，据不完全统计，海外校友和企业的捐赠达到了浙江大学教育基金会获赠金额的 75%。浙江大学教育基金会是行政管理模式中的代表，具有普适性，校领导十分重视社会捐赠对高等教育投资的填充功能，不过目前仍然缺乏大量资金的投入，社会捐赠的管理工作尚有较大的发展空间。浙江大学教育基金会在国家民政部登记注册，每年 3 月 31 日前都会向民政部报送上一年度的工作报告，接受年度检查。其中就包含当年接受捐赠的收入及支出使用情况。对于年度工作报告中的数据，如每笔收入和支出，财务部在核算时都会跟银行对账，而且民政部在年检时也会有提交清单的要求。[1]

(三)委员会型

南京大学是委员会型的典型高校,南京大学发展委员会包括校友会和基金会两个法人单位的工作,即基金会属于发展委员会的职能之一。发展委员会由正、副主任主持日常工作,其下曾设有国内部主任、国际部主任、办公室主任、校友部主任和基金部主任,负责各自部门的工作。发展委员会的设置具有独特性,曾分别设立了基金部、校友部、办公室、国内部和国际部5个正处级部门。这些部门以独立的形式向校领导汇报工作情况,互相之间协调合作。1995年南京大学成立发展委员会、1997年成立校董会,2005年成立教育发展基金会。南京大学校董会设董事长一名,副董事长和董事若干名,正、副秘书长若干名。南京大学校董会是为南京大学的建设和发展提供咨询和建议的机构,也是南京大学和社会各界搭建稳定、密切、全面合作关系的桥梁。而校董会也是由社会各个行业的精英人才所组成。南京大学的校董会设置了一个办公室专门管理日常的事务,办公室下曾分别设立了国际部、校友部、国内部和综合办公室,并且还在香港、深圳设立了办事处。南京大学发展委员会领导下的南京大学教育发展基金会业绩卓越,每年的社会捐赠都以1000万元的数额在增长,2018年的社会捐赠就达到了1.4亿元,而在2011年百年校庆之前曾达到2.79亿元的金额。校友会和基金会的工作具有开拓性质,在发展过程中遇到各式各样的新问题,是对工作人员综合素质和管理水平的挑战,这需要工作人员及时沟通才能达成共同的发展目标。南京大学发展委员会的运作特点包括:(1)校董会的组成人员范围广、层次高、代表性强,包括政界、企业界和科技界的知名人士;(2)工作规划细致,比如制定捐赠指南、建立完善数据库、举办典礼仪式、详细记录捐赠项目等,以使捐赠者能充分地参与并拥有知情权;(3)学校领导重视和支持,投入大量的人力及充

---

〔1〕 参见尤玉军:《中国高校基金会治理结构:理论与实践》,人民出版社2018年版,第137页。

足的经费;(4)发展委员会的工作专职于筹款。但在这种形式下,由于没有成立独立的基金户,因此并不享有基金会可以享受的待遇,也不具备对基金会资金进行增值和保值的运作能力。因此,在2005年,南京大学发起成立了南京大学教育发展基金会,并获得了基金会法人证书,独立开展资金增值保值工作。

(四)海外拓展型

随着国内高校与国际交流活动的逐渐增多,部分高校开始重视海外人士的相赠。上海交通大学就是海外拓展型中的典型,除上海交通大学之外,浙江大学、北京大学、清华大学等高校均在境外设立了基金会分会,如浙江大学的“美国竺可桢基金会”和香港分会,北京大学教育基金会在美国成立了分会,清华大学也成立了北美基金会和清华大学(香港特别行政区)基金会有限公司。

上海交通大学教育发展基金会成立于2001年4月,负责学校所有基金的管理。基金会办公室则负责日常的事务,办公室是独立的处级部门,下设校友联络部、信息搜集部、资金管理部、筹集资金部、财务管理部、礼品部等,一共有多名专员负责招募高素质人才为基金会工作。基金会成立之初大概有3000万元的运作资金,光2018年社会各界捐赠数额就超过了3.36亿元人民币,绝大多数来自海外捐赠。尽管上海交通大学教育发展基金会的成立时间较短,但是在学校的大力支持下,由于进行了科学的规划,基金会发展迅猛。上海交通大学地处我国金融中心上海,这是一座海派文化气息浓郁的城市,因拥有众多的海外校友,上海交通大学在海外也积极筹建了基金会,以此拓展海外捐赠业务。该基金会的特点包括:(1)尽管基金会资历尚浅,但是其人员配备充裕,有着科学合理的规划,且投入资金、人才都较为充分,发展速度迅猛。(2)积极地致力于拓宽海外市场,具有巨大的潜力。(3)大力提倡海内外个人捐赠。尤其是近几年以来,上海交通大学十分重视与海外校友保持联系与沟通,并对捐赠信息做到及时和透明,这也推动了海外捐赠的数额发展。(4)该校也十分注重挖掘校友资源,形成了饮水思源的优良传统和校园文化。例如,2020年2

月，新冠疫情期间，上海交通大学教育发展基金会参与发起的“抗击新冠肺炎援助基金”自设立以来，共收到海内外热心捐款869万余元。上海交通大学教育发展基金会的宗旨可以归纳为三句话——热忱为广大海外校友和社会各界的朋友们提供周到的服务，努力发展包括海外侨胞校友在内的社会各界的支持和合作，共同打造学校和校友们的未来。

综上所述，按照不同划分方式所归纳的各组织模式类型在适用范围和特点上各有千秋，但与国外高校基金会的管理模式仍存在一定差距。若要形成强大的基金规模，并在更广泛的范围内开展工作，参与全球的激烈竞争，就必须结合自身特点，吸收和借鉴国外高校基金会的先进组织结构模式，建立完善的组织结构和关系系统。[1]

第二节　完善我国大学教育基金会投资管理的内部机制

上文所示4种治理模式体现出我国多数大学成立发展委员会、发展办公室及校友会等机构来管理不断增加的大学教育基金，开始时没有成立具有法人资格的基金会，从现代公司制度角度来看，缺乏有效的激励机制等，从而难以提高基金的运作效率与投资回报。大学教育基金会应该结合自身特点及资金实力状况选择适合自己的投资管理主体方式，发展组织管理结构，完善内部治理结构。

党的十九大报告提出中国特色社会主义进入了新时代，我国的社会主要矛盾也已经转化。这非常重要的观念转变将会给包括大学教育基金在内的各个行业各个领域带来深远影响。与此同时，经过近30年的发展，特别是中央财政配比政策出台以来近10年的快速增长，我国大学教育基金会已经覆盖了所有的部属和省属重点高校，以及部分职业、民办高

---

〔1〕 参见尤玉军：《中国高校基金会治理结构：理论与实践》，人民出版社2018年版，第139页。

校,规模效应已经显现。

然而,我国大学教育基金会投资管理发展模式与“双一流”建设的不匹配性日益突出,自身发展跟不上我国整个高等教育发展节奏,制约自身可持续发展的深层次矛盾逐渐显露。当前,应看到我国大学教育基金会投资管理存在的客观问题和现实差距,对教育基金行业发展进行阶段性总结,对其战略定位、发展现状、存在问题、发展“瓶颈”等进行调查研究,在充分尊重各所学校发展特性的同时,站在战略和全局的高度做好顶层设计,对大学教育基金会投资管理的发展理念、发展机制、发展方式进行明确,从教育基金会的交叉属性出发统筹相关政策,为高校拓宽筹资渠道、丰富筹资路径提供支持,实现大学教育基金会统筹协调发展。

大学教育基金会投资管理发展路径的顶层设计,可借鉴与我国高等教育体制接近的英国政府做法。2003 年,英国政府针对教育捐赠事业存在的若干问题,专门成立了高等教育志愿捐赠特别工作组,委托布里斯托大学副校长埃里克·托马斯(Erie Thomas)教授担任主席,对英国高等教育领域教育捐赠所处的内外环境进行了总体评价,就政府作用、税收政策、学校策略、捐赠文化等问题进行诊断式研究,在此基础上提出了优化英国高等教育捐赠结构、提高英国大学捐赠水平、推动英国高等教育系统可持续发展的若干建议。英国政府及主要大学很快采纳了其中部分建议,英国整个教育捐赠规模与水平得到了较大提升。我国大学教育基金会的顶层设计,也应通过行业评估摸清家底与发展困境,从制约基金会组织发展的重大问题入手,针对当前教育基金管理零散化、碎片化等问题,明确若干个关键环节,拿出可操作性的解决方案。

一、完善多元筹资举措

制度在人们的经济社会生活中发挥着不可低估的作用。制度可以减弱或消除不确定性因素以使交易顺利达成,可协调利益冲突、降低交易费用,促进交易的发展和市场规模的扩大。制度为人们之间的相互作用提供了稳定的结构,从而使人们的偏好及与此有关的目标、实现目标的手段均受到制约,经济绩效也由此被决定。[1]

目前,我国近半的高校教育基金会资产规模小于1000万元,这就限制了高校教育基金会投资活动的开展。综观国内外投资成功的高校教育基金会,其所拥有的资产规模都较大。从国内外一流大学发展经验看,捐赠基金本身及其投资行为产生收益是大学发展的重要供给渠道,是人才培养和科学研究等各项工作的支撑条件之一。哈佛大学2017年年报显示,哈佛捐赠基金2017财年实现了8%的增长,达到了441亿美元的量级。当年大学支出中共有45%源于大学基金,其中36%源于资金池支持,9%源于直接捐赠。

在我国,清华大学教育基金会最早开展投资活动,也是高校教育基金会成功投资的典范。2010年,清华大学教育基金会斥资5亿元投资购买中国农业银行股票,该年度投资收益为9770万元;2018年,清华大学教育基金会投资金额合计493,081万元,该年度投资收益为31,465万元。[2]这说明充裕的资金是高校教育基金会开展投资活动的必要条件。因此,要想改善高校教育基金会的投资现状,必须开展筹资活动,填充资金池。虽然我国高等教育的国情特征决定了在相当长时期内我国大学的主要供给端是政府财政,但不影响大学管理层可以借助大学教育基金会这个平台,做好做足财务供给领域的增量文章。"双一流"大学建设的重要方面,就是保证内部资源的合理配置和科学管理,同时最大限度地获取外部资源,这一问题直接关系到大学当前和长远的发展。[3] 即便是各种资源相对充足的清华大学、北京大学等顶尖大学,也要在对存量资源优化配置的同时,最大限度地获取外部资源。谁获得的资源多,谁就能在"双一流"大学建设中赢得先机。大学管理层应对教育基金会这一重要的财务供给端

[1] 参见尤玉军:《中国高校基金会治理结构:理论与实践》,人民出版社2018年版,第206页。

[2] 参见《清华大学教育基金会2018年度审计报告》,载清华大学教育基金会:http://www.tuef.tsinghua.edu.cn/sites/pdf/infomation/ndsjbg2018.pdf,最后访问日期:2020年3月21日。

[3] 参见张德祥:《高水平大学建设要重点处理好的八个关系》,载《高等教育研究》2009年第6期。

给予足够重视,在未来一个时期抓住慈善法律环境逐渐优化、公益文化氛围逐渐浓厚的难得的历史机遇,充分挖掘大学教育基金会的制度优势,提高其供给能力,尽可能实现充分供给。

(一)完善筹资机构

美国高校教育基金会通过专业的筹资机构开展募捐活动为基金会发展争取了大量资金。比较而言,我国高校教育基金会缺乏相应的机构设置,直接表现为高校教育基金会以被动的形式接受社会捐赠。“他山之石,可以攻玉”。首先,我国高校教育基金会不妨多向美国高校教育基金会学习。借鉴美国高校教育基金会筹资经验,我国高校教育基金会可设置专门的捐赠筹资机构,并派遣专人负责开展筹集活动。捐赠筹资机构由年度捐赠办公室、计划捐赠办公室和文档秘书处等组成,设定明确的筹资目标,积极主动开展筹资活动。其次,重视校友工作,充分利用校友资源。2018 年我国许多高校迎来校庆,而这一年,开展了校庆活动的高校获得了大量来自校友的捐赠,这彰显了向校友募捐的巨大潜力。因此,高校教育基金会可通过建立校友档案如校友联系簿、校友网站等加强与校友之间的联系,维系校友与学校之间的情感,积极向校友募捐。同时,高校教育基金会可通过开展在校资助计划、组织小型募捐活动培养在校生、临毕业学生的捐赠意识。再次,争取政府的配套资金支持。政府配套资金支持能够更好地发挥激励作用,促进自然人、法人、社会团体等积极向高校捐赠,扩大高校教育基金会的规模。最后,丰富捐赠形式。一方面,高校教育基金会应积极接受现金以外的其他形式捐赠,如知识产权、图书、固定资产等;另一方面,高校教育基金会应积极开发捐赠形式,如在线捐赠、银行转账、网银支付等。

(二)优化大学教育基金会供给方式

优化大学教育基金会供给方式,在供给特征上实现差异供给。古典学派和供给学派认为,供给方的重要作用还体现在可以通过财政货币等政策措施,以供给侧结构性改革激励企业提升产品质量,调整产品结构,形成指挥棒效应,进而带动整个国民经济提质增效。高等教育领域的供给侧改革,一样可以助力我国高校“双一流”建设进程,发展学科新特色,创造大学新优势。在我国当前高等教育管理体制下,大学教育基金会的财务供给与财政拨款、学费收入等主流供给方式并不具有此消彼长的关系,完全可以将两类供给进行科学划分,优化供给方式,将大学教育基金会供给侧重卓越与特色项目,实现差异化供给。一方面,将大学教育基金会供给资金更多用于讲席教授、青年科研人员资助等卓越项目上,培植未来的特色和优势,提前谋划“双一流”建设;另一方面,借鉴国外一流大学经验,尝试将捐赠基金与尖端科研项目相结合,将学校特色、优势学科更多地展现给潜在捐赠人,尽可能地使学科发展与捐赠意愿相匹配,增强筹资吸引力,引导、鼓励捐赠人关注学校卓越项目与前沿科学。当然,这种差异化供给机制,也考验大学教育基金管理团队的筹资技巧。

(三)提高大学教育基金会参与能力

提高大学教育基金会参与能力,在供给时间上实现持续供给。我国大学财务供给侧的机制优化,应注重其供给持续性的形成,形成有利于大学量入为出、科学筹划资金使用的供给环境,这有赖于处理好以下三个方面的关系:

一是捐赠基金当下使用与投资增值的关系。大学教育基金会因校园公益慈善项目而生,资助师生与科研项目是其天然使命,然而从国外一流大学实践来看,其大多会以资金池的形式进行保值增值管理,以形成可持续供给能力。因此,既要实现当期对大学发展各项事业的财务供给,又要实现大学捐赠基金的资金池与规模效应,就要处理好当下使用与投资增值的关系,合理划分两者比例,在实现捐赠基金代际使用均衡与公平的同时,提高供给持续性。事实上,美国政府已经注意到此类问题,总统特朗普曾表态将与国会合作,向拥有大额捐赠基金的大学施压,要求捐赠超过10亿美元的大学必须将10% ~15%的捐赠收入资助学生,督促他们把钱花在学生身上,否则将可能失去免税资格。

二是大额捐赠与小额捐赠的关系。以校庆活动为契机进行募款,是国内外大学筹资的惯例。但与国内大学对校庆大额捐赠依赖不同,国外一流大学往往也关注筹资平衡性，重视众多潜在的小额捐赠群体。在当前我国捐赠文化尚未成型、捐赠与回馈习惯尚未养成的情况下，奉行"二八法则"的大学筹资团队为了追求规模经济，更多地关注捐赠额较大的少数捐赠者无可厚非，但这种高度依赖大额捐赠的筹资模式具有一定的不可持续性。新媒体时代的到来及便捷支付工具的应用，为校园微公益的发展提供了难得的发展机遇，高校应该充分利用社交媒体尽可能扩大捐赠项目的影响与覆盖面，在此基础上引入众筹概念，提升捐赠项目的个性化程度，更加关注小额捐赠，实现大额捐赠与小额捐赠的共同发展。[1]的确，在高校教育基金筹资中引入长尾战略，关注捐赠贡献率不高但潜力巨大的群体，有助于减少捐赠金额波动，提升大学捐赠收支的预见性与资助项目的可持续性。

三是谨慎投资与抵消通胀的关系。十八届中央第十二轮巡视对北京大学等 29 所中管高校党组织巡视期间，对北京大学、北京师范大学等高校教育基金会投资管理提出了整改要求。民政部也出台了《慈善组织保值增值投资活动管理办法》。作为诸多基金会当中的特殊一支，大学教育基金会特点鲜明，其承受风险的能力要低一些，投资不应盲目追求高收益，投资管理与风险防控应更加严格，但对其监管严格并不意味着大学教育基金会不可以通过投资实现保值增值。相反，应在"合法""安全""有效"原则之下，优化资产配置，审慎进行投资行为，否则既是对现有捐赠资源的浪费，也是对捐赠者的不负责任，造成捐赠基金总规模货币贬值与购买力下降。投资管理作为教育基金的一体两翼之一，有利于基金整体的均衡发展，有利于谋求增量发展，同时也是管理能力的标志，有利于赢得捐赠人信任，最终提高持续性供给的能力与水平。

二、明晰内部治理体系

随着各高校对基金会在争取社会教育资源与基金运作方面的认识不

[1] 参见杨维东、朱丽军：《大学捐赠基金筹资模式的转变——基于长尾理论的分析》，载《教育与经济》2015 年第 3 期。

断加深，成立基金会的高校数量近年来有了大幅度的增加。但是，与国外高校动辄上百亿的基金、几百人的组织机构相比，我国大学基金会无论是在基金数量还是在人员结构上都与之相距甚远，缺乏基金运作的有效的内部治理体系。在国家层面提出治理体系和治理能力现代化的背景下，大学教育基金会也应对照自己的职能定位，在高等教育综合改革进程中不断提高自身的治理能力，尤其是投资管理能力。在投资、项目管理等方面通过创新提高内部治理能力，构建定位准确、功能明晰、结构合理、管理有序的新型大学教育基金会投资管理模式，这将有助于吸引持续性的教育捐赠，提升基金会服务所在高校的能力。

(一)建立良好的投资管理能力衡量标准与指标体系

大学教育基金会投资管理的治理能力提升是一个系统工程，既需要有关部门完善行业基础设施建设，补齐行业组织短板，特别是依托高校面向大学教育基金各个层级的管理者开展继续教育和培训服务，从教育基金中外发展历程、发展趋势、投资管理动态、基金会治理等方面进行系统培训，加强能力建设，又需要基金会所依托大学结合事业单位改革进程，借鉴国外捐赠基金管理经验，建立差异化的教育基金会负责投资管理的工作人员薪酬体系。然而，治理能力的衡量标准问题是困扰当前我国大学教育基金会发展的关键因素之一。

客观来说，大学教育基金会投资管理的收益多少与基金会本身的资金池大小有直接关系。而当前我国大学教育基金会的规模与筹资金额多寡，更多的是与大学声誉相关联，而不是与大学基金会内部治理能力高低相关联。整体上看，一流大学建设高校的教育基金会规模或年度筹资额一定不会太差，一般性省属市属高校基金规模一定不会太大。同时，不同层次、不同学科特点的高校，其大学教育基金在讲席教授支持、学生综合能力培养、创意创新教育、基础学术研究等方面发挥作用的方式方法也会有很大不同。作为行业基础设施的重要组成部分，针对性、差异化的绩效衡量标准是我国大学教育基金事业发展过程中的“瓶颈”之一。

一方面，高校在根据自有资金性质、流动性要求运作资金时，必须要制定长期的运作目标,这样才能从容面对市场波动,也才可以吸引相应的人才。美国的大学基金会普遍都设定长期的投资目标,通常是结合支出目标制定,使捐赠基金的支出比例逐年上升的同时,保留学校未来发展所需的资本金。

另一方面,我国高校在运作资金时必须设定比较基准。有人调查,高校公认的基金会理财目标是“保本”或者至少与银行同期利率相同。但这个标准对于延误资本市场理财的高校基金会来说,有时候也是很难的。要投资理财,就会有风险。如果市场趋势向下,“保本”是比较难的。如果市场较好,投资收益有可能较高,而这时候基金会最高管理层又认为是理所应当的。[1] 这就涉及一个长期的评价基准问题。有人认为,参考国外大学基金会的经验,以三年作为评价大学基金会的投资管理绩效是合适的。[2] 具体在投资过程中,要设置好止损点。不同规模的大学基金会要根据资金的实力,按照一定的投资比例,对投资进行组合,降低投资风险,保证投资的理性和科学。例如,北京林业大学教育基金会成立时间短、规模小,在投资中坚持了两项原则,即做好制度规划与预盈和预亏条件下的处理方案,确保资金的安全和收益稳定。2006 年年底该会刚刚成立,对于基金会投资是否合法、是否必要进行了探索,但是未能及时抓住机遇,错过了投资的最好时间。2007 年经过理事会讨论,于 2007 年 7 月进入基金市场。在运作中他们制定了相关的制度进行保障,同时做出了预亏处理方案,但是由于经验不足,未能在收益达 30% 时赎回基金,导致基金收益缩水。后经历大幅下跌后,他们及时调整目标,赎回所有基金,保证了收益,但与最高时的收益相比缩水很多。几个月的操作,使他们真正了解了证券基金市场的风险,为今后该校的基金运作积累了丰富的经验,甚至于

---

〔1〕 参见戴志敏、石毅铭、蒋绍忠等:《大学教育基金会管理研究》,浙江大学出版社 2010 年版,第 56 页。

〔2〕 参见戴志敏、石毅铭、蒋绍忠等:《大学教育基金会管理研究》,浙江大学出版社 2010 年版,第 133 页。

2016年其投资资产占净资产一半以上。[1]

当前,应结合我国高等教育实际与大学教育基金会发展阶段,对大学教育基金会的战略目标进行分解,相应地建立各项工作的指标体系,更加全面、客观地反映大学教育基金会团队的工作绩效。只有投资管理能力衡量标准与指标体系确立,才能进一步回答好建设什么样的大学教育基金会、怎样建设大学教育基金会这个根本问题,才能推动大学教育基金会健康可持续发展。

(二)建立有效运行的投资计划管理机制

大学教育基金会需建立健全一系列运行机制,如捐赠管理机制、财务管理机制、投资收支审计机制、信息公开机制等,保证各项工作按照大学教育基金会投资管理活动的内在要求及技术规范执行。

其一,大学教育基金会应健全预算编制及审批程序。对于自身的运行预算及各项目执行单位预算的编制应当坚持科学精细,坚持收支平衡、量入为出,坚持公开、公平、公正。收入预算应考虑捐赠项目的实际到账情况,支出预算应按照捐赠协议规定的用途,合理安排、讲求绩效,在确保高质量的前提下,审慎安排项目资金。

大学教育基金会秘书处要根据学校发展规划及基金会年度开展活动情况,负责制订年度工作计划,投资方案,年度财务收支预算、决算,并提交理事会审议。各捐赠项目执行单位根据捐赠协议要求及本单位事业发展规划和年度工作计划,编制本单位投资项目年度预算,按照"三重一大"相关规定,审批本单位投资项目预算,并报基金会核准后执行。项目预算应包含开展相关项目及活动的具体实施内容及相应的资金使用计划。经各项目执行单位决策机构核准的年度预算,需在相关的会议纪要里列明,会议纪要需经与会人员签字确认。

其二,大学教育基金会需跟踪投资计划执行,监控资金使用进度。对

---

〔1〕 参见霍达:《中国大学基金会投资状况知多少》,载 http://www.hbxzwy.com/jijin/215244.html,最后访问日期:2020年3月21日。

支持各部处、院系及研究中心发展的基金项目，项目执行单位于每学期期初提交经本单位决策机构审批的投资计划预算，基金会按学期拨付预算款项。明确限定用途的专项资金，各项目执行单位根据项目进展情况及立项后提交的投资计划资金预算的内容进行投资计划资金款项支出。

其三，大学教育基金会应谨慎地进行投资计划调整，做好投资活动的分析工作。大学教育基金会应对投资计划资金占用进行严格控制，不能用于投资的资金，绝不可以使用。各项目执行单位遇特殊情况，如经捐赠人同意改变捐赠用途或事业计划和任务有重大调整的，应交项目执行单位决策机构审批后，报基金会核准，方可调整。且投资计划的调整必须在捐赠项目限定的资金占用范围内。年度结束后，大学教育基金会应要求各项目执行单位、专项基金管委会做好全年度的投资活动分析，总结经验，找出不足，不断提高投资和管理的水平，同时为下一年度投资计划的制订奠定基础。

（三）建立合理的投资管理决策体系

一是建立合理的投资决策机制。高效合理的投资决策机制是基金会规避投资风险的重要保障。大学教育基金会应根据资本运作的基本要求和风险承担能力，加强对资本的投资管理。目前，我国公众投资基金、私募基金等投资机构普遍重视决策程序的制定。投资决策大致可分为以下步骤：(1)董事会决定主要投资原则；(2)项目顾问经理提出投资意见；(3)投资决策委员会进行项目审核；(4)风险控制委员会进行项目复合；(5)进行投资谈判和完成交易程序；(6)项目跟踪管理；(7)投资的退出。大学教育基金会应当充分发挥知识密集、人才密集的比较优势，向投资基金学习投资决策机制。第一，有条件的高校可聘请校内金融投资方面的专家学者组成专家委员会，进行市场分析和投资决策，以提高投资过程的稳定性。第二，在资本进入市场前，要由学校专家委员会进行详细的论证，还要对基金会近期和远期的资金使用状况进行预测，在首先保证基金会公益支出正常开展的前提下，剩余资金进行投资增值。第三，有的大学基金会投资金融市场，是委托投资管理公司进行资本运作，尽管运作模式专业、高效,但也要由基金会及学校专家委员会进行全程监督,对投资过程中的问题进行分析,提出解决措施,减少或避免损失。[1]

二是投资管理与财务管理的体制分开。合理的投资管理决策体系直接决定了高校基金会的投资取向,合理的投资管理决策体系应当是投资管理与财务管理的内容分开。财务管理的职能是统计和储备好各类资金,做到开源节流、合理使用,对资金的收支做科学的规划,寻求收支平衡点。投资管理部门的职责是充分而合理地调动资金,采取高效的投资手段,使资金保值和增值。[2] 在高校基金会理事会下设立投资管理委员会,委员会下再设置投资委员会常务理事会,并任命首席投资执行官,执行官和风险控制委员会共同把握和控制投资事务并互相督促,而投资部、市场部、核算部、研究部和综合部分工协作完成日常有关投资决策的工作事宜。具体来讲,投资委员会一般由高校负责财务的校长、会计、基金会理事和投资决策首席执行官组成,它是决策体系中的最高决策层级,在遵循国家相关法律法规的前提下,行使管理高校基金会资金运作的各项投资的最高决策权,制定投资的总体方针政策。投资委员会常务理事会则通常由投资管理首席执行官、高校基金会各个部门的负责人等组成。投资委员会主要是设计阶段性的运作流程,并对其所管理的投资计划、投资目标和原则、资产配置等进行总体规划。首席投资执行官是负责投资管理的最高执行官,主要负责市场部、核算部、研究部、综合部及投资部,并对下级各部门的具体工作和人事事务拥有最终决定权。风险控制委员会通常由投资部经理、核算部经理、首席执行官等人组成,主要负责监督和制定风险控制政策,并根据市场变化对基金会的投资做出风险评估,提供投资建议,风险控制委员会的工作能够保障高校基金会的理财安全。例如,在风险到来之前主动了解信息、做出决策,采取措施进行抑制,提出分散风险、控制风险的意见。投资部是高校基金会投资管理体系的中心部

〔1〕 参见聂兰兰:《高校教育基金会投资策略初探》,中央民族大学2015年硕士学位论文,第54~55页。

〔2〕 参见顾玉林、戴航骁:《高校教育基金会项目管理浅析》,载《经济论坛》2010年第2期。

门,主要负责运作和管理基金会的资金。投资部的主要职能是执行投资过程,将资金投资组合然后用于证券市场,达到资金的保值和增值目的等。此外,投资部还要执行反馈投资计划的功能,主要指的是向投资委员会汇报市场动态信息和投资组合的风险报告等。市场部的主要职能是负责投资的营销工作,如策划、组织、推广、实施等,还负责根据捐赠基金的特点制订理财计划,解决捐赠者的疑惑,与金融机构建立公共组织管理等。核算部的主要职责是负责日常工作的结算和运作,主要是对投资结算业务的内部票据和外部银行票据进行核算,要求对支票、账单等各种票据进行合理性、合法性的审核,并及时准确地划拨支付金额,若有临时情况应及时向首席投资执行官汇报。研发部的主要职责是对宏观经济进行分析,对上市公司、基金、债券的投资价值进行评估,在此基础上对投资决策部门提交投资建议和报告。研发部的投资建议可以在调查研究材料的基础上参照外部研究机构的信息,完善自己的投资决策建议。综合部主要负责基金会理财机构的后勤保障工作。[1]

高校基金会投资理财应该在全面、独立、互相制约和定量的基础上建立健全内部控制制度,完善内部风险控制,使其与投资理财业务相适应,使基金资产取得更大的收益。

(四)提高投资决策效率

大学教育基金会不同于一般的社团、民办非企业单位或基金会,它是依托所在大学发起成立的特殊的基金会类型,大学与其教育基金会有着或多或少或约定俗成的千丝万缕的联系,这在社会组织当中可以说是绝无仅有的。大学教育基金会的学术研究或日常管理,缺少对这种依附性的认知与理解,盲目强调大学教育基金会作为社会组织应有的独立性,就会偏离正确的方向,这是考虑问题的根本出发点和落脚点。因此,大学与其教育基金会关系问题,成为大学教育基金会治理当中不可回避的关键

[1] 参见王玉辉:《高校教育基金会资金池的建立及其运作模式探讨》,载《社团管理研究》2012 年第 8 期。

性问题。

然而,大学与其教育基金会关系,从不同角度能得出不同答案,不同的时期关注点也会有所不同。2017 年中央巡视组对中管高校巡视以前,大学与其教育基金会关系更多强调发展过程中提高专业性与独立性,降低依附程度的问题;巡视以后,大学与其教育基金会关系发生了微妙的变化,更多地强调大学对其教育基金会的党建与监管责任,在成果共享、风险共担的基础上,大学的背书责任得以明确。相应地,之前有学者提出的大学与其教育基金会是伙伴关系的概念就失去了基础,取而代之的是大学的一体化管理模式,对基金会活动进行管控,强调规范化、制度化。在一体化管理的大背景下,理顺大学与其教育基金会关系应处理好两个关键问题。

首先是决策机制如何一体化的问题,其核心是处理好大学党委常委会与基金会理事会的关系。按照相关法律法规,大学教育基金会作为独立法人,其理事会有最高决策权,尽管过去大学教育基金会理事大多由校内领导兼任,但理事会决议并不需要再报送学校决策层。然而,随着中管高校巡视整改措施的逐步实施及其示范作用,学校和理事会对基金会的双重领导机制将得以明确,大学党委常委会将在基金会决策体系中扮演越来越重要的角色,教育部有关指导意见也将会体现此类表述。

因此,如何理顺两个决策主体关系、合理划分决策权限成为优化大学教育基金会决策机制首先要考虑的问题。应以此次决策机制调整为契机,逐步提高理事会的专业化程度,使理事之间在专业领域形成交叉互补,提高理事会整体决策科学化水平。与此同时,将调动学校资源的问题、方向性原则性问题交由大学党委常委会把关拍板,形成差异化、层次性、互补性决策模式。

要想完善教育基金会的管理,以及提高投资决策的效率,需要各高校教育基金会着手设定具体化的投资目标和标准化的资产配置比例,将理事会投资决策权转移至投资管理部门。在每年年初时,高校教育基金会需要对一整年的投资管理做好统筹工作。根据近几年的投资收益情况并结合当年的市场预期,确定有可操作性的投资收益率预期目标。设定标准化的资产配置比例,将各个投资种类的配置区间与预期收益配对,如哈佛大学的配置区间:股权投资占比51%,其中美国国内股票占比11%,国外股票11%,新兴市场股票11%,私募股权投资18%;实际资产投资23%,其中自然资源类投资11%,房地产投资12%;绝对收益与固定收益类产品的投资分别占16%与10%。在实际投资操作中严格按照统筹规划的资产配置和预期目标执行。同时,将投资活动的决策权由理事会转移到实际负责投资的部门,让理事会对投资活动的管控方向转变成指导而非具体事务的操作。投资管理部门的工作以季度/年度为单位,形成总结报告,向理事会汇报。

有识之士指出,包括大学教育基金会在内的非营利组织的内部治理主要体现在组织章程、会员大会、理事会、监事会等方面。[1] 章程是大学教育基金会活动的基本行为准则,也是组织活动的最高准则,应对上述投资决策管理指标体系、投资决策能力和投资决策效率等问题做出回应,以确立基金会投资管理的内部治理体系。

三、重视建设专业团队

各高校教育基金会根据自身组织结构特征、资产规模大小,建立专业的投资管理队伍或委托专业的管理公司打理资产。现阶段,我国高校教育基金会相关工作人员中存在专职工作人员专业化不足、投资观念保守等问题,这些直接导致基金会投资方式方法保守,投资收益率低。因此,必须加强对基金会工作人员的培养与管理。现在大多数教育基金会的投资团队基本上为学校领导通过联系具有投资经验的校友而组成的咨询性质团队,团队成员的身份为兼职性质,并不负责投资的具体操作。具体的操作与风险控制仍归学校财务部门,实行形式上的投资管理。许多大学

〔1〕 参见陈金罗、金锦萍、刘培峰:《中国非营利组织法专家建议稿》,社会科学文献出版社2013年版,第59页。

基金会投资决策小组或审批领导大部分不是常设机构,有些高校的理财意识还不浓厚。他们往往想到的是资金的安全和自己的职位,这固然重要。但从投资理财的角度看,收益和风险相伴,这是规律,只有认识到规律,才能更好地进行基金会理财。投资是一门专业,需要从业人员的专业知识和快速应对能力、勤奋作风、优秀的心理承受能力等,高校中以学者和科学家为主的领导班子只能用较少的精力考虑投资决策,难度太大。专业的投资理财队伍是大学教育基金会投资理财的关键。专业人员的来源可以有三条途径:一是外聘专业投资人员(如北京大学教育基金会、清华大学教育基金会),但这样费用比较高,容易产生短期行为,在管理上也需要有更完善的激励和约束机制。二是"内外结合",即校内、校外专业投资人员相互合作,但这种模式涉及投资理念的磨合和人员管理问题,容易使投资效率降低。不论哪种模式,控制投资理财风险,使大学基金会资产得以保值增值则是永恒的主题。我国高校可以参考海外高校教育基金会的经验,聘请专业的人士专职打理捐赠基金。团队成员可以由学校招聘校内相关领域的具有实践经验的专家,也可以向社会广泛招聘。三是自己培养(或者校内招聘),这样成本较低,有归属感,也便于学校管理。就我们所知,高校内部不乏对资本市场有较深了解的专家,他们并不是简单地从事理论研究,同时也从事投资实践,对于资本市场有独到的洞察力。

这就需要高校做到以下两点:一是加强领导者的培养与管理。领导者是组织的核心,在组织中发挥着引导、指挥、协调的作用。杰出的领导者能及时做出正确的决策,协调各方力量,使之形成合力,促进组织目标的实现。目前,高校教育基金会的领导者一般由学校领导兼任,而在现有的行政管理模式下,"不求有功,但求无过"的思想占据主导地位,这就导致高校教育基金会领导者对基金会资产投资运作的忽视。因此,高校教育基金会领导可通过自学或参加培训等方式,积极扩展自身投资学、管理学、经济学等相关知识,明确投资目标,不断提高管理能力和水平。二是加强对工作人员的培养与管理。首先,提升工作人员专业素养。高校教育基金会可通过专业培训、接纳实习生、外派学习或聘任专业投资者等方式提升工作人员的专业素质。其次，强化管理，建立投资奖惩机制。在基金会投资效益好的年份，可给予基金会工作人员适当的奖励。实践证明，有效的激励机制能吸引更多的优秀人才加入组织，为组织效力，能激励组织现有的工作人员加强自身建设，激发组织内员工的创造性和改革精神，提高工作效率。再次，大学教育基金会可以吸收金融投资方面的专业人员。基金会人员应具有基金运作主动策划、积极投资的意识，能够准确识别各类金融产品的收益和风险，选择符合本基金会财务现状的投资组合。最后，要增加法律专业人才的数量。基金会应具备一定的法律专业人才，加强对国内外的基金投资法规的了解和对本基金会基金运作方案的风险监督，保障基金投资的安全性。

四、突出风险管理机制

大学教育基金会风险控制机制一体化问题，其核心是校内风险控制体系如何有效覆盖基金会。随着教育基金规模的日益增大，财务管理风险逐渐积聚，为规范各种财务活动及流程，大学教育基金会构建了自身的内控体系，以加强筹资、投资、管理等方面的预测预警与信息披露，从而对整体风险进行防控。同时，近年来，高校越发重视内部控制与风险防范体系建设工作，纷纷构建内部控制体系，对招生、基建、后勤等风险易发重点控制领域进行监管。后巡视时代，学校的内控体系将实现对大学教育基金会的全覆盖，具体表现在学校财务部门将会加强对基金会财务的业务指导和监督，审计部门将年度审计机制引入基金会监管，作为年度检查或报告的补充。这就产生了两个层级的内控体系如何有效结合的问题，既要做到不浪费内部控制资源，又要充分考虑基金会的特殊性，实现对筹款策划、捐赠关系维护、项目管理、投资增值等方面的监管，这应是后巡视时代大学教育基金会一体化体系构建的重点内容之一。

为降低投资产品风险，应设定资产入池标准。高校教育基金会可以参考企业年金、养老金等各种同样为风险厌恶型机构投资者的做法，设定资产入池标准，严格控制金融投资产品的风险。例如，规定金融产品的发行主体应为信用等级高、有较强安全保障能力且具有行业领先地位的金融机构,规定融资类金融产品的融资主体或担保主体为国有或大型民营企业,外部评级不得低于 AA;项目实际资金用途应该符合国家相关标准,优先考虑用于政府鼓励类产业的融资类金融产品;控制单笔投资限额与年限等。同时还应对入池的金融产品进行定期评估,灵活经营捐赠资金,降低市场风险与运行风险。

为提高投资风险防控能力,应建立风险委员会。风险委员会成员由投资部门经理、学校财务主管及其他相关人员组成。风险委员会负责制定和监督风险政策,依据市场变动对基金会的投资组合采取风险评估,并提出风险控制建议。在风险来临前,变被动为主动,及时了解情况,做出判断,采取措施。

为突出投资风险全程管理机制,大学教育基金会还应在投资信息披露、投资决策和投资实操领域有所作为。首先,应该建立健全一套完整、真实的披露制度,以此维护捐赠人和受益人的权益,保证高校基金会资产的完整、安全和增值。核算部门应该制定具体的财务和收益计划、财务决算核算制度等,并定期向高校基金会理事会报告资产的组合情况,比如在中期和后期应该提交真实的投资理财报告和财务报告,及时向捐赠单位和个人汇报,并注意做好保密工作。[1]

其次,应完善基金会资产运作中的集中决策制度。一是由财经或法务人员向决策委员会常务理事会提供有关法律法规情况、国家宏观经济环境,以及对证券市场的影响分析、利率走势和通货膨胀预期、行业分析、企业分析及市场分析的研究报告,为投资决策提供依据;二是规范决策的程序,常务理事会通过表决的方式进行决策,每个项目必须有 2/3 以上的票数通过方能执行;三是投资委员会常务理事会按照市场部所反馈的信息,如捐赠资金的特殊要求,以及投资部的组合建议书,确定基金会资产

---

〔1〕 参见董慧英:《高校专用基金会计核算和管理的探讨》,载《预算管理与会计》2003 年第 8 期。

的投资方向和原则，从而确定各项投资所占的额度比重和分散程度等；四是投资委员会常务理事会定期召开会议，下属各部门向其进行工作汇报，对投资对象的财务报告内容和资金收益率进行审定，并指导投资理财的进一步完善操作。[1]

最后，基金会还应对具体的操作采取分级授权和相互制约的管理制度。[2] 一是投资部门制定投资组合方案，并下达操作指令给具体的执行人员，其投资过程必须经由执行人员之手；二是常务理事会在投资原则的基础上，由首席执行官授权利用研究部提供的宏观经济、企业行业和证券市场的分析报告，制定具体的投资组合操作方案；三是学校或者社会的审计监察部门依照国家有关法律规定，以及基金会的风险控制规章，并在其被赋予的职权范围内采用适当的方法，对基金投资管理活动进行公正且客观的评估和检查，[3] 如合法程序、日常风险控制监管、内部控制制度的健全性、投资决策的执行情况及财务核算等审计工作等。

总而言之，我国高校教育基金会必须不断完善基金会内部管理，通过设定投资产品入池标准、建立投资风险委员会、突出投资风险全程管理机制等，规范高校教育基金会的投资活动。

五、完善评价和监管机制

投资项目的评价是对投资项目前期所确定的标的与投资后实际成果方面的指标进行对比，来判断预期投资目标实现的程度。评价实际上是对高校教育基金会投资活动的反思。同时，评价具有重要的监督功能，与前期评估、实施监督相结合构成对投资活动的监督机制。所以，高校教育基金会应对投资项目进行事前、事中、事后评价，按照投资品种、投资目

---

[1] 参见李鑫璐：《高校基金会在大学和谐发展中的作用分析》，载《江苏高教》2010 年第 3 期。

[2] 参见刘啸、罗章：《中美基金会管理体制比较研究——基于制度可能性边界的理论》，载《行政论坛》2012 年第 3 期。

[3] 参见陈晓宇、冯倩倩：《我国高校的捐赠收入及捐赠人行为研究》，载《北京大学教育评论》2011 年第 1 期。

标、投资风格等特征对投资进行分类,总结投资经验,探讨投资中存在的问题及解决对策,并及时形成书面报告,据此建立相对科学、完善的投资评价体系。

没有哪个体制能够完全通过自律来有效地组织人们故意从基金会获取非法的或不适当个人利益的行为。因此,政府监管、媒体关注和法律惩罚是不可或缺的。[1] 由于高校教育基金会的公益性和资金来源的特殊性,对基金会资金的管理和运作提出了更多的要求。高校教育基金会除了按照政府规定的要求公开必要的信息,还应该逐步拓展信息公开的渠道和内容。截至2019年12月,基金会中心网显示,中国基金会的透明指数为51.34分,而满分为129.4分。我国仅有一半左右的部管非公募基金会在媒体上公布了接受捐赠的情况、捐赠资金使用情况、年度审计情况等信息。因此,高校教育基金会加强内部的基金运作监管体制,可以通过建立网站、创办刊物、非政府第三方参与等方式对基金会接受捐赠情况、资金使用情况、投资情况等信息进行披露,接受捐赠者、公众对高校教育基金会的监督。

此外,在资金监管中,除建立健全投资计划实施机制外,还应健全投资活动审计机制,对资金拨付后的最终投资管理结果予以追踪检查,从实际效果实现资金投资后有效性管理。基金会除每年聘请专业的会计师事务所按照登记管理机关、业务主管单位的要求进行年终审计,并自觉接受税务、会计等主管部门的监督外,还要对一些重大投资项目开展项目专项审计。[2] 在健全审计机制过程中,明确审计的项目、审计的目标、审计公司的选择、审计事项的沟通、审计报告的审核、意见的反馈、审计报告问题的传达、问题的整改等,对于定期审计的结果应主动公开,接受社会监督,

---

〔1〕 参见[美]乔·L.弗雷施曼:《基金会:美国的秘密》,北京师范大学社会发展与公共政策学院社会公益研究中心译,上海财经大学出版社2013年版,第172页。

〔2〕 参见《关于加强和完善基金会注册会计师审计制度的通知》(财会〔2011〕23号),载中国政府网:http://www.gov.cn/zwgk/2011-12/30/content_2033757.htm,最后访问日期:2019年8月12日。

提高基金使用透明度。健全的机制,对保证基金会资金监督的质量、提高基金会资金使用效率、满足基金会财务信息相关者的需求发挥着重要的作用。

六、建构多元投资方式

(一)金融投资方式多元化

随着我国市场经济的发展,市场上可供选择的投资工具、投资产品日益丰富,投资者的选择也愈加宽广。与此同时,投资所面临的风险种类也日渐增多,识别难度不断加大。许多成功的基金会和捐赠基金通过自上而下与自下而上的流程已经制订了经过深思熟虑的资产配置计划。[1]因此,高校教育基金会在开展投资活动时,应以审慎经营为理念,通过多元投资组合,制衡投资风险和投资收益。笔者认为,高校教育基金会可选择以下投资工具:

1. 银行存款。银行存款投资收益稳定,投资风险近乎为零,且有较大的流动性。投资于银行存款,既能满足高校对资金使用的需求,也能获得一定的收益。但随着通货膨胀率的上升和银行存款利率的下调,投资于银行存款实际上使资金面临着损失。因此,高校教育基金会应结合自身对资金的需求量,合理控制银行存款比例。

2. 央行票据。央行票据是人民银行在银行间债券市场发行的中短期债券,具有无风险、流动性高等特点,是中央银行调节货币的重要工具,对高校教育基金会的投资具有重要指导作用。如果央行增加票据发行量,则证明市场投资过热,央行需要回笼资金,高校教育基金会此时应缩减投资,增加银行存款比重。反之,则可以加大投资,银行存款只需满足高校教育基金会日常运作。

3. 债券。一般而言,债券按照发行主体不同,可分为国债和金融债

---

[1] 参见[美]劳伦斯·E. 科卡德、凯萨琳·M. 利特里瑟:《基金会和捐赠基金投资》,郑佩芸等译,上海财经大学出版社 2016 年版,第 26 页。

券。国债以国家信用为基础,投资收益较银行存款高且收益稳定,但一般有投资期限限制,流动性较银行存款差。金融债券由市场经济中的金融机构发行或委托银行代为发行,其投资收益较国债高,但风险也较大。高校教育基金会在选择金融债券时,应对金融债券发行主体的经营业绩、综合实力、资本充足率等进行综合评估,尽量选择经营业绩好、综合能力强的金融债券进行投资。

4. 证券投资。证券投资是投资者通过在证券市场上买卖有价证券获得投资收益的行为。相较而言,证券投资风险高、收益高,要求投资者具有较强的专业素养。因此,高校教育基金会可通过聘请专业的投资人员或委托专门的投资管理公司开展投资活动。同时,投资者应尽量选择不同的证券开展投资,以分散投资风险。

5. 资产捐赠改直接投资。高校教育基金会可将获得的来自企业或企业家的捐赠,通过直接投资的方式入股企业,或者直接将高校的捐赠投向与高校有业务往来的企业。高校教育基金会不仅要选择多元投资产品,而且应尽量合理安排各项投资所占比例,降低投资风险。在这方面,高校教育基金会可借鉴社会保证基金。《全国社会保障基金投资管理暂行办法》规定:银行存款和国债投资的比例不能低于50%。其中,银行存款的比例不得低于10%。在一家银行的存款不得高于社会保障基金银行存款总额的50%。证券投资基金、股票投资的比例不得高于40%。企业债、金融债投资的比例不得高于10%。

(二)实业投资与金融投资相结合

我国经济正在转型中,国家在经济发展中越来越重视实体经济发展,如制造业、高科技产业、基础设施建设等。因此,高校教育基金会应把握时机,将基金会资产投资于基础产业、基础设施建设、高科技产业、不动产及其他优质项目等。基础产业和基础设施建设在国家经济稳定发展的大背景下,投资风险小,未来有稳定的现金流入,而且回报率高,具有巨大的增长潜力,所以适合作为投资对象。高科技产业市场潜力大、产业关联度高、经济效益好,有助于形成新的经济增长点,高校在科研方面有一定的优势,所以适合作为投资对象。不动产项目产业虽然需要大量资金,且流动性不高,但在出现通货膨胀时,可以达到保值效果。

此外,高校教育基金会还可以选择的实业投资形式有信托贷款和产业投资基金。信托贷款是高校教育基金会将闲置不用的资金委托金融机构,以贷款的形式供资金短缺方使用。根据市场经济主体的不同和社保基金投资的经验,高校教育基金会用于信托贷款的资金应不超过基金会总资产的5%。产业投资基金可直接投资于国资委直接管理的国有非金融企业和财政部直接管理的国有金融企业的改制或改革试点项目。[1]

七、加强对外合作交流

大学教育基金会也需要在市场规则下,不断加强相互联系,搭建相似群体之间的合作平台,从而通过合作平台建设,不断推动经验交流与技术合作来实现公共利益的最大化。这也是我国大学教育基金会需要不断合作的理论基础,我国大学教育基金会作为基金会行业的特殊群体,通过推动行业内部自我革新,加强基金会募集资金的投资运作与管理,以大学作为社会科技创新与发展的生力军,促进社会和谐与发展。

(一)促进大学教育基金会之间的联系与合作

2012年8月9日上午,由中国高等教育学会教育基金工作研究分会第十四次年会,在延边大学科技图书馆八楼会议室举行。国家民间组织管理局副局长刘忠祥、中国高等教育学会办公室主任沙玉梅、吉林省教育厅副厅长孙维杰、吉林省民间组织管理局局长于明等出席会议,来自北京大学、清华大学等高校从事教育基金会工作和研究的领导人参加了会议。中国高等教育学会教育基金工作年会为各大学搭建一个交流、合作、共赢的基金会平台,同时发挥其服务、协调、引导功能,解决大学教育基金会管理中出现的若干问题。

---

〔1〕 参见聂兰兰:《高校教育基金会投资策略初探》,中央民族大学2015年硕士学位论文,第59页。

在投资管理中,可以通过一定方式将各大学教育基金会的小资金整合成有一定规模的大资金,通过集中谈判扩宽基金会资金投资渠道,并实现资金安全和收益最大化的统一。从国外大学教育基金会的发展历程可以看出其也是经过了很多阶段,在其发展初期也是经历了规模小、管理松散等问题。结合当前我国大学教育基金会普遍规模较小的现状,对于单个基金会而言,难免在资金运作方面势单力薄,无论是从自身组建专业投资管理团队,还是聘请外部专业资金管理机构,都无法实现资金安全和资金收益最大化统一。但是,如果每个大学教育基金会能够在一定范围内联合起来,共同组成一个较大规模的资金池,建立规范的运作模式。例如,成立合伙制公司或者共同签订协议(或合同)等方式,来与社会各机构进行统一协商,既能保证单个大学教育基金会的资金安全和资金收益实现一定程度的最大化,又能在对外谈判中有一定的话语权和决策权。作为基金会中具有很多相似特征的大学教育基金会群体,相互间有更多的联系,使他们能够更容易沟通,通过相互学习经验,在完成大学教育基金会资产投资管理的基础上,实现对大学各项资金支持,最终都是为我国大学教育及其公益事业做出贡献,由于有相近的目标与价值取向,作为基金会中一个代表大学教育事业的公益性基金团体,其将为我国基金会起到表率作用。

(二)推动大学教育基金会与其他基金会之间的联系与合作

独木难成林,大学教育基金会不是孤立的,与其他基金会有着相同的特征,它们之间既有联系又有区别。甚至有些捐赠也要求几家高校合作完成项目,而每家学校资金量均不大,人手都不多,高校之间也可以考虑在资金运作层面合作,发挥资金集合优势和平台高端优势。当然,这是在各学校对资金运作有了充分的认识之后才能开展的尝试。在诸多问题和困难面前,各大学教育基金会要与时俱进,建立和完善基金运作管理机制,提高基金运作能力,为高校建设提供重要的经费来源。而只有通过相互学习,才能取长补短。由北京大学教育基金会等知名基金会发起的中国非公募基金会发展论坛,就是大学教育基金会与其他基金会共同打造的一个交流平台。通过互动交流,分享彼此的工作经验,并对当前非公募基金会行业的政策环境、能力建设、项目管理等方面进行了深入的讨论。但是,在非公募基金会和公募基金会合作方面,合作广度和深度尚未能够有效展开。在投资策略方面,大学教育基金会和其他基金会将会有更多的联系与交流。例如,社保基金一直坚持执行审慎投资的理念,在资产配置中追求多元化的组合。其中,固定投资收益占了一半,其次是股票和直接投资,以避免“鸡蛋放在一个篮子里”。除了直接进行投资,社保基金还聘请了优秀管理员进行投资鉴别,以保证投资回报。每一项投资都要经过立项、调查、条款审定三道程序。此外,社保基金还在内部加大了责任制管理。“目前投资没有造成严重损失,也没有发现工作人员有违规行为。”社保基金理事长戴相龙曾自信地说。社保基金投资运营十余年来,年投资回报平均在8%。相比而言,大多数大学教育基金会难以取得如此高的收益。除此之外,从国内看,与基金会在投资管理问题及其他问题上具有相似性的主要有商业保险资金、企业年金等。基金会属性的相通性,决定了大学教育基金会的发展必定要融入全国基金会发展趋势当中。那么,如何在共同发展的洪流中,不断地学习、迅速地进步?一个重要的因素,就在于大学教育基金会与其他基金会能否进一步加强交流与合作。

(三)发展大学教育基金会与社会机构之间的联系与合作

大学教育基金会是介于高校、政府和社会之间的桥梁。作为非营利性组织,其没有政府的支持,无法得到有效的法律保障;不能有效地联系社会,则无法吸引社会捐赠并接受社会监督;最终,要做好服务于高校发展的坚强后盾,必须确保基金的保值增值。依托学校优势,借力基金会投资平台,扩大区域性合作,积极寻求社会资源。在地区性合作上,针对高校科研工作特点,有重点地选择一些行业和地区,稳扎稳打,通盘考虑,尤其注重可持续发展战略,不断在校内培育一些新的科研增长点。例如,广东地区的先进制造、交通、电梯及环保行业,江浙一带新材料、装备制造及化工行业,山东地区的电力、石化及家电行业等,使高校的各项高新技术在企业技术改造和技术进步中得到应用,创造出较好的经济效益和社会效益。在与各地政府开展合作及建立科技成果转化中心方面,高校也在摸索中积累经验,拓展思路,由最初的合作形式单一、合作区域单一的局面,逐渐发展成现在的形式多样、全国多点开花的生动局面。尤其与广东、浙江、江苏等沿海发达地区通过签署高层合作协议、共建行业联盟、构建合作平台、建立校企研发中心、派驻办事机构等多方式合作并建立成果转化基地。通过成果展示和项目洽谈活动,增强高校的科技影响,并获得广泛关注,推动了高校的高新技术成果的应用及转化,为在当地建设科研、教学基地和平台,进一步巩固和扩大地区间的合作奠定基础。[1]

除上述各种完善措施以外,我国大学教育基金会由于受编制的影响,人员配比往往不足,募捐组织机构单一化,投资部门发展依旧缓慢。中国多数大学尚无基金自主管理机构,并且新成立基金管理机构可能会产生较高成本及面临较为麻烦的行政审批过程,对于多数大学而言具有一定的困难性,因此建议大学教育基金会也可以考虑由专业基金管理机构来进行投资管理。从历史数据来看,专业的基金管理公司为美国大学教育基金带来了较高的投资回报率,有效避免了大学教育基金贬值的风险。[2] 按照欧美等国的通常做法,公共资产或具有准公共性质的资产委托专业资产管理机构进行管理,既可以实现基金运作透明化,有效履行信托责任,也可以实现基金资产的收益最大化。美国大学教育基金及中国的全国社保基金进行自主管理或交由专业管理机构管理,都取得了较高的投资收益,因此,中国大学教育基金也完全可以在资本市场上获得较高投资收益。美国一流公立、私立大学教育基金会组织结构的特点是职能部门分工细化、权责明确,且均设立专业的投资部门。为使大学募捐组织机构更好地运转,应从顶层重新考虑组织机构的设置,可参照美国一流公立、私立大学的做法,设立专门的投资机构或委托资产管理公司,将捐赠

---

〔1〕 参见吕红伟:《我国大学教育基金会投资管理研究》,内蒙古大学2013年硕士学位论文,第18~20页。

〔2〕 参见孙国茂、陈国文:《大学教育基金管理问题及对策研究》,载《清华大学教育研究》2015年第5期。

资金进行科学合理的投资，获取较高投资收益，实现基金的保值、增值。[1] 鼓励大学教育基金交由专业基金投资机构来管理，实现大学教育基金较高的投资收益。即使采用消极的投资策略，依然有基金指数能够获利，交由专业基金管理机构来管理，将会有更大概率获得更高收益。[2]

第三节　完善我国大学教育基金会投资管理的外围机制

完善资本市场制度建设，加强对资本市场的治理，为大学教育基金会投资提供良好的平台。中国大学教育基金会不进行投资管理则无法实现保值增值，但在中国资本市场上操作又面临着较差的投资环境。中国的资本市场在金融危机后表现持续低迷，投资者很难在市场上获得投资收益，或者多数投资者是亏损的。在没有健康的资本市场环境下，大学教育基金会即使参与资本市场运作，也有可能大幅亏损，无法实现保值增值的目的。大学基金会作为非政府、非营利的组织，要有效地规制其活动，法律规制是至关重要的途径，这其中的税法规制又举足轻重。清晰、简洁、高效的税收制度是非公募基金会发展所期盼的税收环境，也是我国制度建设的目标，其中的税收优惠制度是关键。[3] 因此，相关部门应当继续加强资本市场及大学教育基金会投资管理的制度建设，依靠规范化透明化的制度来治理资本市场的不端行为，为大学教育基金会创造良好的投资环境，才能满足大学教育基金会增值保值的投资需求。

---

〔1〕 参见苏洋、赵文华：《中美一流大学教育基金会的比较与借鉴》，载《高教探索》2016 年第 3 期。

〔2〕 参见孙国茂、陈国文：《大学教育基金投资管理研究》，载《济南大学学报》（社会科学版）2014 年第 6 期。

〔3〕 参见李政辉：《非公募基金会的基本矛盾与规制研究》，法律出版社 2015 年版，第 302 页。

一、细化税收优惠制度

在商品经济社会,经济杠杆是撬动各项事业发展的主要工具,如何发挥经济激励机制的作用,也是慈善事业发展中需要解决的重要问题之一。对慈善活动的经济激励手段主要包括对慈善捐赠行为的税费减免、政府对慈善组织的财政资助等,其中,税收机制最为重要。[1] 在美国,大学基金会的基金运作是相当成功的,基金运作收益是基金会收入的重要来源,高校通过基金运作取得的收益可享受豁免联邦及各州的所得税等税收优惠,有力地推动了教育事业的发展。然而我国曾缺乏有关大学基金会税收优惠申请流程的明确规定,很多大学基金会在申报所得税时还需将存款利息、有价证券(除国库券)的投资收入和其他收入一并计入应税所得,而不论这些收益是否用于公益目的,这是客观上不利于大学基金会运作基金积极性的发挥。中国是按税种设置税收制度,没有对非营利组织设立专门的税收制度,非营利组织作为法人实体,与其他法人实体一样,统一适用国家各项税收制度。[2] 为此,我国应健全大学基金会税收法规体系,简化取得税收优惠资格的实质条件和程序条件,完善大学基金会税收优惠政策:(1)在税收优惠申请程序方面,建立符合大学基金会需要和特点的税务申报制度,简化大学基金会办理税收优惠申请、审批和监管程序;(2)在税种方面,明确对大学基金运作收入的所得税征税规定,并可在财产税、商品税、房产税、城镇土地使用税等税种上给予大学基金会运作上的优惠。[3]

二、完善信息披露制度

第一,以立法强制非营利组织信息公开。目前,《慈善法》第八章明确

---

〔1〕 参见薛宁兰、邓丽主编:《中国慈善法研究与立法建议稿》,中国社会科学出版社 2014 年版,第 124 页。

〔2〕 参见民政部政策法规司编著:《慈善事业税收优惠政策法规指南》,中国社会出版社 2010 年版,第 276 页。

〔3〕 参见张学军:《基金会享受税收优惠的体制重建研究》,载《当代法学》2015 年第 4 期。

对慈善组织的信息披露加以规范,该法律包含强制要求慈善组织披露基本信息、项目信息、财务信息、捐赠信息等内容。同时,主管部门应制定统一的信息公开标准,规定信息公开的范围、程序等细节性问题,确保社会公众的知情权。

第二,以监管体系构建保障基金会信息公开。积极推动以财政、民政、税务、司法和审计部门共同组成的,各负其责,协同作业,共同规范的基金会信息披露监管体系。各监督主体要层次清晰、分工明确、相互配合,以免出现相互推诿、无人负责的局面。同时,要细化监督项目、监督内容及标准,改变监管形式化的现象。此外,要强化基金会的法律问责,对基金会的违法乱纪行为依法追究其法律责任;完善基金会退出机制。

第三,以信息报送平台建设推动基金会信息公开。充分利用现代科技手段比如互联网的优势,进行信息报送平台建设,建立覆盖全国的基金会捐助信息报送制度和报送网络;倡导基金会进行信息化建设,并开展必要的培训。

第四,针对大学教育基金会信息披露工作,还应建立健全全国统一的大学教育基金会评估体系和评估指标,在其中加入对信息公开的评定。大学教育基金会具有其自身的特点,应积极引入权威的第三方评估机构对基金会依据章程开展活动的情况进行监督管理;并将评估结果与年度检查、免税资质、政府购买服务真正结合起来。借助独立机构推动信息披露,参照欧美等国家基金会等非营利组织的发展经验,独立的第三方机构在基金会信息披露方面具有较大的推动作用,其通过制定慈善机构的行为标准,对机构进行审议并出版报告为用户和捐赠者提供信息和咨询服务。独立的第三方机构包括独立的信息披露组织和第三方评估机构。独立的第三方监督机构在我国也已有初步发展,有独立的信息披露平台,如基金会中心网、中民慈善捐助信息中心,其中中民慈善捐助信息中心每年发布中国慈善透明报告,而基金会中心网则推出“中基透明指数”。第三方信息披露平台为基金会提供了审查信息披露情况的指标,并通过评审排名提升基金会对信息披露的重视,推动社会大众的关注。也有第三方评估机构,如北京师范大学社会公益研究中心。该中心为北京市民政局认可的评估机构,自成立之日起连续多年对北京市市级注册的年度内成立满年或评估满年的基金会进行评估,通过材料报送、实地评估和访谈等环节,了解基金会的发展情况,出具评估报告,对基金会进行评定。年度评估结果由北京市民政局社团办发布,评估结果在3A以上的基金会才能申请免税资格,同时评估等级与政府购买服务相关联。值得一提的是,公开透明即是其评估指标中的组成部分。大学教育基金会信息披露的完善需要专业的、独立的第三方机构的推动,第三方机构为大学教育基金会指明信息披露的做法。随着第三方机构所出具结果的影响力日益扩大,大学教育基金会也必将积极参与其中,主动披露信息,提升运作能力。此外,独立的第三方在我国发展尚属起步阶段,若发挥其自身的巨大能量,还需要政府、基金会和社会公众的支持和关注,第三方机构自身则要规范、健全地发展。

第五,发展行业自律强化信息披露。行业自律是指私人部门的特定产业或职业,为了满足消费者需求、遵守行业道德规范、提升行业声誉及扩展市场领域等目的,对自我行为进行的控制。行业自律是为了行业成员的共同利益、保障本行业的持续健康发展,其表现为全体行业成员共同认同的行规行约。将公开透明的运作理念加入大学教育基金会的行业规范中,可以有利于提升大学教育基金会对信息披露的认同,增强其信息披露的自觉意识。在我国,大学教育基金会属非公募基金会,非公募基金会行业内联合组织在此方面已有所行动。由多家非公募基金会联合发起的中国基金会发展论坛,成立于2017年,目前已连续举办多届,论坛通过举办行业年会、发布非公募基金会发展研究报告,以及开展一系列行业交流与能力建设活动等,旨在推动非公募基金会行业的健康发展。第二届中国非公募基金会发展论坛即以信息披露为主题,会上发布了《中国非公募基金会信息披露指南》,其中对非公募基金会信息披露的依据、我国的现状及其他国家的做法进行了介绍和分析,并提出了非公募基金会信息披露的指标和格式。论坛的召开和指南的发布在一定程度上,促进了我国非公募基金会对信息披露的认同。而中国高等教育学会教育基金工作研究分会年会,是每年召开的全国大学教育基金会交流经验、汇报成果、集思广益、促进发展的行业平台。通过这些行业平台,积极推动行业自律,将信息披露凝练到行业自律公约之中;强化全行业成员对于透明、规范发展的认同,将成效良好、运作优异的成员做法在全行业内推广;邀请专业人员就信息披露问题在行业内开展培训;这些方式和手段都将有利于提升我国大学教育基金会信息披露的总体能力和水平。此外,还应积极推动慈善协会的建设,真正做到基金会行业组织规范化,以行业内生的自驱力提升大学教育基金会信息披露水平。[1]

三、营造良好的投资环境

2004 年,《基金会管理条例》颁布,我国高校教育基金会有了法律支持后快速成长,但专门针对高校教育基金会的法律法规则几乎没有。目前,我国政府正在积极深化政治经济体制改革,大力推进依法治国建设。因此,我国高校教育基金会应把握时机,争取政府更多的支持。

首先,争取各项政策优惠。优惠政策是高校教育基金会发展的“加速器”。在美国,自然人、法人、社会团体等向高校教育基金会捐赠享有额度较大的税收减免政策。在我国,2006 年颁布的财税 164 号文对捐赠抵税做出了规定,但税收减免额度远不及美国,且申报程序烦琐。因此,我国政府应进一步加大减免税收减免额度,简化申报程序,鼓励自然人、法人等向高校教育基金会捐赠。其次,争取投资收益税收优惠。目前,在高校教育基金会的投资收益中,仅国债收益免于征税,其他收益都要按规定缴纳税收,这就致使部分资产规模小的高校教育基金会在缴纳所得税后,投资收益所剩无几。因此,国家应出台相应政策,扩大投资收益税收减免种类或降低征税税率。最后,建立健全投资管理法律体系。现阶段,我国政

〔1〕 参见刘婧一:《我国大学教育基金会信息披露研究》,华北电力大学 2014 年硕士学位论文,第 35 页。

府对许多基金的投资行为都有规定,如企业年金、社保基金等,通过相关规定,引导基金会规范投资。遗憾的是,当前我国没有高位阶的法律法规为教育基金会的投资活动提供保障。因此,应结合社保基金、企业年金、证券投资基金会等相关投资法律法规,根据高校教育基金会自身特点,建立健全教育基金会投资管理法律,为高校教育基金会的投资保驾护航。[1]

---

〔1〕 参见聂兰兰:《高校教育基金会投资策略初探》,中央民族大学2015年硕士学位论文,第60页。

参考文献

一、中文著作译作

1. 陈金罗、金锦萍、刘培峰:《中国非营利组织法专家建议稿》,社会科学文献出版社 2013 年版。

2. 戴志敏、石毅铭、蒋邵忠等:《大学教育基金会管理研究》,浙江大学出版社 2010 年版。

3. 葛道顺等:《中国基金会发展解析》,社会科学文献出版社 2009 年版。

4. 江平主编:《法人制度论》,中国政法大学出版社 1994 年版。

5. 基金会中心网编:《美国社区基金会》,社会科学文献出版社 2013 年版。

6. 金锦萍:《非营利法人治理结构研究》,北京大学出版社 2005 年版。

7. 康晓光:《创造希望:中国青少年发展基金会研究》,广西师范大学出版社 1997 年版。

8. 李政辉:《非公募基金会的基本矛盾与规制研究》,法律出版社 2015 年版。

9. 卢玮静等:《基金会评估:理论体系与实践》,社会科学文献出版社 2014 年版。

10. 民政部政策法规司编著:《慈善事业税收优惠政策法规指南》,中国社会出版社 2010 年版。

11. 杜莉、宋兰旗:《中国高校筹资制度创新研究》,科学出版社 2012 年版。

12. 王邵光:《多元与统一:第三部门国际化比较研究》,浙江人民出版社 1999 年版。

13. 薛宁兰、邓丽主编:《中国慈善法研究与立法建议稿》,中国社会科学出版社 2014 年版。

14. 尤玉军:《中国高校基金会治理结构:理论与实践》,人民出版社 2018 年版。

15. 杨维东:《中国大学基金会治理问题研究》,中国政法大学出版社 2015 年版。

16.《中国大学教育基金会发展报告》编写组编:《中国大学教育基金会发展报告》(2018),社会科学文献出版社 2018 年版。

17. 张晓冬:《基金会法律问题研究》,法律出版社 2013 年版。

18. 资中筠:《财富的归宿:美国现代公益基金会述评》,生活·读书·新知三联书店 2011 年版。

19. [美]大卫·F. 史文森:《机构投资的创新之路》,张磊等译,中国人民大学出版社 2010 年版。

20. [美]道格拉斯·C. 诺斯、罗伯斯·托马斯:《西方世界的兴起》,厉以平、蔡磊译,华夏出版社 2009 年版。

21. [美]弗兰克·H. 奥利弗:《象牙塔里的乞丐:美国高等教育筹款史》,许东黎、陈峰译,广西师范大学出版社 2011 年版。

22. [美]菲利普·科特勒、艾伦·R. 安德里亚森:《非营利组织战略营销》,孟延春等译,中国人民大学出版社 2003 年版。

23. [美]劳伦斯·E. 科卡德、凯萨琳·M. 利特里瑟:《基金会和捐赠基金投资》,郑佩芸等译,上海财经大学出版社 2016 年版。

24. [美]乔·L. 弗雷施曼:《基金会:美国的秘密》,北京师范大学社会发展与公共政策学院社会公益研究中心译,上海财经大学出版社 2013

年版。

25.［美］保罗·布雷斯特、何豪:《善款善用:聪明慈善的战略规划》,李存娜译,中国劳动社会保障出版社2013年版。

二、中文论文

1. 陈秀峰、郑杭生:《公益与效益的平衡:透视大学教育基金会的资金运作机制》,载《教育与经济》2008年第1期。

2. 陈晓宇、冯倩倩:《我国高校的捐赠收入及捐赠人行为研究》,载《北京大学教育评论》2011年第1期。

3. 陈爱民:《美国高校捐赠基金管理研究》,载《清华大学教育研究》2015年第2期。

4. 董慧英:《高校专用基金会计核算和管理的探讨》,载《预算管理与会计》2003年第8期。

5. 邓娅:《我国高等教育财政体制改革与大学基金会的兴起》,载《北京大学教育评论》2011年第1期。

6. 丁安华、赵勇:《美国大学捐赠基金投资运作研究》,载《武汉金融》2011年第1期。

7. 顾玉林、戴航骁:《高校教育基金会项目管理浅析》,载《经济论坛》2010年第2期。

8. 靳晶:《哈佛大学捐赠基金发展与运作模式研究》,载《中外企业家》2014年第21期。

9. 李科:《对非营利组织运行机制"黑箱"的剖析》,载《长沙民政职业技术学院学报》2009年第3期。

10. 李锋亮、王云斌、王丹:《对中美顶尖大学基金会投资的比较分析》,载《教育发展研究》2017年第7期。

11. 李锋亮、王云斌:《教育基金会的发展与世界一流大学建设》,载《复旦教育论坛》2016年第3期。

12. 刘啸、罗章:《中美基金会管理体制比较研究——基于制度可能性边界的理论》,载《行政论坛》2012 年第 3 期。

13. 李鑫璐:《高校基金会在大学和谐发展中的作用分析》,载《江苏高教》2010 年第 3 期。

14. 刘自敏、李冰、黄建华:《大学基金会投资运作决策程序修正建议》,第十次中国高校基金会工作研讨会资料汇编,珠海,2008 年。

15. 梁显平:《美国大学基金会投资运行制度研究》,载《教育财会研究》2017 年第 6 期。

16. 鲁小双、顾玉林:《大学教育捐赠管理模式探析——浙江大学的实践与思考》,载《湘潮》(下半月)(理论)2007 年第 1 期。

17. 莫蕾钰:《大学基金投资风险及其控制》,载《华北电力大学学报》(社会科学版)2018 年第 2 期。

18. 庆吉轩:《清华大学教育基金会加强自身建设服务教育事业》,载《中国社会组织》2013 年第 6 期。

19. 孙国茂、陈国文:《大学教育基金管理问题及对策研究》,载《清华大学教育研究》2015 年第 5 期。

20. 苏洋、赵文华:《中美一流大学教育基金会的比较与借鉴》,载《高教探索》2016 年第 3 期。

21. 佟婧:《中美大学募捐组织结构、运行及特点分析——以清华大学和哈佛大学为例》,载《中国高教研究》2015 年第 3 期。

22. 王丹:《中国大学教育基金会法律属性辨析》,载《求索》2013 年第 12 期。

23. 王晓静、徐少锋、王鲁佳:《高校基金会结构视角下的人员素质内涵》,载《扬州大学学报》(高教研究版)2007 年第 1 期。

24. 王云儿:《美国私立大学基金会最新发展及管理特色研究》,载《教育与经济》2012 年第 3 期。

25. 王志彬:《我国高校教育基金会投资运作研究》,载《当代经济》2015 年第 10 期。

26. 王书平:《浅析企业财务管理中的投资风险控制》,载《财会学习》

2019 年第 21 期。

27. 张学军:《基金会享受税收优惠的体制重建研究》,载《当代法学》2015 年第 4 期。

28. 王玉辉:《高校教育基金会资金池的建立及其运作模式探讨》,载《社团管理研究》2012 年第 8 期。

29. 杨维东、朱丽军:《大学捐赠基金筹资模式的转变——基于长尾理论的分析》,载《教育与经济》2015 年第 3 期。

30. 杨川林:《美国哈佛大学校务基金管理模式研究》,载《黑龙江高教研究》2016 年第 1 期。

31. 余蓝:《美国大学捐赠基金法律制度研究:从募捐到基金投资》,载《中国高等教育研究》2015 年第 3 期。

32. 张德祥:《高水平大学建设要重点处理好的八个关系》,载《高等教育研究》2009 年第 6 期。

33. 张敏:《美国大学捐赠基金的谨慎投资者规则及其启示》,载《教育科学》2007 年第 4 期。

34. 赵骅、张军、何荣山:《高等学校建立社会捐赠筹措机制的研究与实践》,第十次中国高校基金会工作研讨会资料汇编,珠海,2008 年。

35. 周红玲、张振刚:《中国大学基金会组织机构设置探析》,载《华南理工大学学报》(社会科学版)2010 年第 4 期。

36. 税兵:《慈善基金会的自治与他律——中国基金会规制模式的反思与完善》,载陈金罗、刘培峰主编:《转型社会中的非营利组织监管》,社会科学文献出版社 2010 年版。

37. 黎颖露、韩佼:《大学教育基金会的法制环境》,载《中国大学教育基金会发展报告》编写组编:《中国大学教育基金会发展报告》(2018),社会科学文献出版社 2018 年版。

38. 赵文莉:《高校教育基金会项目管理问题》,载《中国大学教育基金会发展报告》编写组编:《中国大学教育基金会发展报告》(2018),社会科学文献出版社 2018 年版。

三、学位论文

1. 冯亚波:《基金会管理运行机制研究》,青岛海洋大学 2006 年硕士学位论文。

2. 吕红伟:《我国大学教育基金会投资管理研究》,内蒙古大学 2013 年硕士学位论文。

3. 刘婧一:《我国大学教育基金会信息披露研究》,华北电力大学 2014 年硕士学位论文。

4. 刘树堂:《影响中国大学教育基金会发展的若干因素研究》,山东大学 2009 年硕士学位论文。

5. 李洁:《大学捐赠基金运作问题研究》,华中科技大学 2010 年博士学位论文。

6. 聂兰兰:《高校教育基金会投资策略初探》,中央民族大学 2015 年硕士学位论文。

7. 许琳:《耶鲁大学捐赠基金资产配置策略研究》,华东政法大学 2012 年硕士学位论文。

8. 周珽:《大学教育基金会管理与发展研究——财务分析的视角》,上海师范大学 2014 年硕士学位论文。

9. 邹晓骁:《大学教育基金会投资及其收益研究》,扬州大学 2015 年硕士学位论文。

四、英文著作

1. Acharya S. , *Endowment Asset Management*, Oxford University Press, 2007.

2. Sedlacek V. O. , Jarvis W. F. , *Endowment Spending: Building a Stronger Policy Framework*, Commonfund Institute, 2010.

五、外文论文

1. Akash Deep,Peter Frumkin, "The Foundation Payout Puzzle", *Ssrn Electronic Journal*,2005.

2. Basch D., "Changes in the Endowment Spending of Private Colleges in the Early 1990s", *The Journal of Higher Education*,Vol. 70,1999.

3. Dimmock S. G., "Background Risk and University Endowment Funds",*Review of Economics & Statistics*,Vol. 94,2012.

4. Spitz W. T., "Investment Policies for College and University Endowments",*Journal of New Directions for Higher Education*, Vol. 107, 2010.

5. 小暮克哉:『国立大学法人の基金規程に関する考察——情報公開と説明責任の観点から』、「大学アドミニヅトレーション研究」創刊号、2011 年。

6. 户村理、福井文威、上山隆大:『投資活動からみた国立大学法人の経営行動に関する——キャッシュ・フロー計算書とインタビュー調査からの検討——』「日本高等教育学会第 18 回大会発表要旨集録」、頁 206 – 207。

7. 粟屋晋太郎、小倉萌、堤茉彌、三宅修、山本昌平:『国立の資産運用——大学の永続性に向けて』「ISFJ2015 最終論文」2015 年。

8. 小藤康夫:『私立大学の資産運用と仕組債』「専修商学論集」89 巻、頁 93 – 101。

9. 小藤康夫:『経済危機が私立大学の資産運用にもたらした教訓』「専修大学小学研究所報」42 巻第 1 号、2010 年。

10. 小藤康夫:『私立大学の正しい運用利回りを求めて』「商法研究所報」、2011 年 5 月。

11. 小藤康夫:「私立大学の正しい資産運用体制を求めて」『社会科学年報』第 47 号、2013 年 3 月。

12. 東洋経済新報社テ゛ータヘ゛ース営業部『私立大学財政テ゛ータ2009年版』、東洋経済新報社、2009 年 2 月。

13. 松原畅子:『非営利組織の資産の運用に関するルール——大学の基金(endowment fund)を中心として』、日本証券業協会レポート、2016 年。

14. 石村耕治:『規制緩和時代の私立大学運営と税財政法務』「論説」、獨協法学第 91 号、2013 年 8 月。

六、网络文献

1.《北京语言大学教育基金会 2015 年度工作报告》,载北京语言大学教育基金会:http://jjh. blcu. edu. cn/art/2016/5/20/art_9729_1111075. html,最后访问日期:2019 年 7 月 30 日。

2.《〈慈善组织保值增值投资活动管理暂行办法〉政策问答》,载民政部:http://www. mca. gov. cn/article/gk/jd/shzzgl/201811/20181100012706. shtml,最后访问日期:2019 年 7 月 29 日。

3.《广东省中山大学教育发展基金会财务管理办法》,载中山大学教育发展基金会:http://edf. edaao. sysu. edu. cn/zjwm/zj05/1113913. htm,最后访问日期:2019 年 8 月 1 日。

4.《关于加强和完善基金会注册会计师审计制度的通知》(财会〔2011〕23 号),载中国政府网:http://www. gov. cn/zwgk/2011 - 12/30/content_2033757. htm,最后访问日期:2019 年 8 月 12 日。

5. 教育部:《教育部关于 2018 年全国教育经费统计快报》,载中国政府网:http://www. gov. cn/xinwen/2019 - 04/30/content_5387918. htm,最后访问日期:2019 年 7 月 30 日。

6. 霍达:《中国大学基金会投资状况知多少》,载 http://www. hbxzwy. com/jijin/215244. html,最后访问日期:2020 年 3 月 21 日。

7. 刘冠群、陈文丽等:《中国基金会保值增值投资管理报告》,载 MBA 智库: https://doc. mbalib. com/view/40a3ace704cf30b0bd1d326977145479.

html,最后访问日期:2019 年 7 月 30 日。

8.《清华大学教育基金会章程》,载清华大学教育基金会:http://www. tuef. tsinghua. edu. cn/sites/pdf/about/jjhzc2019. pdf,最后访问日期:2019 年 7 月 28 日。

9.《浙江大学教育基金会财务管理制度》,载浙江大学教育基金会:http://www. zuef. zju. edu. cn/index. php/webSite/webColumn/showarticle/4492. html,最后访问日期:2019 年 8 月 1 日。

10. 中国人民银行:《央行就〈关于规范金融机构资产管理业务的指导意见〉答记者问》:载百家号:http://www. pbc. gov. cn/goutongjiaoliu/113456/113469/3529603/index. html,最后访问日期:2019 年 7 月 30 日。

11. 民政部:《民政部就〈基金会管理条例〉相关政策问答》,载基金会中心网:http://www. foundationcenter. org. cn/guanli/html/2010 – 06/676_1. html,最后访问日期:2019 年 7 月 10 日。

12.《教育部　财政部　民政部关于加强中央部门所属高校教育基金会财务管理的若干意见》,载教育部:http://www. moe. gov. cn/srcsite/A05/s7499/201410/t20141014_177336. html,最后访问日期:2019 年 7 月 10 日。

13. 2018 NTSE Public Tables—Asset Allocations—FINAL, at https://www. nacubo. org/Research/2019/Public-NTSE-Tables, July 9, 2019.

14. Princeton's Endowment: Funding for Future Generations, at https://giving. princeton. edu/endowment, July 9, 2019.

15. Annual Giving Status Report Fiscal Year 2019, at https://giving. princeton. edu/endowment, July 9, 2019.

16. Princeton's Annual Giving campaign raises $68. 6 million, at https://www. princeton. edu/news, July 9, 2019.

17. 2018 Average Net Total Rates of Return, at https://www. nacubo. org/Research/2019/Public-NTSE-Tables, July 8, 2019.

18. 2018 Endowment Market Values for Media—FINAL—Revised June

11, 2019, at https://www. nacubo. org/Research/2019/Public-NTSE-Tables, July 8, 2019.

19. 2018 The Yale Endowment, at https://static1. squarespace. com/static/55db7b87e4b0dca22fba2438/t/5c8b09008165f55d4bec1a36/1552615684090/2018 + Yale + Endowment. pdf, July 26, 2019.

20. FY18_HMC_Annual_Reportt, at http://www. hmc. harvard. edu/content/uploads/2019/03/FY18_HMC_Annual_Report. pdf, July 29, 2019.

21. HMC-Sustainable-Investment-Policy, at https://www. hmc. harvard. edu/sustainable-investing/#esg, July 23, 2019.

22.《清华大学教育基金会章程》, 载清华大学教育基金会: http://www. tuef. tsinghua. edu. cn/column/jjhzcyglzd, 最后访问日期: 2019 年 7 月 24 日。

23.《清华大学教育基金会 2018 年度工作报告》, 载清华大学教育基金会: http://www. tuef. tsirghua. edu. cn/sites/pdf/infomation/2018ndgzbg. pdf, 最后访问日期: 2019 年 7 月 24 日。

24.『平成 30 年度学校基本調査(速報値)の公表について』, 载日本文部科学省: http://www. mext. go. jp/result_js. htm? q = % E5% AD% A6% E6% A0% A1% E5% 9F% BA% E6% 9C% AC% E8% AA% BF% E6% 9F% BB% E8% AA% BF% E6% 9F% BB% E7% B5% 90% E6% 9E% 9C + % E5% B9% B3% E6% 88% 9030% E5% B9% B4&search = x#resultstop, 最后访问日期: 2019 年 11 月 20 日。

七、法律法规规章

1.《高等教育法》;

2.《慈善法》;

3.《公益事业捐赠法》;

4.《基金会管理条例》;

5.《个人所得税法实施条例》;

6.《关于规范金融机构资产管理业务的指导意见》;

7.《慈善组织保值增值投资活动管理暂行办法》;

8.《统筹推进世界一流大学和一流学科建设实施办法(暂行)》;

9.《全国社会保障基金信托贷款投资管理暂行办法》;

10.《关于规范基金会行为的若干规定(试行)》;

11.《基金会年度检查办法》;

12.《基金会信息公布办法》;

13.《财政部 国家税务总局关于教育税收政策的通知》;

14.《民间非营利组织会计制度》;

15.《教育部 财政部 民政部关于加强中央部门所属高校教育基金会财务管理的若干意见》。

致　　谢

在本书的写作过程中，本人有幸获得了华东政法大学科研处的资助，还得到数人的无私帮助。其中，法律出版社解锟老师不厌其烦地帮我审校书稿，还有郭凤玉、王俊峰、吕甲博、徐晶晶、张超、井毓芳、何靖、陈煜、朱术睿、林文龙和彭晓莹等多位研究生帮我收集整理了诸多文献资料。

在此，特表谢意。

张　敏

图书在版编目(CIP)数据

大学教育基金会投资行为的规制研究 / 张敏著. --
北京：法律出版社，2020
(棠树文丛)
ISBN 978-7-5197-4768-8

Ⅰ.①大… Ⅱ.①张… Ⅲ.①高等学校-教育经费-基金会-研究 Ⅳ.①G647.5

中国版本图书馆 CIP 数据核字(2020)第 135693 号

大学教育基金会投资行为的规制研究
DAXUE JIAOYU JIJINHUI TOUZI XINGWEI DE GUIZHI YANJIU

张 敏 著

策划编辑 解 锟
责任编辑 解 锟
装帧设计 李 瞻

出版 法律出版社
总发行 中国法律图书有限公司
经销 新华书店
印刷 三河市兴达印务有限公司
责任校对 马 丽
责任印制 张建伟

编辑统筹 独立项目策划部
开本 710 毫米×1000 毫米 1/16
印张 16.5
字数 256 千
版本 2020 年 8 月第 1 版
印次 2020 年 8 月第 1 次印刷

法律出版社/北京市丰台区莲花池西里 7 号(100073)
网址/www.lawpress.com.cn
投稿邮箱/info@lawpress.com.cn
举报维权邮箱/jbwq@lawpress.com.cn
销售热线/400-660-8393
咨询电话/010-63939796

中国法律图书有限公司/北京市丰台区莲花池西里 7 号(100073)
全国各地中法图分、子公司销售电话：
统一销售客服/400-660-8393/6393
第一法律书店/010-83938432/8433　西安分公司/029-85330678　重庆分公司/023-67453036
上海分公司/021-62071639/1636　深圳分公司/0755-83072995

书号：ISBN 978-7-5197-4768-8
定价：82.00 元
(如有缺页或倒装，中国法律图书有限公司负责退换)